高职物流专业“三强化三对接”人才培养模式探索与实践

朱海强　著

中国商业出版社

图书在版编目 (CIP) 数据

高职物流专业“三强化三对接”人才培养模式探索与实践 / 朱海强著 . -- 北京 : 中国商业出版社, 2025. 5. -- ISBN 978-7-5208-3400-1

Ⅰ . F252

中国国家版本馆 CIP 数据核字第 20258SY996 号

责任编辑 : 林　海

策划编辑 : 佟　彤

中国商业出版社出版发行

(www.zgsycb.com 100053　北京广安门内报国寺 1 号)

总编室 :010-63180647　　编辑室 :010-83118925

发行部 :010-83120835/8286

新华书店经销

廊坊市广阳区九洲印刷厂印刷

*

787 毫米 ×1092 毫米　16 开　14 印张　256 千字

2025 年 5 月第 1 版　2025 年 5 月第 1 次印刷

定价: 78.00 元

* * * *

(如有印装质量问题可更换)

前言

全球经济一体化的加速和信息技术的飞速发展，使物流行业已从传统的货物运输与仓储，逐步演变为涵盖供应链管理、智慧物流、跨境物流等多领域的综合性产业。在这一变革浪潮中，高职物流专业作为培养物流行业应用型人才的关键摇篮，其人才培养模式的有效性和适应性直接关系到行业未来的发展质量与创新能力。当前，高职物流专业人才培养在多年的探索与实践中，虽已取得一定的成绩，为行业输送了大量基础人才，但面对日益复杂和多元化的物流市场需求，仍暴露出诸多亟待解决的问题。一方面，传统课程体系与教学内容的更新速度难以跟上行业快速发展的步伐，导致学生所学知识与实际工作需求存在脱节现象。另一方面，实践教学环节的相对薄弱，使学生在实际操作能力、问题解决能力以及创新思维培养上，无法满足企业对高素质应用型人才的期望。

“三强化三对接”人才培养模式正是在这样的背景下提出的，旨在精准回应行业发展的新需求，摆脱高职物流人才培养的困境。强化专业技能训练，即构建以实践为导向的课程体系，让学生在掌握扎实理论知识的基础上，通过丰富多样的实践教学活动，熟练掌握物流行业的核心技能，确保与不断更新的行业标准精准对接。强化跨文化交流能力，是因为物流行业的国际化程度日益加深，不同文化背景下的业务交流与合作频繁，学生只有具备良好的跨文化沟通能力，才能在全球物流市场中发挥优势。强化国际视野，是为了让学生及时了解国际物流市场的最新动态、先进技术与管理理念，从而在未来的职业生涯中，能够敏锐捕捉市场机遇，从容应对各类挑战。

本书围绕“三强化三对接”人才培养模式，从理论探讨到实践案例分析，进行了全面而深入的阐述。希望能为物流教育工作者提供教学改革的新思路，为行业从业者提供人才培养的新视角，为相关研究人员提供实证研究的新素材，共同助力高职物流专业人才培养的高质量发展，为物流行业的持续创新注入源源不断的动力。本书为广西职业教育教学改革研究项目《“一带一路”背景下面向东盟高职物流专业“三强化三对接”人才培养模式探索与实践》研究成果，课题编号：GXGZJG2024A029

目 录

第一章 物流行业发展与人才需求概述

在信息技术迅猛发展的当下，物流行业正经历着深刻变革。经济增长为物流需求注入强大动力，区域协同与产业结构调整重塑物流格局，信息技术则为物流行业革新赋能。物流市场规模持续扩张，主体越发多元，服务模式不断创新，在智慧、绿色发展趋势下，机遇与挑战并存。而这些行业动态与高职物流专业人才培养紧密相连。本章将剖析物流行业发展的背景与意义、市场的现状与发展趋势以及新机遇，为后续探讨“三强化三对接”人才培养模式提供坚实的基础，明晰行业需求导向，助力培养契合物流行业发展的高素质人才。

第一节 物流行业发展的背景与意义

物流行业的发展绝非孤立现象，它是连接生产、流通与消费的关键纽带，探究物流行业发展的背景与意义，不仅有助于明晰其在经济体系中的重要地位，更为高职物流专业人才培养提供了关键的方向指引。本节将探究这些关键驱动力，揭示它们如何共同塑造物流行业的发展格局，以及这一格局对于经济社会的重要意义。

一、国内经济发展推动物流行业变革

（一）国内经济增长态势带动物流需求扩张

我国经济稳健增长，居民收入提升，消费结构升级。消费者对商品品质、种类及购物体验要求更高，日常消费品领域，高品质生鲜、进口商品需求增加，如有机蔬菜销量上升，对冷链物流配送的新鲜度和及时性要求提升。对家电、汽车等大宗商品追求智能化、个性化，产品更新换代加快，从生产到销售涉及多环节物流运

输，业务量大幅增长。这就要求物流行业培养具备精细化服务能力的专业人才。线上购物普及，电商平台销售额攀升，中小微企业借助电商将产品推向市场，拓宽商品流通范围。“直播带货”等新兴电商模式激发购买热情，订单量激增，对物流时效性和服务质量要求极高。物流企业需构建密集配送网络，引入先进信息技术实现快速订单处理与精准配送。这对物流行业人才的信息技术应用、供应链管理能力提出挑战，高职物流专业应培养适应电商物流发展的创新型人才。面对物流需求增长，物流企业加大硬件投入，购置先进运输车辆，建设智能化仓库，引入自动化分拣系统提高效率。在服务模式上，快递、快运等细分领域创新，推出限时达等多样服务。这些举措需要具备运输调度、仓储管理、物流信息技术应用等专业技能的人才，为高职物流专业人才培养指明了方向，因而要注重学生实践操作与综合业务能力培养，使其能快速适应企业工作。

（二）区域协调发展战略促进物流资源整合

在经济全球化和区域一体化趋势下，单一地区发展受限，资源分布不均、产业结构不合理等问题突出。国家推行区域协调发展战略，如京津冀协同发展、长江经济带发展等。其核心是打破行政壁垒，优化资源配置，实现区域优势互补、协同发展。通过整合产业、人才等资源，促进要素流动，构建高效区域经济布局，提升竞争力。在物流领域中，旨在重塑物流资源布局，提高效率，降低成本，为区域经济提供保障。在该战略推动下，各地积极整合物流资源。物流园区加强合作，京津冀地区通过统一规划，明确功能定位，北京侧重高端物流与总部经济，天津借助港口打造国际物流枢纽，河北承担仓储与区域分拨功能。在运输线路上，优化跨区域高速公路、铁路专线，减少迂回。利用信息技术构建统一物流信息平台，实现物流信息实时共享，从而提升运作透明度与协同性。

区域物流资源整合给高职物流专业人才培养带来挑战。学生需具备跨区域物流管理能力，理解不同地区物流特点与需求差异。掌握区域物流规划方法，依据产业布局和交通条件规划物流资源。熟练运用物流信息技术，通过统一平台采集、分析和处理信息，实现业务协同。在联合运输中，相关人员能协调不同地区运输企业安排运输计划，同时还需培养良好的沟通协作能力，以推动区域物流工作开展。

（三）国内产业结构调整催生物流新需求

国内制造业向高端化、智能化发展，生产模式革新，对物流要求严苛。以汽车制造业采用精益生产模式为例，为追求零库存与生产线持续运转，其需物流企业提供精准、准时的零部件配送服务，构建精细化配送体系，并运用信息技术实现全程监控与精准调度。制造业产品更新加快，运输也需高效物流的支持。这就要求物流行业培养熟悉制造业流程、具备精细化管理能力的人才，同时高职物流专业应开设相关课程，让学生掌握精准配送等关键技能。

电子信息、生物医药等高新技术产业发展迅猛，其产品高附加值、时效性强，对物流服务要求高。电子信息产品更新快、竞争激烈，需快速运输且保证安全。生物医药产品对运输环境条件（温度、湿度、洁净度等）严格。物流企业需投入资金购置专业设备，如恒温恒湿车辆、无尘仓储设施，并配备专业人员确保运输环境达标。

农业现代化推进，农产品生产、加工与流通模式改变，冷链物流需求大增。消费者对农产品品质、新鲜度要求提高，生鲜电商兴起，大量易腐农产品需低温运输储存。农产品规模化生产后，需高效冷链物流运往各地市场，加工企业也依赖冷链物流。农村电商的发展进一步刺激了冷链需求，物流行业需培养熟悉农产品特性、掌握冷链物流运作流程的专业人才。

二、信息技术发展对物流行业的革新影响

（一）信息技术在物流领域的应用现状

物流信息技术，即现代信息技术融入传统物流作业环节，在物流企业订单管理、仓储运输等全作业流程中发挥作用的新兴技术的总称。物流信息技术从属于现代信息技术，其构成要素与信息技术相同，同时它为物流领域服务，形式内容又别具特色，结合当前信息技术与现代物流的发展状况，物流信息技术主要包括微电子、光电子等相关元器件制造的信息基础技术；物流信息获取、传输，物流设备与系统管理控制等相关的信息系统技术；物流自动化设备管控、仓储运输管理与定位导航系统等信息应用技术以及防火墙、安全卫生、杀毒软件和数据恢复备份等相关信息安全技术。[1]物流信息技术作为支撑现代物流高效运作的核心力量，其价值不仅仅体现在理论架构与技术分类上，更切实地融入物流作业的每一处基础设施，以及信息处理的关键环节之中。当下，物流企业正积极借助这些先进的信息技术，全力推动物流基础设施和信息处理平台的升级与完善。

物流基础设施和信息处理平台是现代物流信息化建设的关键环节。物流企业一方面应革新传统经营理念，转变过去的管理方式，为运输工具配齐GPS定位设备，

[1]　牛国栋.信息技术在物流企业中的应用策略探讨[J].信息记录材料，2020，21（3）：103-104.

以便达到合理调度车船和提高运输效率的目的；另一方面，应建立与现代仓库相匹配的条形码录入、电脑信息管理及货物自动分拣系统，以便实现仓储作业机械化和管理信息化。此外，物流行业组织应加快信息处理通用平台的构建，以便挖掘、整合行业内部的有用资源，实现信息资源共享，更好地发挥行业领域的整体优势。

管理信息系统和物流服务网络是物流企业持续发展的重要基础。物流企业应该结合自身的核心业务，即仓储与运输来完善管理信息系统，以便在订单管理、取货包装、仓储分拣、运输装卸、信息服务等物流全过程中提高作业效率，满足客户需求，提高服务质量，并通过网络开放技术达到企业跨地区部门方便沟通交流、客户方便追踪货物流程的目的。现代物流企业还应完善服务网络，以便覆盖客户企业的供应、销售及生产网络，达到为客户提供全方位的物流服务的目的。

信息资源安全和信息系统使用是物流企业良好运营的重要保障。物流企业应充分认识到应用网络信息技术带来便利的同时也可能遭受的安全危机，要坚持解决运作效率问题和安全风险防范两手抓，通过新型安全防范技术和相关信息安全产品的融合使用，来保障企业的物流信息系统安全、稳定地运行。物流企业在建设物流管理信息系统时还应有长远意识，以避免反复修改造成的资源浪费。同时，信息系统的规划还须符合企业和行业发展实际，并与本区域内的战略发展要求相适应，以便发挥出应有的作用。[1]

（二）信息技术提高物流效率的具体表现

1.信息技术优化运输与仓储作业效率

在物流运输进程中，信息技术构建起智能调度体系，大幅提高运作效率。依托实时路况监测技术，系统能精准掌握道路拥堵状况，结合车辆实时位置以及所承载的货物重量，科学规划配送路径。大型物流企业运用复杂算法为司机量身定制最优路线，避开拥堵路段，减少迂回运输。实际运营数据显示，此方式缩短运输时长15% ~ 20%，车辆装载率显著提高，空驶里程大幅降低，运输成本得以有效控制。仓储管理同样因信息技术的融入而实现质的飞跃。自动化设备全面替代传统人工操作，成为提高效率的关键。传统人工分拣货物，每人每小时处理量仅在100 ~ 200件，而自动化分拣系统每小时可处理数千件甚至上万件货物，出入库速度呈几何倍数增长。传感器实时监控货物位置与状态，库存管理系统精准记录库存变动，确保货物存储、检索高效准确。

---

[1] 牛国栋.信息技术在物流企业中的应用策略探讨[J].信息记录材料，2020，21（3）：103-104.

2.信息技术助力配送精准与供应链协同

客户通过手机应用，可实时追踪货物配送进度，物流企业依据客户反馈，灵活调整配送策略。这种透明化、互动式配送模式，极大提升了客户满意度。在电商购物后，消费者能随时查看商品运输轨迹，物流企业可根据客户特殊需求，如配送时间调整，及时优化配送方案。信息技术还深度促进物流企业与上下游企业信息共享与协同作业。企业间通过信息平台，实时交换订单、库存、生产计划等信息，打破了信息壁垒。生产企业依据物流配送进度安排生产，供应商及时补货，避免库存积压或缺货。整个供应链各环节紧密协作，沟通成本大幅降低，运营效率显著提高。这意味着高职物流专业需着重培养学生信息交互与供应链协同管理能力，使其能在复杂的供应链体系中借助信息技术推动物流高效运作。

（三）信息技术驱动物流行业转型升级

信息技术的发展推动物流行业向智能化、数字化方向转型升级。智能物流设备如无人配送车、仓储机器人等逐渐投入使用。无人配送车可以在设定的路线上自动行驶，完成货物配送任务，减少了人力成本，提高了配送的准确性与时效性。仓储机器人能够在仓库内自主搬运货物，实现智能化仓储管理。数字化转型使物流企业能够将业务流程全面数字化，通过数据分析进行科学决策。通过对历史订单数据的分析，企业可以提前预测市场需求，合理安排库存与配送计划。信息技术催生了新的物流业态，如电商物流、共享物流等。电商物流借助信息技术实现了快速配送、精准营销；共享物流通过整合闲置物流资源，提高了资源利用率。物流行业的转型升级对高职物流专业人才的培养提出了新挑战，因而需要培养具备创新思维与信息技术应用能力的复合型人才。

三、物流行业发展对经济社会的重要意义

（一）促进产业结构优化升级

高效物流服务为企业运营带来了显著变革。在制造业领域中，与专业物流企业合作，使原材料供应变得准时高效，产品配送也更为迅速。这大幅缩短了生产周期，企业得以减少库存积压，将更多资金与人力投入研发创新环节。汽车制造企业依赖精准物流配送零部件，生产线不间断运转，产品更新换代加速，质量稳步提高，逐步迈向高端制造行列。其他行业企业同样受惠，通过降低运营成本、提高生产效率，有更多资源推动产品升级，实现产业转型。物流行业的这种支撑作用，促

使企业在市场竞争中不断优化自身产业结构，也应让高职物流专业学生明白，他们所掌握的专业技能，能切实助力企业在产业结构调整中实现突破。

物流行业的发展如同强力引擎，拉动相关服务业协同前行。金融机构为物流企业提供融资、保险等服务，满足其资金周转与风险保障需求。信息技术企业也深度参与，为物流管理打造软件系统，助力数据分析，提高物流运作效率。这些相关服务业因物流行业发展而蓬勃兴起，进一步优化了整体产业结构。物流与金融、信息技术等行业的融合，拓宽了高职物流专业学生的就业渠道。他们不仅能从事传统物流岗位，还能涉足物流金融、物流信息技术应用等新兴领域，拥有更广阔的职业发展路径，并在产业结构优化升级的进程中，发挥专业优势，实现个人价值。

（二）推动区域经济协调发展

物流基础设施在区域经济发展中扮演着重要角色。高速公路、铁路的延伸以及港口的建设如同一条条经济动脉，将不同区域紧密相连。这些基础设施的完善，极大地促进了生产要素，如劳动力、资本和技术的自由流动。对于经济欠发达地区而言，改善物流条件是吸引投资、承接产业转移的关键。以偏远农村地区为例，建设物流园区为农产品打开了通往市场的大门。原本因交通不便而滞销的农产品，借助完善的物流运输条件，能够顺利进入城市消费市场，不仅增加了农民收入，还带动了农产品加工、包装等相关产业的发展，为农村经济注入了新活力。物流园区的集聚效应还吸引了各类企业入驻，创造了大量就业岗位，进一步推动区域经济增长，彰显出物流基础设施对区域经济协调发展的强大助推力。

区域间的物流协同发展是实现资源优化配置、提高区域经济整体效益的重要途径。通过协同，各区域能够实现资源共享、优势互补。在资源丰富但物流技术相对落后的地区，可与物流发达地区合作，借助其先进的物流管理经验和技术，提高自身物流效率。避免了各地重复建设物流设施，减少资源浪费。这种协同发展模式促进了区域产业分工协作，推动产业集群在更大范围内合理布局。比如，长三角地区各城市通过物流协同，实现了制造业、服务业等产业的协同发展，提升了整个区域在国内外市场的竞争力。为适应这一发展趋势，高职物流专业需着重培养学生区域物流规划与管理能力，使其能在区域物流协同发展中发挥专业优势，助力区域经济实现更高效、更协调的发展。

（三）提升国家经济竞争力

高效物流体系是企业参与国际竞争的有力武器。它让企业能敏锐捕捉市场需求变化，快速响应客户订单。凭借优化的物流运输与仓储管理，企业能降低运营成本，将资金投入产品研发与质量把控，提升产品品质，进而在国际市场上站稳脚跟。在全球供应链网络里，物流效率是企业生产与销售顺畅与否的关键。以电子产品制造企业为例，快速的物流配送可确保零部件及时供应，生产线不停歇，产品按时交付全球客户手中。拥有先进物流设施与优质服务的国家，宛如一块强大的磁石，能吸引跨国企业前来投资设厂，深度参与全球产业分工。

物流行业的蓬勃发展极大促进了贸易便利化。完善的物流网络能简化货物进出口流程，缩短通关时间，降低贸易成本，刺激国家进出口贸易规模不断扩大。港口高效运转，货物快速装卸、转运，使国际贸易更为顺畅。良好的物流环境成为国家的一张亮丽名片，有助于提升国家在国际上的形象与影响力。当国外企业看到一个国家具备高效、可靠的物流体系，会更愿意与之开展贸易合作。新加坡凭借卓越的物流服务，成为全球重要的贸易枢纽，吸引众多国际企业设立区域总部。物流行业作为基础性、战略性产业，其稳健发展对保障国家经济安全、提升经济竞争力意义重大。

第二节　物流市场的现状与发展趋势

在剖析完物流行业发展的背景与意义后，聚焦物流市场的现状与走向至关重要。当下物流市场规模稳步扩张，主体越发多元，服务模式层出不穷。而随着科技进步与理念革新，智慧、绿色物流崭露头角，跨境物流也蕴含巨大潜力。但繁荣背后，是市场竞争加剧、技术革新迅速、政策法规多变，诸多挑战接踵而至。这不仅关乎物流行业的未来，更与高职物流专业人才培养紧密相连。本节将探讨物流市场的现状、趋势及挑战，以为后续研究“三强化三对接”人才培养模式提供坚实的市场依据。

一、物流市场的现状分析

（一）物流市场规模持续扩大

经济全球化使各国贸易紧密，我国作为贸易大国，进出口量庞大，带动物流运输需求大增。国内经济稳步增长，居民消费能力提升，各行业发展促使物流业务量上升，物流市场规模不断扩张。这为高职物流专业学生带来广阔的就业前景，他们需具备国际物流知识并熟悉国内各行业物流运作特点。电商行业迅猛发展改变了商品流通模式，线上购物兴起带来海量订单，物流运输、仓储业务量剧增。如“双11”期间，各大电商平台销售额高，物流配送需求庞大。快递行业包裹流转量每日数以亿计，电商驱动物流市场规模扩张。这就要求高职物流专业的学生应掌握电商物流运作流程，具备处理大规模订单、优化配送路线的能力。随着物流市场的需求增长，物流行业不断发展，基础设施日益完善。各地加大投入，新建物流园区、配送中心，物流网络覆盖范围从城市延伸至乡村。物流企业引入先进管理理念与技术，扩大规模，这为高职物流专业学生提供了大量实践机会与就业岗位，学生在校应注重实践能力培养，熟悉物流基础设施运作及企业管理方法。

（二）物流市场主体多元化发展

大型国有物流企业依托雄厚资源和规模优势，主导长距离干线运输与大型项目物流，拥有完善网络与丰富经验，保障重点物资运输。民营物流企业凭借灵活经营和创新，聚焦细分市场提供个性化服务，如专注冷链物流的企业打造专业体系满足生鲜、医药运输需求。电商企业自建物流成效显著，如京东构建仓储中心与配送网络，提升配送速度和客户满意度。新兴物流科技企业借助先进信息技术，开发智能仓储管理系统、运输路径优化软件等，提高物流运作效率。物流市场主体多元化改变行业态势。竞争层面，各类企业争夺份额，使物流服务价格更合理、质量提高，在服务、成本、技术创新等方面全方位竞争推动行业进步。在活力注入方面，不同主体带来独特理念与技术促进创新，外资企业的管理经验和全球化网络为国内企业提供了借鉴，助力走向国际市场。这一格局要求高职物流专业学生不仅要掌握传统物流操作技能，如仓储管理、运输调度，还需具备创新思维和信息技术应用能力，以适应新兴企业需求。

（三）物流服务模式不断创新

市场需求多样化促使物流服务模式深刻变革，新兴模式频现。定制化物流服务满足客户个性化需求，如高端电子产品制造商要求专属防震包装、全程监控运输路线及定时配送，物流企业需提供定制方案。冷链物流借助生鲜电商和医药行业发展壮大，通过专业冷藏设备、保温车辆及温度监控系统，严控环境以保障生鲜食品、药品品质，支撑起生鲜电商全球采购的业务。物流服务模式创新改变行业运作，对高职物流专业人才培养提出更高要求。学生需具备创新思维，挖掘客户潜在需求，通过学习不同行业物流案例培养创新意识。灵活应变能力也很关键，在共同配送等复杂模式中，能够协调企业资源、处理利益关系。高职物流专业应调整课程，增加实践课，让学生在模拟或真实场景中体验创新模式运作，提升应对市场变化的能力，为今后投身物流行业筑牢基础。

二、物流市场的发展趋势

（一）智慧物流成为发展主流

物联网技术在物流中的应用，让货物、车辆、仓储设备等都能互联互通。在仓储环节，自动化立体仓库借助各类传感器，精准感知货物位置与状态，仓储机器人灵活穿梭，自动完成货物存储、检索与分拣任务。传统人工分拣货物，每小时处理量有限，而自动化分拣系统每小时能处理数千件甚至上万件，极大提高了仓储效率。在运输过程中，智能调度系统依托实时路况监测与车辆定位技术为司机规划最优路线，避开拥堵路段，减少运输时间与成本。物流企业利用大数据技术，收集海量物流数据，深入分析客户需求。通过对客户购买行为、货物运输偏好等数据的挖掘，精准预测市场趋势，提前做好库存与运输资源配置，提升物流运作的精准性与及时性。比如，菜鸟网络构建的智慧物流大脑，可整合各类物流信息，实现智能决策，全面提高了物流网络的运转效率，展现了智慧物流技术驱动下物流行业的巨大变革。

智慧物流的蓬勃发展，对高职物流专业人才培养提出了全新且紧迫的要求。高职学生需具备扎实的信息技术应用能力，熟练掌握物联网、大数据、人工智能等相关技术知识。在学习过程中，要了解自动化仓储设备的操作与维护，学会运用智能调度系统进行运输规划。可以通过数据分析软件对物流数据进行整理与分析，为企业制定合理的物流策略。面对复杂多变的智慧物流场景，学生还需培养创新思维与灵活应变能力。随着新技术不断涌现，物流业务流程持续优化，学生要迅速适应新变化，积极探索新技术在物流领域的创新应用。高职物流专业应及时调整课程体系，增加信息技术实践课程，与物流企业合作开展实训项目，让学生在实际操作中积累智慧物流项目经验，为未来投身智慧物流行业，推动行业进一步发展做好充分准备，满足智慧物流时代对高素质物流人才的需求。

（二）绿色物流理念逐渐深入人心

在环保理念盛行的时代背景下，物流行业积极践行绿色发展理念，多管齐下推进绿色物流建设。运输环节是物流行业能源消耗与碳排放的重点领域，众多物流企业率先行动，大力引入新能源车辆。电动货车凭借零尾气排放、噪声小的优势，在城市配送中广泛应用，有效降低了城市空气污染。氢燃料电池汽车也崭露头角，其续航里程长、加氢时间短，适合中长距离运输。以一些大型快递企业为例，已批量购置电动配送车辆，替换传统燃油车，显著减少了运输过程中的碳排放。包装环节同样发生深刻变革，环保材料成为主流选择。可降解塑料、纸质包装等逐渐取代传统难以降解的塑料包装，从源头上减少包装废弃物对环境的污染。在电商行业，许多商家采用简约包装设计，减少不必要的包装层数，既降低成本又利于环保。在仓储设施方面，企业纷纷采用节能技术。太阳能供电系统为仓库提供清洁电力，智能照明设备根据仓库内光线与人员活动情况自动调节亮度，大幅降低仓储能耗，全方位推动物流行业向绿色化转型。

绿色物流的发展离不开专业人才的支撑，这对高职物流专业人才培养提出了新的目标与要求。高职学生首先要牢固树立党的意识，深刻认识到绿色物流对环境保护与行业可持续发展的重要意义。在课程学习中，系统掌握绿色物流技术，包括新能源车辆的原理与操作、环保包装材料的特性与应用、仓储节能技术的实施方法等。比如，要了解电动货车的电池管理系统，确保车辆高效、安全运行；熟悉不同环保包装材料的适用场景，为不同货物选择合适的包装方案。学生还需学习绿色物流管理方法，在实际操作中优化物流配送路线，通过合理规划，减少车辆迂回运输，提高车辆装载率，降低能源消耗。高职物流专业应优化课程设置，增加绿色物流相关课程，如绿色物流技术应用、可持续物流管理等。加强与物流企业的合作，开展绿色物流实践项目，让学生在实际工作中积累绿色物流经验，为毕业后投身物流行业，推动绿色物流发展，助力行业实现可持续发展目标奠定坚实的基础。

（三）跨境物流市场潜力巨大

“一带一路”倡议如强劲东风，推动着全球贸易格局的重塑，为跨境物流市场带来前所未有的发展契机。我国与沿线国家的经贸合作日益紧密，商品进出口规模持续扩大。从日常消费品到高端制造业产品，源源不断地在国际间流动，这背后是对高效跨境物流服务的迫切需求。跨境电商的异军突起，更是为跨境物流注入了一针强心剂。互联网打破了地域限制，消费者只需轻点鼠标，便能轻松选购来自全球各地的特色商品。大量的跨境电商订单促使物流企业积极布局跨境物流业务。为满足运输需求，企业大力加强国际物流网络建设。众多国际航线相继开通，飞机满载货物穿梭于各国之间；中欧班列常态化运行，一趟趟列车，横跨欧亚大陆，成为连接中欧贸易的钢铁纽带，为中欧之间的贸易往来提供了便捷、高效的物流通道。

跨境物流市场的繁荣，对高职物流专业人才提出了多元且严格的要求。学生必须掌握扎实的国际物流知识，熟悉国际运输规则、报关报检流程以及不同国家的贸易政策。要清楚不同航线的运输特点，能够根据货物特性选择最合适的运输方式；熟练掌握报关文件的准备与申报流程，确保货物顺利通关。跨文化交流能力也不可或缺。在跨境物流业务中，与不同国家和地区的客户、合作伙伴打交道频繁，学生需要了解各国文化习俗、商务礼仪，避免因文化差异产生沟通障碍。在与欧美客户沟通时，需遵循其注重效率、直接明了的交流风格；在与东南亚国家合作时，则要考虑当地独特的文化传统。高职物流专业应围绕这些需求，调整课程设置，增加国际物流实务、跨文化交流等课程，并加强实践教学。通过与跨境物流企业合作，让学生参与实际项目，积累跨境物流操作经验，为未来投身跨境物流行业，在全球化的物流业务浪潮中大展身手做好充分准备。

三、物流市场面临的挑战与应对

（一）市场竞争加剧与差异化发展策略

在竞争激烈的物流市场中，企业要站稳脚跟，精准定位目标客户群体是关键。不同行业、不同规模的客户对物流服务需求各异。高端制造业，如航空航天、精密电子等，其生产环节对零部件配送的精准度、及时性要求极高。物流企业若能专注于此，深入了解高端制造业的生产流程，为其量身打造精密零部件配送方案，确保每个零部件在特定时间准确无误送达生产线，就能在这一细分领域建立竞争优势。对于电商企业，因其业务特性，限时配送、定制包装等特色服务成为吸引消费者、提升客户体验的重要因素。物流企业针对电商订单量大、配送时效要求高的特点，优化配送流程，推出当日达、次日达服务，并根据商品特点设计个性化包装，既能满足电商企业需求，又能在市场中脱颖而出。高职物流专业学生应学习市场细分与客户需求分析方法，了解不同行业客户痛点，培养精准定位与个性化服务设计能力，以为未来服务各类客户奠定基础。

技术创新是提升物流企业竞争力的核心动力。当下，人工智能、物联网等先进技术在物流领域应用前景广阔。利用人工智能算法，物流企业可根据实时路况、车辆位置、货物重量等信息，为司机规划最优运输路线，减少运输时间与成本，提高配送效率。通过物联网技术，实现货物全程实时跟踪，客户能随时知晓货物运输状态，增强物流服务透明度与可靠性。企业加大技术创新投入，不仅能提高运作效率，还能优化服务质量，为客户提供更优质的物流体验。品牌建设同样重要，良好的企业形象与口碑能吸引客户，提高客户忠诚度。物流企业通过提供稳定、高效、个性化的服务，塑造独特品牌形象。以“高效配送”“安全可靠”等特色作为品牌标签，在市场中树立辨识度。高职物流专业学生在学习期间，要掌握前沿物流技术知识，参与技术应用实践，同时培养品牌意识，理解品牌建设对企业发展的重要性，为未来在物流企业推动技术创新与品牌建设贡献力量。

（二）技术革新与人才培养的紧迫性

物流行业正经历着前所未有的技术革新浪潮，物联网、大数据、人工智能等前沿技术加速融入物流各环节。在仓储管理中，物联网让货物与设备实现智能互联，传感器实时监测货物状态，自动化设备精准执行存储与分拣任务，这要求物流人才熟悉物联网设备的操作与维护。大数据技术则助力企业分析海量物流数据，预测市场需求、优化运输路线，人才需具备数据收集、整理与分析能力。人工智能在智能调度、客服机器人等方面的应用，对物流从业者的算法理解、系统操作能力提出挑战。然而，当前物流行业专业人才匮乏，尤其是既精通物流业务流程，又熟练掌握先进技术的复合型人才。传统物流人才难以适应新技术环境下的工作要求，新兴技术岗位无人填补，这一人才缺口不仅严重制约着物流企业的技术升级与业务拓展，也阻碍了整个物流行业向智能化、高效化迈进的步伐，凸显出物流人才培养亟待革新的紧迫性。

面对技术革新带来的人才挑战，高职物流专业肩负着培养适应行业发展需求人才的重任，需全方位改革人才培养模式。在课程设置方面，大幅增加信息技术相关课程。开设物联网技术应用课程，让学生学习物联网架构、传感器原理与应用，掌握如何搭建简单的物流物联网系统。大数据分析基础课程则教授学生数据挖掘、数据分析方法，学会运用专业软件处理物流数据。通过这些课程，为学生奠定坚实的技术知识基础。实践教学同样关键，高职物流专业应积极与物流企业合作，共建实训基地。学生在实训基地中能够参与企业真实的物流项目，操作先进的物流设备，亲身体验物联网、大数据、人工智能等技术在实际物流业务中的应用。鼓励学生参与各类物流技能竞赛与创新创业活动，在竞赛中锻炼实践操作能力，在创业活动中激发创新思维，培养学生解决实际问题的能力，确保培养出的学生能迅速适应物流行业技术革新的节奏，满足物流市场对高素质、复合型人才的迫切需求。

（三）政策法规变化与合规经营要求

物流行业受政策法规的影响广泛且深刻，近年来，政策法规在环保、安全、税收等多个关键领域持续革新。在环保方面，政府大力推行绿色发展理念，出台限制货车尾气排放标准等政策，旨在降低物流运输对环境的污染。这使物流企业不得不加快车辆更新换代，淘汰高排放的老旧货车，积极购置符合环保标准的新能源车辆，如电动货车、天然气货车等，以此适应环保政策要求，否则将面临罚款、限行等处罚，严重影响企业运营。在安全管理领域中，物流园区安全管理政策不断加强，要求企业完善安全防护设施，规范货物存储与操作流程。企业需定期检查消防设备、加固仓储建筑结构，加强对员工的安全培训，提高全员安全意识，避免安全事故发生，保障物流作业安全有序进行。税收政策调整也直接关系到企业的成本与利润，物流企业必须深入研究新税收政策，合理规划税务安排，确保合规纳税。

面对复杂多变的政策法规环境，高职物流专业学生需积极学习相关知识，培养合规经营意识，为未来职业发展做好充分准备。在学习过程中，要系统掌握物流行业涉及的各类政策法规，包括环保政策、安全法规、税收政策等。通过专门的政策法规课程学习，深入理解政策法规出台的背景、目的与具体要求。在环保政策学习中，了解不同类型车辆的尾气排放标准，以及新能源车辆购置补贴等优惠政策，明白物流企业在环保方面的责任与义务。参与案例分析与讨论，研究物流企业因合规或违规经营产生的不同结果，加深对政策法规重要性的认识。在实践环节，学生可到物流企业实习，观察企业如何应对政策法规变化，学习企业制定合规经营策略的方法。培养敏锐的政策洞察力，关注政策法规的更新动态，以便在未来工作中及时为企业提供政策解读与应对建议，帮助企业规避政策风险，实现可持续发展，为物流行业的规范、健康发展贡献自己的力量。

第三节　物流行业发展带来的新机遇

随着科技浪潮的席卷、行业模式的迭代以及政策环境的优化，物流行业正迎来前所未有的发展契机。新技术，如物联网、大数据、区块链等，为物流运作注入了全新活力；供应链金融、共享物流、冷链物流等新模式不断涌现，拓宽市场空间；国家扶持政策、“一带一路”倡议及区域协调发展战略，更为物流行业搭建起了广阔舞台。这些新机遇不仅关乎物流行业的腾飞，更对高职物流专业“三强化三对接”人才培养模式的探索与实践有着深刻影响。本节将探究这些新机遇，为后续人才培养研究筑牢根基。

一、新技术应用带来的机遇

（一）物联网技术在物流领域的应用前景

物联网技术作为当今科技发展的一个重要方向，其在各个领域的应用已经成为不可避免的趋势。在物流领域中，物联网技术的应用意义尤为重要。首先，物联网技术可以帮助物流企业实现对物流过程的全程监控。通过对各个环节的数据进行采集、传输和分析，可以实时掌握物流过程中的各种信息，如货物的位置、运输时间、温度、湿度等情况。这样，物流企业就可以在任何时间、任何地点对物流过程进行监控和管理，及时发现问题并采取相应的措施。其次，物联网技术还可以帮助物流企业实现实时管理。通过与各种设备和系统的连接，物流企业可以实时获取各种数据，并进行分析和处理。最后，物联网技术还可以帮助物流企业实现智能决策。通过对各种数据的分析和挖掘，物流企业可以了解市场需求和消费者行为，并据此进行智能决策。

1.物联网感知层应用

物联网感知层是物联网技术的基础层，它负责采集各种物理数据，并将这些数据传输到上层网络中进行处理和分析。在物流领域中，物联网感知层的应用非常广泛。一方面，物联网感知层可以帮助物流企业实现对物流过程中的各种信息的采集和传输。例如，可以通过安装传感器对货物的温度、湿度、振动等进行实时监测，并将这些数据传输到上层系统中进行分析和处理。这样，物流企业就可以实时掌握货物的状态，及时发现问题并采取相应的措施。另一方面，物联网感知层还可以帮助物流企业实现对物流设备的监控和管理。例如，可以通过安装传感器对物流设备的使用情况、运行状态等进行实时监测，并将这些数据传输到上层系统中进行分析和处理。这样，物流企业就可以及时发现设备的故障和异常，及时进行维修和更换，从而保障物流过程的顺利进行。

2.物联网网络层应用

物联网网络层是物联网技术的中间层，它负责将从感知层采集到的数据传输到上层智能层，并提供网络通信的功能。在物流领域中，物联网网络层的应用主要包括两个方面。一方面，物联网网络层可以帮助物流企业实现对物流过程中的信息传输和共享。例如，在物流过程中，不同的物流环节需要进行信息交互和共享，以保证货物的顺利运输。物联网网络层可以通过无线传输、蜂窝网络等技术，实现对信息的传输和共享，从而提高物流效率和降低物流成本。另一方面，物联网网络层还可以帮助物流企业实现对物流设备和环境的远程监控和管理。例如，物流企业可以通过物联网网络层实现对货物的位置、状态等信息进行实时监测。

3.物联网智能层应用

物联网智能层是物联网技术的最上层，它负责将从网络层传输上来的数据进行处理和分析，并输出有价值的信息和决策。在物流领域中，物联网智能层的应用主要包括以下两个方面。一方面，物联网智能层可以帮助物流企业实现对物流过程的智能化管理。例如，在物流过程中，物流企业可以通过物联网智能层的应用实现对物流过程的实时监控和分析，从而及时发现并处理问题。此外，物联网智能层还可以对物流过程中的数据进行深度分析和挖掘，从而得出对物流过程进行优化和改进的决策，提高物流效率和降低物流成本。另一方面，物联网智能层还可以帮助物流企业实现对物流环节的智能化控制。例如，物流企业可以通过物联网智能层实现对物流过程中的机器人、无人机等物流设备的智能化控制和调度，从而提高物流的自动化程度和智能化水平。此外，物联网智能层还可以实现对货物的优化配送和调度，从而实现物流过程的优化和智能化控制。[1]

（二）大数据与人工智能在物流中的融合创新

在物流行业，大数据宛如一座蕴藏无限价值的宝库。它广泛收集各类物流数据，订单信息记录着客户需求的细节，运输记录留存着货物流转轨迹，客户评价则反馈出服务的优劣。凭借强大的数据存储与处理能力，大数据技术深入挖掘这些海量数据。物流企业借助大数据分析，能精准洞察市场需求的变化趋势。通过分析过往的订单数据，结合季节、地域、促销活动等因素，预测不同商品在不同时段、不同地区的需求量，进而提前合理规划库存。避免库存积压，减少资金占用；防止缺货现象，保障客户供应。这种基于大数据的精准预测与库存规划，为物流企业运营决策提供了坚实依据，优化了资源配置，降低运营成本。对于高职物流专业学生而言，掌握大数据分析技能，意味着能在未来工作中运用数据工具挖掘物流数据价值，为企业制定科学的库存策略、市场拓展计划等提供有力的支持，培养数据分析思维，契合物流行业数字化转型对人才的需求。

在大数据为物流行业带来变革的同时，人工智能技术也正深刻重塑物流产业格局，尤其在供应链金融与物流管理等关键领域展现出强大的创新潜力。传统的供应链金融模式存在信息不对称、风险控制难度大等问题。然而，通过引入人工智能技术，我们可以实现更加智能、高效和精确的供应链管理，进而推动供应链金融的创新。人工智能技术能够实时追踪货物信息，提高物流透明度，减少信息不对称现象。这不仅有助于降低风险，还能为金融机构提供更加全面、准确的数据支持，使其能够更加科学地进行风险评估和定价。同时，AI可以通过对大量数据的分析和挖

[1] 尹洪岩，王永强，王远飞.计算机物联网技术在物流领域中的应用研究[J].中国储运，2024（2）：153.

掘，预测市场变化和客户需求，帮助企业制定更加精准的供应链策略。这不仅能降低运营成本，还能提高资金使用效率，进而推动供应链金融服务的升级。此外，AI还可以通过智能合约等技术手段，实现自动化的订单处理和支付结算，提高交易的便捷性和安全性。这将大大降低操作成本和风险，提高整个供应链的效率和稳定性。

在快速发展的科技时代，人工智能已经深入各个领域，物流管理也不例外。为了应对这一转化，我们需要培养具备跨学科知识和实践经验的人才，并建立高效的创新团队。首先，我们需要探索跨学科人才培养模式。物流管理涉及多个领域，如信息技术、运营管理、数据分析等。为了更好地应用人工智能技术，我们需要培养具备这些领域知识的复合型人才。为此，高校和企业可以开展深度合作，共同制定人才培养方案，设置跨学科课程，提供实践机会。其次，建立企业与高校的合作和交流机制。通过产学研合作，企业可以获得高校的技术支持，而高校则可以通过企业的实际需求了解行业动态，调整人才培养方案。此外，定期举办学术交流活动，如研讨会、讲座等，可以促进知识共享和技术创新。最后，创新团队的组建与管理方法同样重要。一个优秀的团队需要具备不同领域的人才，并能够充分发挥每个人的优势。团队成员需要具备高度的协作精神、沟通能力以及解决问题的能力。此外，团队领导者需要具备战略眼光和领导能力，能为团队指明方向并激发成员的潜力。

人工智能在物流管理中的应用和创新具有重要的现实意义和广阔的发展前景。我们应该继续加强研究和实践，推动人工智能技术在物流管理中的进一步应用和创新，为物流行业的可持续发展和社会的进步作出更大的贡献。[1]

（三）区块链技术在物流追溯中的潜力挖掘

区块链技术以其去中心化、不可篡改、可追溯等特性，在物流追溯领域展现出巨大潜力。在商品供应链中，从原材料采购、生产加工到产品销售的每一个环节，信息都可以通过区块链技术进行记录和存储。消费者通过扫描产品二维码，即可获取产品的详细信息，包括原材料来源、生产过程、运输轨迹、销售渠道等，实现全程追溯。这不仅提高了产品信息的透明度，增强了消费者对产品质量和安全的信任，还能有效防止假冒伪劣产品进入市场。在农产品物流中，利用区块链技术，消费者可以清晰了解农产品的产地、施肥用药情况、采摘时间、运输过程中的温度控制等信息，确保购买到安全、新鲜的农产品。对于物流企业而言，区块链技术有助

[1] 马浩，孙祎卓 .人工智能在物流管理中的创新与实践 [J].佳木斯职业学院学报，2024，40（7）：92-94.

于优化供应链管理，提高物流效率，降低运营成本。高职物流专业学生掌握区块链技术在物流追溯中的应用，能够满足物流行业对追溯管理人才的需求，提升自身的职业竞争力。

二、新模式发展带来的机遇

（一）供应链金融模式的创新与拓展

供应链金融模式在物流行业中不断创新与拓展，为物流企业和上下游企业带来了新的发展机遇。传统的供应链金融模式主要以核心企业为依托，为上下游中小企业提供融资服务。如今，随着物流行业的发展，供应链金融模式更加多元化。基于物流数据的金融服务模式逐渐兴起。物流企业通过积累的大量物流数据，如货物运输量、库存周转率等，为金融机构提供评估企业信用的依据。金融机构根据这些数据，为符合条件的企业提供更便捷、更精准的融资服务。这种模式不仅解决了中小企业融资难的问题，还促进了物流企业与金融机构的深度合作。物流企业通过参与供应链金融业务，拓宽了业务范围，增加了收入来源。通过对供应链资金流的整合与管理，提高了整个供应链的运作效率。高职物流专业学生了解供应链金融模式的创新与拓展，有助于培养金融与物流融合的思维，为未来从事相关工作做好准备。

（二）共享物流模式的兴起与实践

共享物流模式的出现，为物流行业资源配置带来了显著变革。在传统物流运作中，资源闲置现象屡见不鲜。仓库在非业务高峰期，大量仓储空间处于闲置状态；运输车辆完成一趟运输任务后，可能因缺乏后续订单而空驶返程；配送人员在业务淡季，工作不饱和。共享物流平台的搭建，改变了这一局面。物流企业、货主、司机等各方汇聚于平台，将闲置资源信息发布其中。闲置的仓储空间可租借给有存储需求的企业，运输车辆能承接其他企业的运输订单，配送人员也能在平台上获取临时配送任务。这种资源共享模式极大提高了资源利用率。以运输车辆为例，通过共享平台，车辆空驶率大幅降低，原本闲置的运力得到了充分利用。对于物流企业而言，减少了仓储设施建设与运输设备购置成本，降低运营开支。共享物流模式在优化资源配置的同时，降低了整个物流行业的成本，提升了行业经济效益，为物流行业可持续发展提供有力的支撑。高职物流专业学生了解这一模式，有助于在未来工作中善于整合各类闲置资源，为企业降本增效。

共享物流模式不仅能优化资源配置，更有力推动了物流行业的协同发展。在共享平台上，不同企业之间信息交流畅通无阻。物流企业可分享物流运作经验、技术创新成果；货主能反馈对物流服务的需求与意见；司机则可提供运输途中的实际情况。这种信息交互促进了企业间的合作。多家物流企业可共同规划配送路线，整合货物资源，按照最优路线进行联合配送。原本各自为政的企业，通过共享平台实现优势互补。大型物流企业拥有先进的物流设备与管理经验，小型物流企业则在本地市场有深厚人脉与灵活运营优势，双方通过共享平台合作，大型企业为小型企业提供技术支持，小型企业协助大型企业拓展本地业务。共享物流模式打破了企业间的壁垒，促进了物流行业整体服务水平提高。对于高职物流专业学生而言，参与共享物流实践能锻炼其协同合作能力，学会在跨企业合作中发挥自身专业优势，适应物流行业未来协同发展的趋势，为行业发展贡献力量。

（三）冷链物流模式的快速发展与市场需求

一站式供应链管理服务是一种先进理念，是基于当前的企业发展环境下所提出符合市场发展、企业竞争的理念。一站式供应链管理服务的开展，是将所有企业进行整合，深入分析各条供应链后，对具有资源集中优势的供应链，进行有效的资源协调与整合，以将供应链进行总体整合后达到较好的资源利用。一站式的供应链管理服务主要包括推动货值收费模式。此模式是和库存成正比的，客户与冷链供应企业之间的意见存在矛盾，为使企业和客户之间达到共同的利益点，在同等货值情况下降低库存，利益趋同，推动库存的周转，降低客户供应链成本。其对应的渠道管理，主要是向客户提供消费型服务，即从生产商到零售商、分销商等的转换，提高产品的品牌价值。

除了一站式供应链管理服务模式的创新发展外，在技术应用领域中，冷链物流企业也在积极探索契合市场需求的新模式，如合理应用供应链管理技术。冷链物流企业在探索全新的物流发展模式的过程中，需要借助产品条形码跟踪、设备识别技术，对食品的各项信息进行全面追溯，以保障生鲜产品在冷链运输过程中，各个环节所产生的信息能够及时与供应商以及厂商进行共享。除此之外，冷链物流企业也可借助信息技术的优势，发展与冷链物流相适应匹配的信息系统，并通过与现代化物联网技术的结合应用，为冷链物流企业内部的管理工作有效落到实处，提供技术方面的支撑。在冷链物流企业内部管理工作可规范化流程化开展的前提下，做到产品的冷链运输环节，严格按照具体的操作流程落实，以此确保为客户和消费者提供更高质量的生鲜产品。

可视化的冷链监管系统，主要是借助 GPS 对运输车辆进行卫星定位，并对运输车辆的位置、道路状况、周边环境、速度、开门情况、车辆货物情况、油耗情况等信息数据，进行实时定位和监控，并通过车辆调度来使车辆利用效率提高。这种系统方案建设是以物流运输作为主要出发点，通过系统建设来提高管理效率及车辆的利用率，控制运输风险问题，降低调度的强度，从而使供应链效率提高。这一系统的应用，实现了对冷链运输车辆的实时视频监控、在线温度监控和车辆跟踪等，可掌握车辆运输的全程信息。

在供应链物流管理中，采用现代物联网技术，构建食品物流信息追溯系统，通过二维码、条形码、手持终端工具等，对食品与粮食各类数据进行采集，并通过信息交互的方式，实现食品安全信息全过程的追溯和跟踪。此系统主要功能有智能化的仓储设备管理、信息自动化采集、智能预警与数据分析等，实现对食品信息、温度、流通、运输、生产等各个环节的数据信息的掌握，实现对食品监管与控制各个过程的追溯。通过分散传感器的功能，对环境温度与湿度等各项参数进行实时的追溯，及时了解生鲜产品的冷冻情况。并对各个车辆和仓库中的产品品质实时监测，实现对储存运输过程的连续追踪监测，使冷链物流产业结构发生调整。通过现代信息技术使供应链管理平台建设更加完善，从而建立和市场密切相关，为客户创造更多价值的供应链结构，改善现有供应链信息平台的合作与建设。随着产品条形码跟踪和射频识别技术的完善，在向仓储配送中心发送货物时，采用RFID标签来对货物生产与加工信息收集，可将产品各项信息都集成到食品信息追溯平台中，确保食品信息追溯链条的完善性。[1]

三、新政策环境带来的机遇

（一）国家对物流行业的扶持政策与激励措施

国家高度重视物流行业的发展，出台了一系列扶持政策与激励措施，为物流行业带来了诸多机遇。在基础设施建设方面，国家加大对物流园区、交通枢纽等物流基础设施的投资，改善物流运输条件。建设更多的高速公路、铁路专线，提高物流运输的效率和便利性。在税收政策方面，对物流企业实施税收优惠政策，减轻企业负担，促进企业发展。一些地区对物流企业的土地使用税、增值税等给予一定程度的减免。在技术创新方面，国家鼓励物流企业加大技术研发投入，对采用先进技术的企业给予资金支持和政策奖励。这些扶持政策和激励措施，为物流企业的发展创

[1]　王娟．基于供应链管理的冷链物流发展模式研究 [J]. 全国流通经济，2023（23）：89-92.

造了良好的政策环境。高职物流专业学生应关注国家政策动态，了解政策对物流行业的影响，以便在未来的工作中更好地把握机遇。

（二）“一带一路”倡议下的物流合作机遇

在“一带一路”建设中，真正实现“陆海”两岸沿线国家的互通合作是最主要的目标，因此，我国应该形成国际物流的发展眼光，建立跨地区的国际物流大通道以及全覆盖的网络综合平台，促使地区经济快速地自由流通，从而促使沿线国家地区的经济、政治、文化等更加繁荣，最终形成高领域、多层次、全方位的对外开放合作战略新格局。基于“一带一路”倡议下，我国向沿线国家在输送电力、高铁等先进大型机器设备时，必然离不开强大的物流体系做支撑，因此，为了更好地推动我国企业“走出去”，积极地与沿线国家参与合作，其必然要促使我国的物流产业不断向规模化、网络化的方向发展，在很大程度上将刺激我国物流企业不断迈向规模化的发展方向。而这里的“走出去”与我国传统物流企业只在内陆地区“走出去”不同，而是为了更好地在“一带一路”倡议下，将我国的先进设备以及技术设备真正地“走出去”，物流企业必须建立跨境的供应链运输服务，从传统中只看重规模要素的运输服务不断向以质量创新为中心的服务体系转变，将我国物流企业的发展潜力完全激发出来，从而促使物流企业迈向创新型的发展道路。

在“一带一路”倡议下，其基础设施的互联互通是其最主要的核心内容，而互联互通简单来说，就是希望沿线国家地区的贸易往来畅通、道路更加顺畅以及民心更加相通。现如今，国际性的通道建设正在紧张的进行中，而与此同时，一批规模庞大的物流工程也在建设过程中，最终，在该项工程建设之下，给我国的专业物流企业运输带来了一定的机遇。铁路、公路、电力等物流基础设施建设一直是我国对外承包工程建设的优势行业，而我国在与沿线国家进行合作时，重点围绕的就是能源、铁路等领域，从而，这些基础的物流工程建设项目将有效地促使我国与之相关的物流服务工程项目不断地发展。随着中欧国际货运班列的开通，促使我国与西欧国家之间的运输往来，在一定程度上促使国际铁路货物运输物流的急速发展。总体来说，在“一带一路”倡议下，加速了我国与沿线国家之间的互联互通，从而致使区域范围内的海陆通道被打开，航空以及海运的运输路线逐渐增多，我国的国际货物物流运输逐渐增多，从而专业化的物流将成为物流行业发展的主流。[1]

[1] 王来生．“一带一路”倡议下我国物流业发展的市场机遇与策略选择[J].中国市场，2018（24）：187-188.

（三）区域协调发展战略下的物流布局优化

在区域协调发展战略下，不同地区之间加强了产业协同和资源整合，物流需求也随之发生变化。物流企业可以根据区域产业布局和发展规划，优化物流网点布局，提高物流服务的针对性和有效性。在京津冀协同发展战略中，物流企业可以根据北京、天津、河北三地的功能定位和产业特点，合理布局仓储、运输、配送等物流设施，实现物流资源的优化配置。同时，区域协调发展战略促进了区域之间的交通基础设施互联互通，为物流企业降低运输成本、提高运输效率创造了条件。高职物流专业学生学习区域物流规划知识，能够适应区域协调发展战略下物流行业的发展需求，为区域物流发展贡献力量。

第二章

高职物流专业人才培养的现状与挑战

在高职物流专业蓬勃发展的当下，分析其人才培养现状与面临的挑战，对探索并实践“三强化三对接”人才培养模式意义重大。本章将从人才培养的现状切入，梳理专业设置、招生、课程、师资等基础情况，总结培养成效，查摆现存问题。继而探究物流行业在转型升级、国际化、创新发展进程中对人才需求的动态变化。在此基础上，全面审视高职物流专业在教育理念、课程体系、实践教学等方面遭遇的挑战，为后续构建科学高效的人才培养模式筑牢根基，精准对接行业需求，提高人才培养质量。

第一节　高职物流专业人才培养的现状分析

为探究高职物流专业“三强化三对接”人才培养模式，清晰洞察当下人才培养的实际状况是关键点。本节将聚焦高职物流专业人才培养现状，从专业教育的基本架构，到人才培养所取得的成果，再到现存的各类问题，进行全面剖析。旨在通过细致梳理，精准把握现状，为后续分析行业人才需求变化及面临的挑战，进而探索创新人才培养模式提供扎实依据，助力高职物流专业教育契合行业发展，培育出更优质的专业人才。

一、高职物流专业教育的基本情况

（一）专业设置与招生规模

1. 专业设置紧扣物流行业需求脉搏

高职物流专业的设置极具前瞻性，精准对接物流行业动态发展。细分方向多元且全面，物流管理专业专注于物流运营的统筹规划，从物流项目策划到供应链各环节协调，培养学生具备综合管理能力，以应对仓储、运输、配送等核心业务管理需求。冷链物流技术与管理专业则聚焦于新兴的冷链领域，随着生鲜电商、医药冷链需求激增，该专业培养学生掌握冷链仓储温度控制、冷藏运输设备操作与维护等专业技能，确保易腐货物在物流全程处于适宜环境。物流工程技术专业着重于物流设施与系统的设计、优化，涉及自动化立体仓库布局规划、物流信息系统开发等内容，契合智慧物流发展对技术人才的需求。这些专业设置全方位覆盖物流行业不同领域，从传统物流业务到新兴技术应用，为物流行业输送适配各岗位的专业人才，助力行业高效运转，满足行业多样化人才需求，推动物流行业朝着专业化、精细化方向发展。

2.招生规模增长彰显专业发展活力

物流行业蓬勃发展，社会对物流人才的渴望持续攀升，为专业招生创造了有利条件。众多高职院校敏锐捕捉到这一趋势，积极投身招生宣传工作。通过线上线下多渠道宣传，制作精美的专业介绍手册、线上直播讲解专业特色与就业前景，吸引对物流领域怀揣热情的学生报考。部分院校更是创新举措，与中学开展职业启蒙教育合作。走进中学课堂，举办物流知识讲座，展示物流行业先进设备与技术应用视频，组织学生参观物流实训基地，让中学生提前感受物流专业魅力，激发他们的报考兴趣。随着招生范围不断拓宽，从局限于本地生源逐步向跨区域招生迈进。这不仅丰富了生源结构，为专业注入多元活力，还能选拔出更具潜力的学生，为物流行业培养更多优质的后备人才，保障行业发展对人才数量与质量的双重需求，推动高职物流专业教育持续向好发展。

（二）课程体系与教学内容

1.构建系统的基础与核心课程体系

培养高素质技能型人才是高职物流管理专业人才培养的最高追求，高素质技能型人才主要体现在学生的岗位技术能力及综合职业能力，因此在物流管理专业课程体系的设置过程，除了要考虑课程体系设置能否满足物流企业岗位的操作技能要求外，还要考虑学生职业能力的培养。学生毕业后应达到能从事物流管理专业技术性工作的学识、技术和能力的起点标准，因此，在学生学习专业课过程中，要把专业课程学习和职业资格证考试相互结合。

物流管理专业学生职业能力的发展是一个循序渐进的过程。因此，在课程体系的设置过程中，需结合物流行业的人才需求，按一定逻辑顺序设置专业核心课程，通过这些专业课的学习，能培养学生基本的岗位能力。如仓储能力、运输能力、配送能力、物流信息能力等；并通过一些证件考试，培养学生的综合职业能力。在一般情况下，学生在学校学习中，主要培养的是理论能力，要想提高学生的职业能力，必须加强实训练习。实现高职物流管理专业人才培养目标的途径之一是进行工学交替的人才培养模式和课程体系的设置。因此，为实现高职人才培养目标，高职物流管理专业在课程体系设置过程中要真正做到“课证融合”，“学、做”合一的专业课程体系。

2.教学内容的整体优化

针对目前物流行业发展的现状和物流管理专业学生的就业情况，物流管理专业教学内容应该从以下几个方面进行整体优化。其一，教学内容系统。在《物流管理基础》《仓储管理》《物流信息技术与实务》《配送中心运作与管理》等专业课中，课程的章节内容基本是按照物流的七个要素进行编写。因此，在授课过程中，各专业任课教师要协调沟通，要在授课过程中有所侧重，不要出现在不同的专业课中出现重复讲解某个知识点的现象。其二，高职物流管理课程设置应以职业岗位所需要的知识和能力结构为核心，突出应用性和实践性，课程体系和教学内容设置要突出物流基础理论知识应用和实践能力的培养。特别要增加实践教学比例的学分，减少课程内实训，增加综合实训，教学课程应体现知识、能力和素质协调发展的特征。[1]

（三）师资队伍与教学设施

高职物流专业师资队伍在规模与质量上均实现稳步提高。专职教师构成了教学的中坚力量，他们大多持有物流相关专业硕士及以上学位，深厚的学术背景使其能精准传授专业理论知识。无论是物流学的基础原理，还是供应链管理的复杂理论，都能深入浅出地讲解，为学生搭建起扎实的知识框架。部分教师曾投身物流企业一线，拥有丰富的实践履历。他们在课堂上，将实际工作中的案例巧妙融入教学内容。在讲解仓储管理课程时，分享在企业处理库存积压、优化仓库布局的实战经验，让理论知识鲜活起来，帮助学生更好地理解知识在实际场景中的运用。院校积极引入外部资源，聘请企业资深物流专家担任兼职教师。这些专家定期走进校园，举办讲座，分享行业最新动态、前沿技术应用以及企业实际运营中面临的挑战与解决方案。

---

[1] 刘淑华，布乃鹏.高职物流管理专业课程体系与教学内容整体优化研究[J].科技风，2017（2）：29.

高职院校高度重视物流专业教学设施建设，持续加大投入力度，为学生打造优质的实践学习环境。众多物流实训中心拔地而起，成为学生技能锤炼的重要场所。实训中心配备了一系列先进设施，自动化立体仓库模拟真实仓储场景，学生可在此学习货物上架、存储策略制定以及自动化设备操作，直观感受智能仓储的高效运作。物流运输模拟设备让学生体验不同运输方式的特点，通过模拟运输调度，依据路况、货物特性等因素规划最优运输路线，提升运输管理能力。物流信息管理系统则让学生熟悉物流数据的采集、分析与运用，掌握如何借助信息化手段实现物流业务的高效监控与管理。在这些设施完备的实训中心，学生能够开展货物入库、存储、分拣、运输等全流程操作练习。从货物的初始接收到最终配送至模拟客户手中，每个环节都能得到充分实践。通过这种沉浸式的实践学习，学生积累了丰富的实践经验，有利于为毕业后无缝对接企业工作岗位做好充分准备，有力推动了高职物流专业教学质量的提高。

二、高职物流专业人才培养的成效

（一）毕业生就业率与就业质量

高职物流专业毕业生在就业市场中优势明显，就业率长期保持高位。物流行业近年来呈迅猛扩张之势，电商蓬勃发展、国际贸易日益频繁，驱动仓储、运输、配送等各环节对专业人才的渴求。大量岗位虚位以待，从仓储一线货物管理，到运输途中车辆调度，再到配送网点包裹分发，乃至物流信息系统维护，众多领域为毕业生提供广阔的就业空间。高职物流专业教学注重理论与实践相结合，学生在校掌握扎实专业知识，熟悉物流各环节运作流程，且通过实训、实习积累实操经验。因而在毕业时，能迅速融入基层物流岗位。不少毕业生入职知名物流企业，像顺丰、京东物流等行业领军者，承担仓储管理员工作，精准把控货物出入库；担任运输调度员，合理规划运输路线；从事快递业务员，高效完成包裹揽收与派送。这些岗位虽然基础，但为毕业生开启了物流职业发展大门，充分展现出高职物流专业教育契合市场需求，保障高就业率。

高职物流专业毕业生就业质量持续向好，院校在其中发挥关键作用。学生初入职场多从基层起步，随着工作经验积累，部分毕业生凭借努力与专业能力，晋升至基层管理岗位。如仓储部门主管，负责团队管理、仓储布局优化；运输线路主管，统筹调度车辆、提高运输效率。职位晋升伴随薪资显著增长，就业质量大幅提高。院校积极作为，深化校企合作。开展订单式培养，与企业共同制定人才培养方案，企业参与教学过程，使学生在校所学更贴合企业需求，毕业后可直接入职合作企业关键岗位。院校重视实习推荐，为学生联系优质实习单位，让学生在实习中提前适应职场，积累人脉资源，为正式就业奠定良好的基础。通过一系列举措，院校助力毕业生在就业市场中站稳脚跟，实现从顺利就业到高质量就业的跨越，推动毕业生在职业发展道路上稳步前行，实现个人价值，为物流行业持续输送优质人才。

（二）学生在职业技能竞赛中的表现

仓储规划与管理环节，要求学生针对不同的仓库规模、货物特性，制定仓储布局。小到货物的分区存储，大到货架的摆放设计，都需精准考量，以提高空间利用率和货物存取效率。运输调度优化板块，学生要依据实时路况、车辆载重、燃油消耗等复杂因素，运用专业算法规划最优运输路线。不仅要保障货物按时送达，还要最大限度降低运输成本，这与物流企业日常运营面临的挑战如出一辙。在物流信息技术应用竞赛中，学生操作物流信息系统，进行数据采集、分析与处理，模拟企业利用信息技术实现物流全程监控与管理的场景。这些竞赛项目，从物流核心业务出发，可全方位检验学生对行业知识与技能的掌握程度，让学生在竞赛中提前接触并适应真实的物流工作环境。

高职物流专业学生在竞赛中积极发挥专业优势。面对仓储规划任务，他们凭借课堂所学仓储管理知识，结合实际仓库条件，迅速制定方案。熟练操作智能仓储设备，精准完成货物存储与分拣，展现出扎实的实操能力。在运输调度竞赛时，学生依据实时数据，冷静分析，灵活运用算法，优化运输路线。团队成员间分工明确，有人专注数据收集，有人负责算法运算，有人沟通协调，通过紧密协作攻克难题。在物流信息技术应用竞赛中，学生熟练运用各类软件工具，对物流数据进行高效处理与分析，为物流决策提供有力的支持。整个竞赛过程，学生将理论知识转化为实际行动，通过团队协作应对复杂任务，充分展现出良好的专业素养与协作能力。

参与物流职业技能竞赛，为学生带来诸多益处。在竞赛中，学生屡获佳绩，为学校争得了荣誉，极大增强了自身的自信心与成就感。更重要的是，竞赛经历成为他们职业发展的宝贵财富。丰富的竞赛经验使学生在求职时脱颖而出，企业青睐这些在竞赛中展现出实践能力与创新思维的学生。进入职场后，竞赛中积累的问题解决能力、团队协作能力，助力他们快速适应工作岗位，高效完成工作任务。竞赛还促使学生不断反思与提升，发现自身知识与技能的不足，从而在后续学习与实践中加以改进，持续提升专业能力，为未来职业发展筑牢坚实基础，有力证明了高职物流专业人才培养的成效。

（三）校企合作与产教融合的成果

在高职物流专业人才培养进程中，企业发挥着关键作用。众多物流企业与高职院校建立起稳固的长期合作关系，深度融入人才培育的各个环节。企业为院校打造的实践教学基地，成为学生接触真实物流业务的前沿阵地。学生在企业实习期间，能亲身体验仓储货物的高效流转、运输调度的实时决策以及配送环节的精准把控，真切了解行业最新动态。不仅如此，企业专家也积极投身院校课程设计与教学工作。他们将丰富的行业实际案例带入课堂，像分享应对物流高峰的仓储策略、复杂路况下的运输优化方案等。引入前沿技术，如智能仓储机器人应用、大数据在物流分析中的运用，使教学内容紧跟行业步伐，更贴合实际需求，全方位助力学生成长为符合行业标准的专业人才。

校企合作与产教融合促使院校与企业协同共进，实现共赢。高职院校为企业源源不断输送符合其需求的优质毕业生。这些毕业生在校期间接受了企业参与设计的课程教育与实践锻炼，入职后能迅速适应岗位，为企业注入新鲜血液。双方合作开展的项目成果丰硕，如共同研发物流管理信息系统。院校凭借专业知识与科研能力，企业依靠实践经验与数据资源，携手打造出高效的信息系统，优化企业物流运作流程，大幅提高运营效率。通过这种紧密合作，学校人才培养目标与企业用人需求实现无缝对接。学校因企业的参与提高了教育质量，学生就业竞争力增强；企业则获得适配人才与创新助力，实现高效发展。校企合作与产教融合有力推动了高职物流专业教育发展，为物流行业持续赋能。

三、高职物流专业人才培养存在的问题

（一）与企业沟通不畅，物流人才供需脱节

目前，高职物流专业在构建复合型人才培养新模式的过程中，面临企业沟通不畅和物流人才供需脱节的难题，两者相互交织，影响物流行业的健康可持续发展。调查发现，问题主要体现在以下几个方面。一是培养目标错位，高职院校与物流企业在人才培养愿景上存在分歧，物流企业更倾向于实践能力与职业素养兼备的高素质人才。二是实践机会匮乏，学生缺乏足够的实践实训机会，导致他们难以将所学理论知识转化为解决实际问题的能力。三是利益诉求差异，物流企业和高职院校属于两个不同的主体，在合作过程中面临的利益诉求不一致的问题，因而双方在合作

目标、方式等方面较难形成稳固有效的合作机制。

（二）物流专业的课程体系不完善，产教融合不深入

首先，课程体系设置上存在局限性。当前，许多高职院校物流专业课程体系设置存在理论与实践脱节的问题。过多的理论知识传授使学生缺乏必要的实践技能和问题解决能力，难以将理论直接应用于工作场景中。这种课程设置方式不仅影响了学生的职业适应能力，也违背了职业教育学以致用的教育目标。其次，随着物流行业的快速发展，新技术、新理念层出不穷，但许多高职院校课程体系更新滞后，导致教育内容与行业需求之间产生了脱节。最后，产教融合的深度不足。尽管“产教融合、校企合作”已成为职业教育发展的重要方向，但在实际操作中，这一理念的实施效果并不理想，无法充分发挥其优势。

（三）物流专业师资队伍薄弱，实践经验不足

随着高职物流专业蓬勃发展，教师的数量虽有所增长，但整体而言，物流专业师资队伍仍显薄弱，主要面临以下几个问题。一是部分物流专业教师缺乏物流行业的实际从业经验，实践经验不足，同时又侧重于理论教学，因此，难以将理论知识与实际操作相结合，教学效果欠佳。未来需要加强教师企业实践，提高其实践能力。二是物流专业教师在教学方法、手段等方面的能力有待提升。教师应转变传统的教学模式，积极探索和采用新的教学方法，以增强学生的参与感和实践能力。三是在物流专业教学过程中，学校与企业的合作停留在较浅的层次，缺乏有丰富企业实践经验的导师，导致物流专业师生不能及时了解物流行业的发展及人才需求，从而制约了复合型人才培养的针对性和有效性。[1]

（四）学生职业素养与创新能力欠缺

在高职物流专业学生群体中，敬业精神的欠缺较为明显。部分学生在企业实习或初入职场时，对工作缺乏应有的热情与责任心。对待日常任务，如货物分拣、运输单据填写等工作，敷衍了事，不注重细节，导致工作失误频发。遇到复杂问题，不是积极主动寻找解决办法，而是选择推诿责任，将问题转嫁给他人。在物流仓库实习时，面对大量货物需紧急出库的任务，有些学生抱怨工作强度大，并消极怠工，严重影响了出库效率。这种敬业精神的缺失，不仅破坏了团队的工作氛围，降

[1] 樊颜青，闫娜，王小婧.聚焦“产教融合、校企合作”构建高职物流专业复合型人才培养新模式[J].中国物流与采购，2025（1）：168-169.

低整体工作效率，还可能给企业带来经济损失。长此以往，学生自身职业发展也会受到阻碍，难以在竞争激烈的物流行业中获得认可与晋升机会，这反映出高职物流专业在职业素养培育方面存在短板。

团队协作与沟通能力的不足也是高职物流专业学生职业素养的薄弱环节。物流工作流程复杂，涉及多个环节与岗位协同作业。然而，部分学生在团队中不懂得倾听他人意见，固执己见，无法与团队成员有效配合。在仓储部门团队作业中，进行货物盘点时，个别学生不遵循团队既定流程，独自行动，导致盘点数据混乱，影响整个团队工作进度。在沟通方面，学生在与客户、同事交流时，表达能力欠佳。在向客户介绍物流服务时，无法清晰阐述服务优势与流程；在与同事沟通工作任务时，词不达意，信息传递不准确，致使工作衔接出现问题。这些能力的欠缺，致使学生难以融入物流企业的工作环境，限制了其在团队项目中的贡献，不利于学生在物流行业长远发展，凸显出职业素养培养在这些方面的紧迫性。

高职物流专业在学生创新能力培养上存在明显不足。当前课程设置与教学方法偏传统，多侧重于知识灌输，教师主导课堂，学生被动接受。在物流管理课程教学中，主要围绕既有理论与案例讲解，很少引导学生思考如何突破传统模式，提出创新性解决方案。在实践环节，学生习惯按部就班完成任务，缺乏主动探索新方法、新思路的意识。面对物流配送路线优化问题，学生多沿用常规算法，很少尝试结合新兴技术，如大数据分析、人工智能等进行创新优化。在物流行业快速创新发展的当下，这种创新能力的缺失，使学生难以满足行业对创新型人才的需求，无法为企业引入新的发展理念与技术应用，阻碍了物流专业学生在行业内的竞争力提升与职业发展进阶。

第二节　物流行业发展对人才的需求变化

在高职物流专业人才培养的进程中，物流行业的动态发展宛如指挥棒，深刻影响着人才需求的走向。物流行业正经历着全方位变革，转型升级步伐加快，区域协同发展趋势凸显，创新活力不断迸发。这些显著变化对高职物流专业人才提出了全新且多元的要求，不仅需要掌握前沿技术，还要具备跨区域协作能力与创新思维。本节将剖析物流行业在不同发展维度下，对人才需求产生的具体转变，为后续探讨“三强化三对接”人才培养模式如何精准匹配行业需求，提供坚实的现实依据与方向指引。

一、物流行业转型升级对人才的新要求

（一）智慧物流技术人才的需求增加

智慧物流实现了物流行业与信息技术的有机结合，不仅改变了物流传统的运作模式，更替代了许多低技术工种。据调查，我国多家大型物流企业已经开始引入分拣机器人、搬运机器人等替代传统人工分拣、人工搬运等工作。随着现代智能化设备的逐步完善，每年我国物流行业将会有大量传统基础性岗位被机器人取代，其中包括仓管员、分拣员、配送员、客服等。这些岗位多偏重于重复性重体力劳动或低技术含量的脑力劳动等，利用 RFID 技术、智能化设备等能够大幅减少相关岗位人员投入，缩减不必要的人员成本。

未来，随着智慧物流研究的不断深入，物流企业对相关专业的技术型人才需求会越来越多。从顺丰快递、京东物流等大型物流企业的相关招聘信息来看，物联网工程技术人员、大数据分析师等高端专业技术人才需求大幅增加。事实上，当前物流产业已经发展成技术密集型产业，通过物流技术的不断创新，引入了包括互联网技术、货物跟踪技术、条形码技术、大数据技术、卫星定位系统等高科技手段，只有引入高级技术人才，才能运用好、管理好这些技术。除此之外，从供应链角度来看，物流涉及生产、流通及消费等诸多领域，货物流通更是与资金管理、信息流动、商务贸易等方面都有着千丝万缕的关系。物流产业智能化革新，已经不仅是物流企业强化自身领域的竞争问题，更是能够发展我国整个物流行业环境，提高物流行业服务水平，使我国物流企业成为跨国经营网络中的一个重要环节。在此背景下，物流企业需要大量懂管理、技术、资本、贸易等专业知识的复合型人才，能够在岗位工作中充分应用现代信息技术手段和管理手段来解决物流专业问题。由于物流业务涉及的工作环节复杂，在智慧物流覆盖各大核心业务过程中，会有越来越多的智能控制技术、物联网技术等运用其中，想要实现智能化运作就必须加强人才支撑。可见，在智慧物流发展环境下，物流企业对高端专业技术人才及复合型人才需求会不断增加。

随着智慧物流理念在物流企业的深入贯彻，对人才学历层次的要求也在不断提高。在传统物流工作中，大多数员工从事的是物流运输、货物分拣、仓储管理、货物配送、货物包装等基础性工作，相关工作对员工的学历要求较低。然而，物流企业在引入智慧物流理念后，需要通过人工智能、大数据等技术进行问题分析、策略

优化，这就需要相关从业人员具备较高水平的专业知识和管理应用能力。对此，物流企业的人才需求在学历层面上会普遍提高。

在智慧物流背景下，对人才经验的需求也更加丰富化。物流企业人才不仅需要懂物流技术、物流经济，更需要掌握供应链流程、电子商务及国际贸易专业知识、安全管理知识等知识体系。这就要求物流人才不仅要具备完善的知识结构，更要具备丰富的实践经验，在其专业领域具有较强的创新能力、适应能力，能够快速地进行知识变现，为企业带来直接或间接的经济效益。通常情况下，即使是高素质人才，如果没有实践经验也很难在工作之初就从事企业较高层次的管理工作。目前我国开设物流管理专业的高校不在少数，每年能够为物流行业输送的专业人员数以万计。但是对比行业供需情况来看，有相当一部分物流专业毕业生因工作经验不足而被行业拒之门外。学不能致用是该行业普遍存在的现象，物流行业并不是人员短缺而是人才短缺，即真正具备物流岗位实践经验、熟悉业务流程且具备现代化操作技能的综合型物流人才。物流现代化已经是必然的发展趋势，必然也会对人才经验提出更高要求。[1]

（二）跨境电商物流人才的紧缺

在国内集货环节，人才需精准把控货物来源与质量，依据订单高效整合商品，规划合理的集货方案，确保货物按时、完整地集齐。报关环节极为关键，专业人才要熟知报关流程与文件要求，准确填写各类报关单据，应对海关的严格查验，保障货物合法、快速通关。国际运输方式的选择直接影响物流成本与时效，人才需依据货物特性，如体积、重量、价值、易损程度等，结合时效要求，权衡海运的低成本、大运量，空运的高速度，陆运的灵活性，作出最优决策。在目的国清关与配送时，人才要了解当地海关政策与配送体系，确保货物顺利清关并准确送达客户手中。每个环节紧密相连，任何一处失误都可能导致物流延误或货物损失，专业人才在其中起到关键的衔接与保障作用。

跨境电商物流人才必须深度掌握国际贸易规则与各国海关政策。国际贸易规则涵盖货物买卖、运输、保险等多方面条款，人才需清晰理解这些规则，确保跨境交易合法合规，避免贸易纠纷。明确不同贸易术语下买卖双方的责任与义务，合理安排货物运输与保险。各国海关政策差异巨大，从关税征收标准到禁止、限制进出口物品清单各不相同。人才要时刻关注各国海关政策动态，在报关清关时，依据货物

[1]　陈莞坚 . 智慧物流背景下物流企业人才需求分析 [J]. 商场现代化，2023（5）：53-55.

属性与目的地国家政策，准确申报货物信息，计算关税，准备相关证明文件，应对海关各类检查。

外语能力是跨境电商物流人才不可或缺的技能。与国外供应商沟通货物供应细节，包括商品规格、交货期、价格等，精准的外语表达能确保信息准确传递，避免误解。在与国外客户交流物流进度与服务质量时，良好的外语沟通能提升客户满意度。在与国外物流合作伙伴协作时，从运输安排到货物交接，外语能力助力高效沟通，协调各方资源。跨境电商物流涉及多个国家和地区的不同主体，人才需具备出色的协调能力。在国际运输中，协调不同运输方式的衔接，处理运输途中的突发状况，如航班延误、海运船只故障等。

（三）绿色物流理念的普及与人才需求

在绿色物流体系中，包装环节是关键起始点，对绿色物流人才在包装设计与材料选用方面有明确要求。绿色物流人才需秉持环保理念进行包装设计，充分考量货物特性与运输要求，设计出简约且实用的包装方案，减少不必要的包装层数与体积。在材料选用上，要熟悉各类可降解、可回收的环保包装材料，如纸质缓冲材料替代塑料泡沫，以降低包装废弃物对环境的污染。针对电子产品包装，采用可折叠、可回收的硬纸板材质，设计内部结构时运用纸质分隔件，既能有效保护产品，又便于回收再利用。人才还需关注包装材料的生产来源，确保其生产过程环保、低碳。通过绿色包装设计与材料选用，从源头减少物流活动对环境的负面影响，这是绿色物流人才践行环保理念的重要体现，也是推动物流行业绿色转型的基础工作。

运输是物流的核心环节，绿色物流人才在运输环节肩负着降低能源消耗与碳排放的重任。在运输路线规划方面，人才要运用专业知识与技术工具，综合考虑交通路况、运输距离、货物分布等因素，优化运输路线，减少迂回运输，降低运输里程。借助大数据分析平台，实时获取路况信息，为城市配送规划最优路线，避开拥堵路段，节省燃油消耗。在运输工具选择上，积极推广新能源车辆在城市配送中的应用，这类车辆以电能等清洁能源为动力，能显著减少尾气排放。倡导运用多式联运模式，整合公路、铁路、水路等运输资源，发挥不同运输方式的优势，提高运输效率，降低能源消耗。

仓储管理在绿色物流中同样不容忽视，绿色物流人才在此环节要通过一系列节能举措降低能耗。在设备选用上，优先选择节能型仓储设备，如节能型照明灯具、高效节能的空调系统等，减少能源消耗。合理规划仓库布局也至关重要，人才需依据货物存储特点与出入库频率，设计科学的仓库布局，提高空间利用率，减少货物搬运距离，降低搬运过程中的能源消耗。将高频次出入库的货物放置在靠近仓库出入口位置，优化货架布局，使货物存储紧凑且便于存取。在仓储运营过程中，采用智能化管理系统，实时监控仓库能源使用情况，及时调整设备运行参数，实现节能目标。

二、物流行业区域协同发展对人才的多元能力要求

（一）跨区域物流业务的拓展与人才需求

在物流行业区域协同发展的大背景下，跨区域物流业务拓展需要物流人才精准洞察不同区域特性。物流人才要深入研究各区域物流市场。比如，有的区域制造业发达，原材料与成品运输需求旺盛；而有的区域以旅游服务业为主，特色商品的物流配送需求突出。对于农产品丰富但物流配送受限的区域，人才可凭借专业敏锐度，挖掘出农产品外销的巨大市场潜力。通过调研当地农产品产量、品质及周边区域消费市场，构建起涵盖仓储、运输、配送的完整物流网络。从优化农产品包装，确保运输过程中的品质，到与销售市场的商家建立合作，精准对接配送需求，将原本滞销的农产品高效送达各地消费者手中，成功开拓跨区域物流业务新领域，为区域经济发展注入活力。

跨区域物流运输方式的合理选择是业务高效开展的关键。物流人才需依据货物多样特性规划运输。对于体积小、价值高且时效性强的电子产品，优先选用航空运输，保障快速交付，满足市场对新品的及时性需求。对于大宗商品，像煤炭、建材等，考虑长距离运输成本，选择铁路或水路运输更为经济。在多式联运中，物流人才要做好衔接安排。在将内陆生产的机械设备运往沿海港口出口时，先用公路运输将设备从工厂运至铁路站点，再通过铁路运输至港口，最后装船海运。物流人才需协调各运输环节的时间节点，确保货物无缝转运，减少在途时间与损耗，通过科学规划运输方式，提高跨区域物流运输效率，降低运营成本，增强物流企业在跨区域业务中的竞争力。

跨区域物流面临诸多复杂状况，需要专业人才妥善应对。各地政策法规不同，专业人才要及时掌握。如某些区域对货车限行、限载规定频繁调整，专业人才需据此灵活调整运输计划，合理安排车辆调度，确保货物按时送达。面对交通管制，像因重大活动导致的道路临时封闭，专业人才要迅速规划替代路线，借助交通信息平台，实时监控路况，引导运输车辆绕开管制区域。在协调各方资源方面，当遇到某区域仓库爆仓时，专业人才要积极与周边区域仓库沟通，协商货物分流存储方案。同时，与运输团队协作，调整配送顺序，保障物流业务在不同区域间不受阻碍，持

续稳定运行，成为跨区域物流业务顺利拓展的坚实保障。

（二）跨区域沟通与协作能力的重要性

在跨区域物流合作中，企业间沟通至关重要。当与不同区域物流企业携手开展大型项目，构建区域物流枢纽时，清晰传达合作意图是基石。各企业发展战略、优势资源不同，通过高效沟通，能让各方明确合作愿景，如共同打造辐射多区域的高效物流中转中心。在业务流程方面，详细说明货物运输、仓储管理、配送服务等环节操作流程，使合作企业清楚货物在各阶段流转路径，避免因流程不明产生延误。质量标准的沟通也不可或缺，明确运输时效、货物破损率等指标，让合作有衡量依据。比如在运输环节中规定，货物准时交付率需达95%以上。借助有效沟通，合作企业各司其职，减少因信息偏差导致的工作衔接失误，保障项目顺利推进，提高整体物流服务质量，增强在跨区域物流市场的竞争力，凸显跨区域沟通在企业合作中的关键作用。

在跨区域物流中，与供应商和客户的良好沟通直接影响业务成效。面对供应商，要深入了解其供货能力、货物质量把控及交货周期等信息。在物流旺季前，提前与供应商沟通货物供应计划，确保具有充足货源。在电商促销季前，与电子产品供应商协调，保障所需电子产品按时足量交付，以便及时安排运输配送。对客户及时反馈物流服务进展是提升满意度的关键。客户下单后，通过物流信息系统实时推送货物运输状态，如已装车、正在运输、即将送达等信息。当出现运输延误等异常情况，主动联系客户说明原因，并告知预计解决时间。如因恶劣天气导致运输受阻，及时向客户致歉并提供替代配送方案，如更换运输路线或调整配送时间。

跨区域政策差异给物流业务带来挑战，此时与政府部门沟通及资源协作至关重要。各地物流政策不同，从车辆通行规定到税收优惠政策各有差异。物流人才需积极与当地政府部门沟通，了解政策动态。在某区域推行新能源物流车补贴政策时，及时掌握政策细节，为企业争取补贴，降低运营成本。当区域间政策冲突影响物流业务时，如A区域限制货车进城时间，B区域要求货物快速配送，人才要协调政府部门，寻求解决方案，保障物流顺畅。在资源协作方面，当某区域仓库存储饱和，可与周边区域仓库协商，利用其闲置空间分流存储货物。调配不同区域运输设备，如在运输旺季，从运力充足区域调配车辆支援紧张区域。

（三）区域视野拓宽与行业知识储备提升需求

在物流行业区域协同发展的浪潮下，广阔的区域视野成为物流人才的必备素养。人才需时刻关注不同区域物流行业的前沿动态。沿海发达地区凭借先进技术，构建了高度自动化的仓储体系，货物存储与分拣效率大幅提高。内陆地区的物流人才若能敏锐捕捉这一趋势，可将相关理念与技术引入本地。通过考察学习，结合自身区域实际情况，对仓储设施进行升级改造，引入自动化货架与分拣机器人，优化仓库管理流程，提高本地仓储效率。发达区域的智能化运输调度系统也值得关注，利用大数据实时监控车辆位置、路况信息，精准调度运输任务。借鉴这一模式，可优化本地运输资源配置，降低运输成本。通过拓宽区域视野，将先进地区的成功经验移植到自身区域，挖掘物流发展新机遇，推动区域物流行业向更高水平迈进，在区域协同发展中抢占先机。

深入了解不同区域产业布局特点对物流人才预测物流需求变化至关重要。当某区域大力发展电子信息产业，众多电子生产企业聚集，随之而来的是大量原材料与成品的运输需求。物流人才可提前规划，根据电子元件体积小、价值高、时效性强的特点，优化运输方案，采用航空与公路联运的方式，确保原材料及时送达工厂，成品快速运往销售市场。若某区域农产品种植规模化发展，物流人才要考虑农产品易腐坏、季节性强的特性，规划冷链物流设施建设，从产地预冷、冷藏运输到终端销售的冷链配送，保障农产品品质。随着新兴产业在各区域不断涌现，如新能源汽车产业、生物医药产业等，物流人才要依据产业特性，提前布局适配的物流服务，满足产业发展对物流的多元需求，在区域物流市场竞争中占据主动，促进区域产业与物流协同发展。

丰富的行业知识储备是物流人才开展跨区域物流业务的有力支撑。除扎实掌握物流专业核心知识外，熟知区域经济、交通规划与信息技术知识也不可或缺。在规划跨区域物流线路时，参考区域交通规划，能避开交通拥堵路段与限行区域，降低运输时间与成本。了解到某区域正在修建新的高速公路，可提前规划将其纳入物流线路，提高运输效率。信息技术知识助力实现物流信息在不同区域间实时共享。利用物流信息系统，货物在运输途中的位置、状态等信息可即时反馈给上下游企业，便于各方及时调整生产与配送计划。区域经济知识可帮助物流人才理解不同区域经济发展水平对物流服务价格、需求层次的影响，制定合理的物流服务定价策略，满足不同区域客户需求，为跨区域物流业务的科学决策提供全方位的知识保障，推动区域物流协同发展。

三、物流行业创新发展对人才的创新能力要求

（一）物流服务模式与商业模式的创新

在物流行业创新发展的大背景下，高职物流专业需着重培养学生对个性化服务

模式创新的敏锐感知与实践能力。物流人才要时刻关注客户需求的动态变化，以此为导向开发特色物流服务。以电商行业为例，其迅猛发展带来了多样的物流需求。高职培养的物流专业人才能针对电商企业对物流时效的严苛要求，通过在校学习的物流规划知识与数据分析技能，推出“限时达”服务。在学习过程中，学生要掌握如何优化运输路线、调配优质运力，利用大数据预测订单分布，提前布局仓储与配送资源，从而确保货物在承诺时间内送达客户手中。在生鲜电商领域中，为满足对货物保存条件的特殊需求，“冷链配送”服务至关重要。高职物流专业学生在校期间，需构建完善的冷链物流知识体系，了解从源头采购的低温存储，到全程冷链运输，再到终端配送的温度监控等环节，确保生鲜产品品质不受损。针对高端电子产品客户对货物安全性与服务体验的高要求，学生要学会提供“定制包装、专人配送”服务。

商业模式创新为物流企业开辟新的发展路径，高职物流专业在人才培养过程中，要让学生深刻理解并积极参与其中。一方面，要培养学生探索新盈利增长点的能力。物流企业积累了大量物流数据，高职学生应学会利用在校所学的数据处理与分析知识，开展数据分析服务，为上下游企业提供市场趋势预测、库存优化建议等，并收取服务费用。另一方面，创新合作模式也十分关键。当下，物流企业与金融机构合作开展供应链金融服务成为趋势。在教学中，高职物流专业要让学生通过案例分析、模拟项目等方式，学会整合物流、信息流与资金流，为上下游企业提供融资支持。在货物运输过程中，学生依据企业货物价值、运输周期等信息，协助金融机构为企业提供相应贷款，并监管货物确保资金安全。

创新型人才是物流行业从传统向创新型服务转变的核心驱动力，高职物流专业肩负着培养这类人才的重任。高职培养的物流人才应具备敏锐的市场洞察力，能精准捕捉市场机遇。当发现市场对绿色物流服务需求渐长，学生要迅速整合在学校所学的环保知识与物流资源，引入环保运输设备、推广绿色包装材料，构建绿色物流服务体系，抢占绿色物流市场份额。在技术应用方面，学校要引导学生积极推动新技术在物流领域的应用。引入区块链技术，实现物流信息的不可篡改与透明化，提升物流信息可信度，优化供应链协同效率，这些都需要学生在课堂学习与实践操作中不断积累经验。在服务拓展上，鼓励学生勇于尝试新领域，如开拓跨境电商物流、农村物流等新兴市场，构建适应不同市场需求的物流服务与商业模式。

（二）物流技术与装备的创新研发

高职物流专业着力培养的人才需具备扎实多元的技术知识基础，涵盖机械工程、电子信息、自动化控制等多学科领域。在物流信息系统智能化升级方面，人才发挥着关键作用。凭借在校所学的大数据分析技能，学生能开发出更为精准的物流预测模型。通过对海量物流数据的深度挖掘，包括历史订单信息、运输时效、库存变动等，提前预判物流需求趋势。这有助于物流企业合理规划仓储空间，精准调配运输资源，避免资源浪费与短缺情况发生。在物流信息的实时采集与传输技术研发中，人才利用电子信息知识，优化信息采集设备与传输网络，保障物流信息及时、准确传递，提高物流运作的协同性与效率，为物流行业智能化发展提供核心技术支持，推动物流技术不断革新。

物流装备的创新研发同样离不开专业人才的努力，这也是高职物流专业人才培养的重要方向。高职培养的物流专业人才要将多学科知识运用到装备研发实践中。在设计制造新型自动化分拣设备时，人才依据机械工程原理，优化设备机械结构，提升其运行稳定性。结合自动化控制技术，精准设定分拣动作流程与参数，大幅提高分拣速度与准确率。通过创新设计，分拣设备能在复杂货物形状与规格下，实现每秒多次分拣，准确率达99%以上。在新能源物流车辆研发方面，人才聚焦降低运输能耗与污染目标，运用所学知识改进车辆动力系统，选用高效节能电池与先进驱动技术，研发出适用于不同物流场景的新能源车辆。

（三）创新创业教育与人才培养的融合

为培养适应物流行业创新发展的人才，创新创业教育与人才培养的融合势在必行。高职院校应将创新创业教育融入物流专业课程体系，开设相关课程，如物流创新创业案例分析、创业实践指导等。通过这些课程，激发学生的创新思维，培养学生的创业意识与能力。在教学过程中，鼓励学生参与创新创业项目，以实际项目为载体，让学生在实践中锻炼创新能力、团队协作能力和解决问题的能力。组织学生参加物流创新创业大赛，学生围绕物流服务新模式、新技术应用等主题，提出创新性解决方案，并进行项目策划与实施。通过这种融合培养模式，为物流行业输送具有创新精神和创业能力的高素质人才，推动物流行业创新发展，满足行业对创新型人才的多元化需求。

第三节　高职物流专业人才培养面临的挑战

在高职物流专业人才培养进程中，“三强化三对接”模式虽为提高人才质量指明了方向，但前行之路并非坦途。当下，物流行业发展日新月异，新技术、新理念不断涌现，这对高职物流专业人才培养提出了更高要求。本节将剖析人才培养在教育理念、课程体系、实践教学及师资队伍建设等关键环节面临的诸多挑战，这些挑战犹如一道道关卡，制约着人才培养质量的提高，亟待我们去探索解决之道，为后续探讨如何有效推进“三强化三对接”模式破除障碍。

一、教育理念与教学模式的革新挑战

（一）传统教育理念与教学模式的局限性

在高职物流专业，传统教学过程问题凸显。课堂上，教师牢牢主导节奏，以教材为蓝本，机械地向学生灌输物流理论知识。就拿物流管理课程中的仓储管理教学来说，教师在讲台上详细讲解流程，学生只能对着课本文字想象。真实仓库的布局并非一成不变，而是需依据货物流量、体积、重量等因素灵活规划，可学生没有机会去实地观察、分析。货物存储策略更是因货物特性各异，像易碎品、易燃品的存储条件截然不同，而学生缺乏直观感受与实践探究，难以真正理解。这种单向的知识传递方式极大地限制了学生主动思考能力的发展。面对实际物流场景中的复杂问题，学生因缺乏前期的实践探索训练，无法将所学理论与实际相结合，实践能力得不到有效锻炼，毕业后进入物流行业，难以快速适应岗位实操要求。

传统教育评价体系在高职物流专业存在严重弊端。其过度依赖考试成绩来评判学生的学习成效，将学生在课堂上对理论知识的记忆与理解程度作为主要衡量标准。然而，物流行业需要的是具备多种能力的人才。团队协作在物流项目执行中至关重要，从货物运输调度到仓库协同管理，都需要员工密切配合。但传统评价体系却对学生在小组作业、项目实践中的协作表现视而不见。实际问题解决能力也是物流从业者的必备技能，物流过程中会遇到诸如运输延误、货物损坏等突发状况，需要员工迅速应对。可传统评价体系并未考量学生在这些方面的能力。这就导致学生虽然理论知识掌握得不错，但在实际工作场景中无法灵活运用所学知识解决问题，严重阻碍了学生综合素质的提升，难以满足物流行业对实操能力强、综合素养高的人才需求。

（二）以学生为中心的教学理念的实施难度

在高职物流专业推行以学生为中心的教学理念时，学生面临着较大的适应难题。长期沉浸于传统教学模式，使学生习惯了被动接受知识，自主学习意识淡薄。当转变为以学生为中心的教学模式，要求学生主动探索知识、积极参与课堂活动时，学生往往难以快速适应。在小组项目学习中，部分学生参与热情低迷，对小组任务缺乏责任感，过度依赖其他成员。在物流项目策划的小组活动中，有的学生仅仅等待他人分配任务，不主动思考项目方案，缺乏主动查阅资料、调研市场的积极性。这是因为传统教学没有充分培养学生的自主学习能力，导致他们在面对需要自我驱动的学习任务时，显得手足无措。而且，这种被动学习习惯使学生缺乏独立思考能力，难以对物流行业的实际问题提出自己的见解，在解决复杂物流场景问题时表现欠佳，严重阻碍了以学生为中心教学理念在学生层面的有效实施。

教师在高职物流专业落实以学生为中心的教学理念时，面临诸多挑战。设计贴合学生兴趣与能力的教学活动，需要教师付出大量心血。以物流模拟经营课程为例，教师需构建高度仿真的虚拟物流企业环境，从企业架构搭建、物流业务流程设定，到市场竞争环境模拟，每一个环节都需要精心雕琢。还要合理设置运营任务，涵盖采购、仓储、运输、销售等各个物流环节，确保任务既具有挑战性，又在学生能力范围之内。这不仅要求教师具备扎实的物流专业知识，还需掌握先进的教学技术与丰富的实践经验。班级学生人数众多，每个学生的学习进度、知识基础和兴趣点各不相同，教师难以做到对每个学生进行精准指导，无法充分满足学生的个性化学习需求。

（三）产学研用一体化教学模式的构建

对于高职物流专业，构建产学研用一体化教学模式，搭建合作关系困难重重。从合作对象筛选说起，学校要与合适的企业、科研机构携手。在选择企业时，需多维度考量。企业业务与物流专业的契合度是关键，若企业业务与物流核心环节关联小，学生实践收获会大打折扣。比如，一家以纯线上销售为主，物流配送外包且流程简单的企业，就不太适合作为物流专业实践基地。企业参与人才培养的意愿也极为重要，有些企业只关注自身生产经营，不愿投入精力指导学生实践。还有资源投入力度，企业若不能提供充足的实习岗位、设备支持，合作也难以深入。而在合作开展中，企业、学校、科研机构目标各异。企业追求经济收益，学校专注人才培育，科研机构看重成果转化，这种目标差异易引发利益冲突，使合作关系的稳定建立与持续推进面临巨大挑战。

在高职物流专业推进产学研用一体化教学模式，教学实施环节问题不少。一方面，教师能力短板凸显。要将科研成果融入教学内容、把企业实践引入课堂，教师既要有扎实的科研功底，能把前沿物流科研成果深入浅出地传授给学生，又要有丰富的实践经验，分享真实物流业务案例。可当下多数高职物流教师或因长期专注理论教学，缺乏企业一线实践经历，难以生动讲解实际业务操作；或因科研资源有限，科研能力不足，无法将最新科研成果融入课程。另一方面，配套机制缺失。完善的制度保障与高效运行机制是该教学模式顺利开展的基础。但目前在教学计划制订上，因缺乏统一协调，常出现理论与实践教学脱节的情况。实践教学组织安排也因缺乏合理流程与规范，导致学生实践效果不佳，严重阻碍了产学研用一体化教学模式在高职物流专业的落地实施。

二、课程体系与教学内容的更新挑战

（一）行业快速发展与课程内容滞后的矛盾

物流行业当前发展势头迅猛，各类新技术、新模式如雨后春笋般涌现。在仓储领域中，自动化仓储设备已广泛应用，通过智能系统实现货物的自动存储、分拣与检索，大幅提高了仓储效率。大数据运输调度系统借助海量物流数据，精准规划运输路线、调配车辆资源，优化运输流程。但反观高职物流专业课程，部分院校仍局限于传统仓储、运输理论教学。课程中对仓库管理的讲解，多围绕人工操作流程，未涉及自动化设备原理与应用。运输课程也侧重于传统线路规划方法，忽视了大数据调度技术。在跨境电商物流兴起的当下，行业对物流人才在国际贸易规则、跨境物流操作等方面需求大增，可相关课程内容占比极少且陈旧，未能跟上行业发展步伐，从而导致课程内容与行业实际严重脱节。

这种课程内容滞后的状况对高职物流专业人才培养产生了严重负面影响。学生在校所学知识与行业前沿技术、业务模式脱节，毕业后进入企业，难以快速适应岗位需求。新入职的高职物流专业毕业生，面对先进物流技术设备，如自动化分拣机器人、智能仓储货架等，操作生疏，不知如何运用。对于新兴的跨境电商物流业务流程，从报关报检到海外仓运营，缺乏足够了解。企业反馈显示，这些毕业生在工作中需要较长时间学习适应，难以迅速融入团队、开展工作，影响企业运营效率。

（二）新兴技术与理念融入课程的难度

在高职物流课程融入新兴技术与理念时，课程内容转化是首道难题。像物联网、人工智能这类在物流领域应用复杂的技术，要适配高职学生认知水平，需深度剖析并简化。以人工智能算法用于物流配送路径优化教学为例，算法涉及复杂数学模型与逻辑运算，教师需把晦涩原理转化为易懂知识，结合物流配送场景，让学生明白其如何提高配送效率。这对教师专业素养要求极高，不仅要精通物流业务，还要掌握前沿技术知识。然而，当下部分教师对新兴技术掌握有限，缺乏相关教学经验，在课堂上难以将复杂技术讲得生动透彻，从而导致学生理解困难，无法有效吸收新兴知识，阻碍了新兴技术与理念在课程中的顺利融入，影响学生对物流行业前沿知识的学习与掌握。

融入新兴技术与理念，教学资源更新必不可少。编写新教材要涵盖最新技术知识与应用案例，开发线上教学平台需投入大量资金用于平台搭建、维护及资源上传。但高职院校资金有限，难以承担如此高额费用。实践教学环节更是困境重重，配备新兴技术设备，如智能仓储设备、物流大数据分析系统，成本高昂，学校财力难以承受。这使学生缺少实践操作机会，无法在真实场景中应用所学新兴知识。学生虽在课堂学习了物联网在物流货物追踪中的原理，却因无相关设备，无法亲身体验如何利用物联网技术实时监控货物位置，导致理论与实践脱节，极大地制约了新兴技术与理念融入课程的进程，不利于培养适应物流行业发展需求的创新型人才。

（三）跨学科交叉融合课程的开发

物流学科融合管理学、经济学、信息技术等多学科知识，需要不同学科教师携手合作。但各学科教师教学理念与方法大相径庭。在设定课程目标时，管理学教师可能着眼于培养学生在物流管理中的组织协调能力，而信息技术教师则更关注学生对物流信息技术的掌握与运用，双方难以迅速达成共识。在编排教学内容时，矛盾同样突出。在开发物流大数据分析课程时，物流专业教师聚焦数据分析在物流业务，如仓储库存优化、运输线路规划中的实际应用；计算机专业教师却侧重于数据分析技术原理、算法等内容，因关注重点不同，导致教学内容难以合理编排，严重阻碍了跨学科课程开发进程，影响了复合型物流人才培养的课程基础构建。

跨学科交叉融合课程在高职物流专业缺乏成熟的教学模式与科学的评价体系。在教学活动组织形式上，尚无固定模式可循。传统单一学科教学模式难以适配跨学科课程，新的组织形式需兼顾多学科知识融合与学生学习体验，开发难度极大。小组项目式学习在跨学科课程中，如何合理分配各学科知识任务，协调学生协作，缺乏有效方法。在学生学习成果考核方面，问题同样显著。传统以考试为主的评价方式无法全面考量学生在跨学科知识应用、团队协作等方面能力。对于物流大数据分析课程，仅通过理论考试无法判断学生是否能将数据分析技术有效应用于物流实际问题解决，因缺乏科学评价体系，难以准确评估教学效果与学生学习成效，制约跨学科课程持续优化与发展。

跨学科交叉融合课程对高职物流专业学生要求颇高，部分学生适应困难。课程涉及多学科知识，要求学生具备广泛的基础知识储备。如学习物流金融课程，学生既要掌握物流业务流程，又要了解金融知识，包括资金融通、风险管理等，对于基础薄弱的学生，学习压力巨大。跨学科课程学习需要学生具备较强自主学习与知识整合能力。在学习过程中，学生需自行梳理不同学科知识联系，构建知识体系。但部分高职学生长期接受单一学科教学，习惯被动学习，难以适应这种自主探索式学习方式。在学习物流信息技术与管理融合课程时，学生难以将信息技术知识灵活运用到物流管理场景，导致学习效果不佳，严重影响跨学科课程教学质量与人才培养目标达成。

三、实践教学与师资队伍建设的挑战

（一）实践教学资源的短缺与共享机制建立

在高职物流专业实践教学中，校内实训设施的现状不容乐观。以物流仓储实训室为典型，其设备情况令人担忧。货架数量匮乏，难以满足大规模货物模拟存储需求，部分货架还存在老化、变形问题，影响货物摆放安全性与稳定性。叉车等搬运设备不仅数量有限，而且陈旧老化，操作性能下降，故障频发。在实际仓储作业中，高效的叉车作业能大幅提高货物搬运效率，但现有设备无法让学生充分体验与练习规范操作流程。由于设备落后，实训场景难以模拟真实仓储环境，如现代化仓储中的自动化分拣区域、智能仓储管理系统等都无法展现。学生在这样的实训条件下难以掌握先进仓储技术与管理理念，实践能力培养受限，毕业后进入物流行业，面对真实仓储作业场景，会因缺乏实操经验而难以快速适应岗位要求。

校外实习基地对于高职物流专业学生实践能力提升至关重要，但当前存在诸多难题。企业自身业务运营繁忙，生产任务重，无暇顾及学生实习指导工作。物流企业在业务旺季，员工需全身心投入货物运输、配送等工作，无法抽出时间为实习学生讲解业务流程、指导操作。企业担心学生实习过程中存在安全风险，一旦发生意外，将面临责任与经济损失。企业追求经济效益，接收学生实习无法直接带来显著经济收益，这也降低了企业积极性。这些因素导致企业不太愿意接收大量学生实习，使学生实习机会大幅减少。有限的实习机会让学生难以全面接触物流行业各业务环节，如运输调度、客户服务等，实践能力得不到充分锻炼，严重影响了学生对物流行业实际工作的认知与适应能力，阻碍了人才培养与行业需求的有效对接。

建立高职物流专业实践教学资源共享机制面临多重困难。不同高职院校之间、学校与企业之间的资源存在壁垒，难以互通。一些高职院校投入资金购置了先进物流实训设备，如智能仓储模拟系统、物流大数据分析平台等，但仅服务本校学生，设备使用时长有限，资源利用率低。而其他院校学生因缺乏此类资源，实践能力培养滞后。要打破这一局面，需协调多方利益。在设备借用流程上，要明确设备借用期限、维护责任、运输方式等细则。对于学生实习安排，需平衡各院校学生实习需求与企业接收能力。这一过程涉及学校教学计划调整、企业生产安排变动，还需考虑设备损耗赔偿、学生实习安全责任划分等复杂问题。由于涉及多方权益，推进资源共享机制建立难度极大，严重制约了高职物流专业实践教学资源优化配置与实践教学质量提高。

（二）“双师型”教师队伍的建设与培养

高职物流专业在构建“双师型”教师队伍时，人才引进面临诸多阻碍。企业中的优秀物流专业人才凭借丰富实践经验，在行业内收获了较高薪资待遇。与之相比，高职院校给出的薪酬水平缺乏吸引力，难以打动这些人才。从职业发展角度看，企业为员工提供了广阔的晋升空间，如从基层物流专员晋升至物流部门主管甚至更高职位，还能参与各类大型物流项目，积累宝贵经验。反观高职院校，教师职业发展路径相对狭窄，在职务晋升、专业技能提升机会等方面，无法与企业竞争。这使高职院校在引进具有丰富企业实践经验的教师时，困难重重。人才引进工作进展不顺，直接导致“双师型”教师队伍建设速度放缓，学校难以将最新的企业实践知识与行业动态融入教学，影响学生对物流行业实际工作的认知与理解，进而阻碍人才培养与行业需求的紧密对接。对于高职物流专业现有的教师队伍，提升其实践能力困难不少。当学校安排教师前往企业实践，企业出于自身利益考量，往往有所保留。一方面，企业担心商业机密泄露，像物流企业的客户信息、运输成本核算细节等，不愿让教师过多接触。另一方面，企业生产任务紧张，无法专门为教师安排充足时间参与核心业务。这就使教师在企业实践时，只能参与一些边缘工作，实践效果大打折扣。

（三）校企合作深度与广度的拓展

当前高职物流专业校企合作深度方面存在明显短板。多数合作仅聚焦学生实习，企业参与学校人才培养的深度远远不够。课程设置本应紧密贴合企业实际需求，可现实中企业意见在这一环节未被充分重视。在规划物流管理课程时，企业基于实际业务反馈，强调仓储管理中对库存周转率的实时监控至关重要，应纳入课程重点，但学校未将其有效融入，从而导致课程内容与企业真实需求脱节。在教学过程中，企业专家本可凭借丰富实践经验为学生带来前沿知识与实操技巧，然而他们参与授课、指导实践教学的频率极低。学生在课堂上只能学习理论知识，缺乏企业专家对真实物流项目案例的讲解与分析，难以将理论与实践紧密结合，严重制约了学生实践能力的提升，阻碍了校企合作在人才培养上发挥更大作用。

高职物流专业校企合作在广度上同样有待拓展。目前合作企业类型较为单一，主要集中于传统物流企业。随着物流行业发展，新兴物流企业，如提供智慧物流解决方案的企业，以及电商企业中的物流部门，在行业中的影响力日益增大。但高职院校与之合作较少，学生无法接触到这些新兴领域的先进物流技术与管理模式。比如，新兴物流企业利用大数据实现精准配送、智能仓储，电商企业构建的高效供应链体系，学生都缺乏了解机会。这种合作广度的局限，使学生知识视野狭窄，毕业后难以适应多元化的物流行业岗位需求。单一的合作企业类型也限制了学校获取多样化的行业资源，不利于构建全面、实用的物流专业人才培养体系。

校企合作缺乏长期稳定机制是高职物流专业面临的又一难题。当下合作项目多为短期行为，受市场环境、企业经营状况等因素影响显著。市场环境变化时，如物流行业需求因经济形势波动，企业可能缩减业务，进而减少对学生实习的接纳与对学校人才培养的投入。企业经营状况不佳时，更是无暇顾及校企合作。企业资金周转困难，便无力为学校提供设备捐赠、实践教学指导等支持。由于缺乏长效合作机制，双方权利义务不明确，合作过程中一旦出现问题，难以有效协调解决。这不仅影响了校企合作的稳定性与持续性，也让学校在人才培养规划上难以与企业长期协同，不利于为物流行业培养出稳定、高素质的专业人才。

第三章

“三强化三对接”人才培养模式的提出

本章将聚焦高职物流专业人才培养，着力探索“三强化三对接”这一创新模式。首先，剖析“三强化”理念，解读其提出背景、核心要素，明确其在物流专业教育中的关键地位与具体内涵，凸显其对夯实学生专业根基、增强实践与创新能力的重大价值。其次，全面阐释“三对接”策略，清晰界定其依据、目标与定位，阐述怎样借助课程优化、实践强化以及就业竞争力提升来精准对接行业需求。搭建该模式的整体框架，梳理出设计思路，同时提出实施保障措施，全方位呈现这一模式为高职物流专业人才培养开辟的崭新路径与实现的全新突破。

第一节 “三强化”理念的内涵与意义

在高职物流专业教育探索新路径的征程中，“三强化三对接”模式成为关键突破点。而其中的“三强化”（强化理论基础、实践技能、创新素养）理念，更是该模式的基石与核心驱动力。接下来，本节将详细探究“三强化”理念从何而来，其核心要素是什么，在物流专业教育体系中占据怎样的重要地位。并进一步剖析它如何通过强化理论、实践与创新素养，重塑高职物流人才培养格局，为行业输送兼具深厚理论功底、卓越实践能力与创新精神的优质人才，推动物流专业教育实现质的飞跃。

一、“三强化”理念的基本概述

（一）“三强化”理念的提出背景

物流行业当前正处于高速发展阶段，新变革、新趋势不断涌现。智慧物流已成为行业主流发展方向，自动化仓储设备在仓库中精准运作，大幅提高了货物存储与分拣效率；大数据运输调度系统依据海量物流数据，智能规划最优运输路线，降低运输成本。在这样的行业环境下，对物流人才的要求发生了质的转变。从业者不能仅满足于熟悉传统物流运作流程，更要深度掌握这些前沿技术知识，并具备将其创新应用于实际工作的能力。在自动化仓储管理中，能够运用先进技术优化设备运行，提高仓储空间利用率；在运输环节，借助大数据分析挖掘潜在物流需求，开拓新业务模式。行业对人才的高要求，促使高职物流教育必须寻求变革，以培养出符合行业发展需求的高素质人才。

反观传统高职物流教育，存在明显的局限性。教学过程过度侧重理论知识传授，在课堂上教师围绕教材讲解物流理论，学生被动接受，缺乏足够的实践锻炼机会。当面对复杂物流业务场景时，学生虽有理论知识储备，但由于实践经验匮乏，难以将理论与实际有效结合，无法灵活运用知识解决实际问题。而且，传统教育模式对学生创新思维培养重视不足，导致学生在面对行业新挑战，如新兴技术应用、业务模式创新时，缺乏创新应对的思路与方法。企业在招聘新入职高职物流毕业生后发现，他们在实际工作中理论与实践脱节严重，难以快速适应岗位需求，为企业创造价值。

（二）“三强化”理念的核心要素

1.强化理论基础

在“三强化”理念中，强化理论基础占据重要地位。高职物流专业学生需全面系统地掌握物流专业的知识体系。这涵盖物流管理理论，帮助学生理解物流企业运营架构，学会制定科学的物流策略，合理规划资源配置；供应链运营理论也不可或缺，使学生明晰从原材料采购到产品交付的整个供应链流程，能够精准把控各环节衔接，提高供应链协同效率；运输组织理论让学生熟悉不同运输方式的特点与适用场景，依据货物特性、运输距离、成本预算等因素，设计最优运输方案。扎实的理论基础宛如稳固基石，为学生后续深入学习专业知识、参与实践活动筑牢根基，助力学生在面对复杂物流业务时，能凭借理论知识进行分析、判断，作出合理决策，为成为高素质物流人才奠定坚实的知识基础。

2.强化实践技能

为切实强化学生实践技能，从教学实施层面来看，需多管齐下。明确且精准的实践性教学目标是开启高效教学的钥匙。对于高职物流专业而言，实践性教学目标是建立教学体系的首要任务，一些高职院校在物流专业实践性教学中存在目标不明确的问题，不能确定学生需要掌握的技能，无法根据教学目标开展教学工作，导致教学过程存在局限性与随意性的问题，严重影响教学效果。在物流管理专业中，主要的岗位包括市场开发、采购管理、仓储管理、运输管理、配送管理以及信息处理等。为了使学生能够满足这些岗位的要求，需要以此为依据制定物流专业实践性教学目标，保证学生能够通过实践性教学掌握这些岗位的实践操作能力。

恰当的实践性教学项目是提升学生实践操作能力的关键载体。为了有效地提高物流专业学生的实践操作能力，实现人才培养目标，需要根据学生的实际情况与教育规律选择合适的实践性教学项目，还要根据由易到难的顺序将教学项目落实到所有教学环节中，帮助学生提升自身的实践操作能力。在对学生进行知识系统性培养的过程中，需要完成基础学习、专业技能学习及专业拓展学习，而实践性教学项目需要从这三个方面入手，通过有针对性的教学提高学生的综合实践能力。

优质的实践教学基地是实践教学顺利开展的坚实保障。对于高职物流专业而言，实践教学基地是保证实践性教学顺利实施的重要场所。为了更好地落实物流专业实践性教学项目，高职院校需要对现有的校内与校外资源进行有效的运用，开展与物流企业的深度合作，从不同的渠道筹集资金，建设专业的校内校外实践教学基地。首先，建设校内物流模拟仿真实训中心。其次，与企业共同建设校内经营性物流实训基地。最后，与企业共同建设校外实习实训基地。

高水平的教师团队是实践教学质量的有力支撑。为了有效地提高物流专业实践性教学质量，需要建设高素质的教师团队，提高教师专业能力。在这个过程中，可以采用培养、引进以及外聘等方式，吸引更多的优秀教师，完善实践性教学教师团队建设。首先，鼓励在职教师参加职业资格证书考试，也可以参加企业物流实践和项目研究，提高他们的实践操作能力。其次，邀请行业内的技术骨干或能工巧匠参与实践性教学，建立动态兼职教师库，充分发挥他们在教学中的作用。

多样化的教学方法是增强实践教学效果的有效手段。在高职物流专业实践性教学中，教师需要根据具体的教学项目，结合现有的教学资源，选择合适的教学方法。一般情况下，物流专业实践性教学采用的教学方法包括案例教学法、小组讨论法、软件模拟实训法以及角色模拟扮演法等。通过多样化的教学方法，能够使实践性教学获得更好的教学效果，有效地提高学生的实践操作能力。[1]

3.强化创新素养

强化创新素养为“三强化”理念注入活力，顺应物流行业创新发展趋势。高职

---

[1] 郭学功.高职物流专业实践性教学探讨分析[J].中国物流与采购，2021（21）：80.

物流专业学生需养成创新思维，善于在物流业务中敏锐发现问题。在物流配送环节，察觉到传统配送模式效率低下、成本高昂，便积极思考解决方案。可引导学生借助新技术，如利用物联网技术实现货物实时追踪，优化配送路径，提高配送效率；或开发新物流服务模式，如针对生鲜电商推出冷链物流定制服务，满足客户个性化需求。通过开展创新实践项目，鼓励学生将创新思维转化为实际行动，在团队协作中不断尝试、优化方案。强化创新素养，使学生成为推动物流行业创新发展的有生力量，适应行业对创新型人才的需求，为物流行业持续发展注入新动力。

（三）“三强化”理念在物流专业教育中的地位

在高职物流专业教育体系中，“三强化”理念宛如指南针，彻底扭转了人才培养方向。往昔单纯聚焦知识传授的目标已无法契合物流行业的多元需求。在“三强化”理念引领下，目标转向全方位能力塑造。理论强化督促学生构建系统知识体系，深入掌握物流管理、供应链运营等核心理论，为后续发展奠定坚实的基础。实践强化引导学生积极投身实际操作，在仓储管理、运输调度等实操环节积累丰富经验，提升解决实际问题的能力。创新强化则激发学生创新思维，鼓励他们探索物流业务新模式、新技术应用。如此一来，培养出的学生不再是纸上谈兵的理论派，而是兼具扎实理论、熟练实操与创新思维的综合型人才，能精准匹配物流行业对人才的高标准要求，为行业持续输送新鲜血液。

“三强化”理念在高职物流专业课程设置与教学方法层面掀起变革浪潮。在课程设置上，理论强化推动基础课程升级，前沿理论知识被大量引入，拓宽学生知识视野。例如，在物流经济学课程中，融入数字经济下的物流成本分析等新理论。实践强化促使实训课程推陈出新，更多真实物流项目走进课堂。像物流企业的仓储优化项目，让学生在实战中提升操作技能。创新强化催生创新实践课程，如物流创新设计课程，挖掘学生创新潜能。教学方法也随之革新，教师摒弃传统单一讲授，采用项目式、案例式教学。以物流配送案例教学为例，引导学生运用理论知识，结合实践经验，创新性地提出配送优化方案，实现理论、实践与创新深度融合，大幅提高教学质量。

师资队伍建设在“三强化”理念影响下有了全新方向。它对高职物流专业教师提出了严苛要求。理论强化要求教师具备深厚理论功底，不仅要精通现有物流理论，还能紧跟学术前沿，将最新研究成果融入教学。实践强化督促教师积累丰富实践经验，定期深入物流企业参与项目运作，掌握行业最新实操动态。创新强化促使教师自身拥有创新能力，能引导学生开展创新实践活动。

二、“三强化”理念的具体内涵

（一）强化理论基础，奠定扎实专业功底

在高职物流专业教育中，强化理论基础的首要任务是助力学生搭建起全面且系统的物流理论知识框架。学生从物流学最基础概念起步，逐步深入探索物流系统规划的奥秘。了解如何依据企业需求与市场布局，构建高效的物流网络，合理规划仓储、运输、配送等节点。库存管理知识同样关键，学生要掌握库存分类方法，学会运用科学模型进行库存控制，像经济订货批量模型，以此优化库存水平。配送中心运作理论则教导学生如何高效组织货物分拣、包装与配送流程，提高配送效率。

扎实的物流理论学习对学生具有多重深远意义。在实践层面，以库存管理理论为例，学生掌握需求预测方法与成本核算技巧后，可依据市场动态与企业销售数据，精准制定库存策略。当市场需求波动时，能及时调整库存水平，避免因库存积压占用过多资金，或因缺货导致客户流失。在运输管理方面，学习不同运输方式理论后，学生可依据货物特性，如易碎品选择航空或公路快运，大宗货物选择铁路或水路运输；结合运输距离、成本等因素，设计最优运输路线。而且，扎实理论基础为学生未来学习新理论、新技术打开大门。在物流行业不断革新的当下，学生凭借既有理论知识，能够快速理解并接纳智慧物流、绿色物流等新理念、新技术，为成长为高素质物流专业人才提供持续动力，在职业生涯中实现长远发展。

（二）强化实践技能，提升实际操作能力

对于高职物流专业学生，掌握物流基础操作与仓储运输实践技能是强化实践能力的重要基石。在物流设备操作上，学生要精通叉车驾驶，精准操控叉车完成货物装卸、搬运任务，熟悉自动化分拣设备调试，保障设备高效运行，提高分拣效率。在仓储实践环节，依据货物特性，如易碎品需特殊防护、体积大的货物应合理放置，科学规划存储布局，充分利用仓储空间。熟练运用仓储管理系统，准确无误地进行货物出入库登记，定期开展库存盘点，实时掌握库存动态。在运输实践中，学生要依据订单信息，考虑货物重量、体积、运输时限等因素，巧妙调度车辆，规划最优运输路线，降低运输成本，确保货物及时、安全送达。

企业实习与校内实训项目为学生提供了积累实践经验、提升问题解决能力的宝贵平台。在实习实训中，学生接触真实物流业务场景，积累丰富实践经验。当遭遇

物流配送延误难题时，学生能迅速调用所学知识，一方面与供应商、客户沟通协调，了解货物情况与需求缓急；另一方面与运输部门协作，调配车辆、优化路线，制定切实可行的解决方案，确保货物按时交付。通过一次次类似的实践锻炼，学生不仅能熟练运用所学知识，还能在复杂多变的物流业务中灵活应对各类问题，提升解决实际问题的能力。

（三）强化创新素养，培养创新思维与实践能力

在物流行业创新浪潮中，激发高职物流专业学生的创新思维刻不容缓。引导学生密切关注行业前沿技术与理念是开启创新之门的钥匙。比如，区块链技术凭借其不可篡改、可追溯特性，在物流溯源领域大显身手，学生深入了解后，能思考如何优化现有溯源流程，提升信息透明度与安全性。绿色物流发展模式也备受关注，学生可探讨怎样在运输、仓储环节减少能源消耗、降低环境污染。鼓励学生大胆想象，将这些前沿技术与理念融入传统物流业务。在货物运输中，借助大数据与人工智能技术，实现智能调度，提高运输效率。

创新实践是将创新思维转化为实际成果的关键环节。高职物流专业通过组织各类创新实践项目，如物流创业大赛，学生需组建团队，从市场调研、项目策划到商业模式构建，全程参与，在实践中检验创新想法。又如创新实验，针对物流包装浪费这一痛点，学生设计可循环、环保包装方案，并通过实验验证其可行性，在反复试验、优化过程中，提升实践操作能力。在这些创新实践中，学生不仅锻炼了自身创新能力，还培养了团队协作精神。不同专业背景的学生会聚一堂，发挥各自优势，共同攻克难题。面对实践中出现的各种问题，学生学会灵活运用知识，提升问题解决能力。强化创新素养，让学生在创新实践中不断成长，成为推动物流行业创新发展的有生力量，满足行业对创新型人才的迫切需求。

三、“三强化”理念的意义与价值

（一）对高职物流专业人才培养的引领作用

“三强化”理念为高职物流专业人才培养指明了方向。在人才培养目标设定上，从培养单一技能型人才转向培养理论、实践、创新兼备的复合型人才。课程体系构建围绕“三强化”展开，基础课程夯实理论，实践课程提升技能，创新课程激发思维。教学方法也随之革新，采用案例教学、项目驱动教学，让学生在实践中深化理论、锻炼创新能力。在物流项目策划课程中，学生基于理论知识，通过实践调

研，提出创新项目方案，实现知识、技能与创新的融合。这种理念引领下的人才培养，使学生具备扎实专业基础、熟练实践技能与创新精神，全面提升学生综合素质，为其职业发展奠定坚实的基础。

（二）对物流行业人才需求的适应与满足

物流行业快速发展，对人才需求呈现多元化、高端化趋势。在“三强化”理念下培养的高职物流行业人才，能精准适配行业需求。强化理论基础，使学生理解行业复杂业务背后原理，能快速学习新技术、新理论，适应行业知识更新。当物流行业引入区块链技术进行货物溯源时，具备扎实理论基础的学生能够迅速理解其原理，并将所学的信息管理、供应链流程等理论知识与之结合，快速掌握区块链在物流领域的应用逻辑。

强化实践技能，让学生熟练掌握物流各环节操作，胜任一线岗位工作。以某大型物流企业的仓储中心为例，毕业于实施“三强化”理念院校的学生，入职后能快速上手，精准操作自动化分拣设备，依据货物特性高效进行存储布局，熟练运用仓储管理系统，大幅提高了仓储作业效率，迅速适应并满足了企业仓储岗位的高强度工作要求。

强化创新素养，促使学生为企业带来新思维、新方案，推动企业业务创新发展。在智慧物流建设中，创新型人才可助力企业优化物流流程、提高运营效率。如某新兴物流企业在拓展冷链物流业务时，面临配送时效性与成本控制难题。一名在“三强化”教育模式下培养的学生，凭借创新思维，提出利用大数据分析消费者购买习惯，提前布局冷链仓储节点，并结合物联网技术实时监控货物温度与运输状态的方案。企业采纳后，配送时效性提升了30%，成本降低了20%，有效推动了企业业务发展。“三强化”理念培养的人才，为物流行业注入新鲜血液，满足行业不同岗位、不同发展阶段对人才的需求，推动行业持续进步。

（三）对高职教育改革与创新的推动作用

在高职教育领域中，“三强化”理念推动教育改革与创新。它促使高职院校重新审视物流专业教育定位，从传统知识传授向能力培养转变。在师资队伍建设方面，要求教师提升实践与创新能力，促进教师发展。在教学资源整合上，推动学校与企业合作，引入企业实践项目、行业专家资源，丰富教学内容。学校与物流企业共建实训基地，开展订单式人才培养，将企业需求融入教学。这种理念还带动课程、教材等教学资源创新，开发基于实践与创新的课程体系与教材。“三强化”理念为高职物流专业教育乃至整个高职教育改革提供思路，推动高职教育向更贴合行业需求、更注重学生能力培养方向发展。

第二节 “三对接”策略的制定与实施路径

在讲述“三强化”理念后，“三对接”策略作为高职物流专业人才培养模式的重要构成部分，成为连接院校教育与行业实际的关键纽带。本节将探寻“三对接”（对接行业需求、企业标准、职业岗位）策略基于何种依据提出，其致力于达成怎样的核心目标，以及在人才培养模式中占据何种独特定位。详细阐释其具体内容，比如，如何对接行业需求优化课程、依据企业标准强化实践教学、围绕职业岗位提升学生就业竞争力。并探讨实施路径，从建立校企合作机制，到引入行业专家，再到加强实习实训基地建设，全方位揭示“三对接”策略如何助力高职物流专业精准培育适配行业需求的高素质人才。

一、“三对接”策略的基本内涵

（一）“三对接”策略提出的依据

当下，物流行业正经历着前所未有的变革。技术革新日新月异，自动化仓储设备、智能运输调度系统广泛应用，极大地提高了物流运作效率。新兴物流模式不断涌现，电商物流凭借庞大的网络销售平台，构建起高效的配送体系；冷链物流则在生鲜、医药等领域，通过严格的温度控制，保障货物品质。这些变化使行业对人才的知识与技能需求日益多元化。物流从业者不仅要熟悉传统物流运作流程，还要掌握先进技术的应用，如大数据分析在物流配送路径优化中的运用，以及新兴物流模式的运营管理知识。行业的快速发展对高职物流教育提出了新挑战，亟须培养出能适应这些变化的专业人才，这成为“三对接”策略提出的重要行业背景。

在竞争激烈的市场环境下，企业对人才的要求越发严苛。他们期望新入职的高职物流毕业生能够迅速融入工作岗位，高效开展工作，从而减少培训成本与时间。以仓储企业为例，企业希望员工入职后能立即熟练操作自动化仓储设备，依据货物特性合理规划存储布局，精准完成货物出入库管理。运输企业则期望员工能快速掌握智能运输调度系统，根据订单信息科学规划运输路线，确保货物按时、安全送达。企业的这些期望反映出，毕业生需在学校就积累丰富的实践经验，熟悉企业实际工作流程与标准。然而，在现实中传统高职物流教育培养的学生往往难以满足企业这一需求，这促使教育界思考如何革新教育模式，“三对接”策略正是为了回应企业对人才的迫切期望而诞生。

传统高职物流教育在发展过程中，逐渐暴露出与行业、企业、岗位脱节的问题。在课程设置方面，内容陈旧，未能及时融入行业最新技术与理念，如对新兴的绿色物流、智慧物流等领域涉及较少。实践教学环节更是与企业实际运作不符，校内实训设备与企业真实工作场景存在差距，学生在学校所学的实践操作方法在企业中难以直接应用。这导致学生毕业后进入企业，需要经历较长的适应期才能胜任工作。这种教育与实际需求的脱节，不仅严重影响了高职物流专业人才培养质量，也阻碍了物流行业的人才补给。

（二）“三对接”策略的核心目标

“三对接”策略着重通过紧密对接行业需求，对高职物流专业知识体系进行全方位更新。物流行业发展瞬息万变，新技术、新理念层出不穷。随着物联网技术在物流领域的广泛应用，智能仓储、运输实时监控等成为常态。“三对接”策略推动专业课程及时跟进，将物联网技术原理、在物流中的应用场景等内容融入课程。关注行业管理理念的革新，如供应链一体化管理、精益物流等理念，使学生掌握前沿管理方法。通过邀请行业专家参与课程设计、举办行业讲座等方式，确保课程内容精准契合行业最新动态。学生所学知识能紧跟行业发展步伐，在未来工作中迅速适应行业变化，为物流行业发展贡献专业力量。

以对接企业标准为导向，“三对接”策略致力于强化学生实践能力。企业实际工作有着严格的流程与质量标准。在仓储环节，企业遵循精细化管理标准，要求货物存储布局合理、出入库记录精准无误。在运输方面，安全、高效、准时是关键标准。“三对接”策略促使学校在实践教学中引入企业这些标准，建设与企业相似的实训环境，如模拟自动化仓储车间、运输调度中心。学生在实践中严格按照企业流程操作，接受企业标准的考核。通过与企业合作开展实践项目，学生可深入了解企业实际运作，积累丰富实践经验。如此一来，学生毕业后能迅速适应企业工作节奏，以专业的实践能力投入岗位工作，减少企业培训成本。

聚焦职业岗位需求，“三对接”策略从多维度提升学生就业竞争力。不同物流职业岗位，如仓储管理员、物流信息分析师，有着不同的知识、技能与素养要求。对于仓储管理员，需具备货物存储规划、设备操作技能与责任心。物流信息分析师则要求掌握数据分析技术、物流信息系统知识以及较强的逻辑思维能力。“三对接”策略引导教学围绕岗位需求设计课程，开展有针对性的实践训练。注重培养学生沟通协作、问题解决等综合素养。通过职业规划指导，让学生明晰职业发展路径。学生在知识、技能、素养上全方位契合岗位需求，在就业市场中更具优势，实现向物流行业输送高素质应用型人才的目标。

（三）“三对接”策略在人才培养模式中的定位

在“三强化三对接”人才培养模式中，“三对接”策略宛如一座桥梁，搭建起物流行业现实需求与高职物流专业教育教学之间的联系。物流行业时刻处于发展变化中，新的业务模式、技术应用不断涌现，如电商物流的迅猛发展、智慧物流技术的广泛应用，对人才的知识和技能需求持续更新。“三对接”策略使学校能够精准捕捉这些行业动态，将行业需求融入教育教学。通过行业调研，了解行业对物流数据分析、绿色物流等方面人才的需求，进而调整课程设置，更新教学内容，确保学生所学知识与技能契合行业当下及未来发展，让教育教学紧跟行业步伐，培养出符合市场需求的物流专业人才。

“三对接”策略对“三强化”理念的落地起着关键的方向指引作用。在强化理论基础方面，依据行业需求明确重点理论知识。随着物流行业智能化发展，智能物流系统架构、大数据在物流中的应用理论成为重点。在强化实践技能上，参照企业标准训练学生。企业对仓储管理的5S标准、运输安全与时效标准，为实践教学提供了清晰的操作规范。而在强化创新素养时，结合职业岗位需求激发创新。如针对物流配送岗位，引导学生思考如何利用新技术优化配送路线、降低成本。“三对接”策略让“三强化”理念不再抽象，使其在人才培养过程中有了具体的实施方向，确保培养出的人才既具备扎实的理论知识、熟练的实践技能，又拥有创新思维。

“三对接”策略贯穿高职物流专业人才培养的各个环节。在课程设置阶段，根据行业需求、企业标准和职业岗位要求，构建科学合理的课程体系，确保课程内容紧密围绕实际需求。在教学实施过程中，引入企业实际案例、邀请行业专家授课，让学生接触真实的行业场景与前沿知识。实践锻炼环节更是“三对接”策略的重点体现，通过校企合作共建实习实训基地，让学生在实践中遵循企业标准，提升岗位技能。从入学到毕业，“三对接”策略保障人才培养与行业、企业、岗位紧密相连，不断优化人才培养过程，是实现人才培养模式创新，提高高职物流专业教育质量与人才适配度的核心支撑。

二、“三对接”策略的具体内容

（一）对接行业需求，优化专业课程设置

物流行业智能化、绿色化发展趋势显著，高职物流专业课程设置必须及时响应。以智能化为例，自动化仓储系统已成为现代物流仓库的核心设施，其高效的货物存储、分拣能力极大提高了物流运作效率。增设智慧物流课程至关重要，在这门课程中，详细讲授自动化仓储系统的架构、操作原理以及智能运输调度算法。学生通过学习，能够掌握如何运用先进技术实现仓储空间的合理利用、运输路线的智能规划。随着跨境物流的蓬勃兴起，跨境电商物流课程的开设也十分必要。课程内容涵盖国际物流法规，让学生明晰不同国家和地区的物流政策；深入讲解报关报检流程，使学生熟悉跨境贸易中的关键环节，为学生未来投身相关领域做好知识储备。

开展行业调研是优化课程的重要依据。通过调研，了解到企业对物流数据分析人才的需求日益增长。在物流运作中，海量数据蕴含着提高效率、降低成本的关键信息。在课程中融入物流数据分析知识模块，教导学生如何收集、整理物流数据，并运用数据分析工具挖掘数据价值，辅助物流决策。供应链金融在物流行业的重要性越发凸显，它为物流企业提供资金融通等服务。基于此，将供应链金融知识融入相关课程，让学生掌握供应链金融的运作模式。定期邀请行业专家参与课程评审，他们凭借丰富的实践经验与敏锐的行业洞察力，对课程内容提出专业意见。学校依据这些反馈，及时调整课程，确保专业课程始终与物流行业发展趋势高度契合，为学生筑牢职业发展的知识根基。

（二）对接企业标准，强化实践教学环节

企业标准为高职物流专业实践教学提供了清晰的行动指南。在仓储实践教学领域中，企业奉行的5S管理标准意义重大。整理环节，引导学生清理仓储空间，去除无用杂物，确保货物存储区域整洁有序；整顿阶段，要求学生对货物进行合理分类与标识，使货物存取便捷高效；清扫工作则让学生养成保持仓储环境干净卫生的习惯，减少货物损坏风险；清洁强调维持整理、整顿、清扫的成果，形成长效机制；素养则致力于培养学生严谨负责的工作态度。学生依照这一标准操作，逐渐养成良好工作习惯。在运输实践方面，严格参照企业安全运输标准，从车辆检查、货物装载规范到运输途中安全防护，全方位培养学生安全意识。紧扣企业时效要求，训练

学生车辆调度与路线优化能力，使学生学会根据订单紧急程度、路况等因素，合理安排运输任务，提高运输效率。

引入企业实际项目是提高实践教学质量的关键举措。物流企业的配送优化项目，让学生参与其中，能够了解企业项目运作流程，从订单接收、货物分拣到配送安排，每个环节都有了切身体验。在项目执行过程中，学生学习企业的质量控制方法，如何确保配送准确率、控制配送成本等。邀请企业技术骨干走进校园指导实践教学，他们凭借丰富的一线经验，依据企业标准对学生实践成果进行精准评价。当学生在操作中出现偏差，如仓储货物摆放不合理、运输路线规划不佳时，技术骨干能够及时指出并给予正确指导，帮助学生快速纠正错误。通过这些方式，学生在学校就能深度适应企业工作节奏与标准，为毕业后顺利融入企业工作环境做好充分准备。

（三）对接职业岗位，提升就业竞争力

物流行业各岗位能力要求是提升学生就业竞争力的基础。以仓储管理员岗位为例，货物存储规划能力极为关键。学生需依据货物特性、体积、出入库频率等因素，科学规划仓储空间，实现高效存储。库存盘点技能要求学生熟练掌握盘点方法，准确统计库存数量，确保库存数据的真实性与及时性。仓储设备操作能力则让学生能够熟练运用叉车、自动化分拣设备等，提高货物搬运与分拣效率。对于运输调度员岗位，运输方案设计能力不可或缺。学生要综合考虑货物种类、运输距离、客户需求等，制定最优运输方案。车辆调度能力要求学生根据车辆状况、司机资质等合理安排运输任务。运输成本核算能力可帮助学生掌握成本构成，通过优化运输流程降低成本。通过有针对性地培养这些专项技能，学生能够精准匹配岗位需求，为就业增添底气。

在教学过程中，融入职业素养培养是提升学生就业竞争力的重要环节。责任心促使学生认真对待每一项工作任务，确保工作质量；团队协作精神让学生在物流项目中与同事高效配合，提高整体工作效率。为让学生更好地适应职场，开展模拟面试活动，让学生在模拟场景中锻炼沟通表达能力，学会清晰阐述自身优势与职业规划。职场体验活动则让学生深入企业，亲身体验工作环境与流程，了解职场文化。在面对实际问题时，学生运用所学知识，提升问题解决能力。

三、“三对接”策略的实施路径

（一）建立校企合作机制，共同制订培养计划

校企合作是高职物流专业实施“三对接”策略的根基。学校与物流企业通过签

订合作协议，正式开启协同育人之旅。随即成立联合培养工作小组，企业凭借对行业的深刻洞察与实际运营经验，深度参与人才培养方案的制定。在课程设置环节，依据行业需求与企业标准，精准定位课程内容。当企业基于自身业务拓展，察觉到对物流数据分析人才的迫切需求时，校企双方迅速联动，共同调整课程体系，增设数据分析课程，精心设计实践项目。让学生在课堂学习理论知识后，能通过实践项目将所学运用到实际物流数据处理中，如分析运输时效数据、仓储周转率数据等，使课程内容紧密贴合企业业务需求，为学生未来就业筑牢知识与技能基础。

为确保人才培养计划切实可行，校企双方定期召开合作会议。在会议上，双方坦诚交流人才培养进展情况。学校反馈教学过程中遇到的问题，如实践教学设备与企业实际存在差异，企业则分享行业最新动态与对人才的新要求。针对合作中出现的问题，校企共同探讨解决方案。企业为学生提供实习机会，安排经验丰富的员工参与实习指导与评价，让学生在真实工作场景中接受锻炼。学校则发挥自身科研与教学优势，为企业提供技术支持，如助力企业优化物流流程，开展员工培训提升企业员工专业素养。通过这种资源共享与定期交流机制，实现校企互利共赢，使人才培养计划始终紧密贴合行业实际，以培养出更符合物流行业需求的高素质人才。

（二）引入行业企业专家，参与教学与管理

行业企业专家投身高职物流专业教学，为课堂注入全新活力。学校广纳企业高级管理人员、技术骨干担任兼职教师，充分发挥他们的实践优势。以物流项目管理课程为例，企业项目经理走上讲台，带来鲜活的实际项目案例。他们详细讲述项目从启动、规划到执行、收尾的全过程，分享在项目推进中应对各种复杂情况的经验与技巧。学生不仅学到了书本上的项目管理理论，更从这些真实案例中，深刻理解了如何在实际工作中合理安排资源、把控项目进度、应对突发问题。这种理论与实践深度融合的教学方式让课程内容更加丰富立体，使学生能够直观感受到行业实际运作，为他们未来从事物流项目管理工作积累宝贵经验，极大地提升了课程的实用性与吸引力。

在专业建设与教学管理方面，行业企业专家发挥着关键引领作用。他们凭借丰富的行业经验与敏锐的市场洞察力，积极参与课程设置研讨。根据行业发展趋势和企业实际需求，建议新增，如智慧物流技术应用、绿色物流管理等课程，淘汰一些陈旧过时的课程内容，使课程体系紧跟行业步伐。在教学方法改革上，专家们提出引入项目式、案例式教学法，以提升学生解决实际问题的能力。在实践教学环节，专家参与制定实践教学标准，确保学生实践操作符合企业规范。在实习实训基地建

设中，他们依据企业工作场景，指导学校优化设备配置、布局设计，让实训环境更贴近企业真实工作环境。通过专家全方位的参与，教学内容与企业实际紧密相连，有力推动专业建设朝着符合行业需求的方向发展，助力学校培养出更契合市场需求的物流专业人才。

（三）加强实习实训基地建设，提供实践平台

校内实训基地是学生实践学习的前沿阵地。学校积极加大投入，致力于构建高度仿真的企业工作环境。购置先进的自动化分拣系统，模拟物流仓库中货物的高效分拣流程，学生可亲自操作设备，精准掌握货物分类与搬运技巧。引入仓储管理软件，学生能在虚拟系统里完成货物出入库登记、库存盘点等操作，熟悉企业仓储管理的数字化流程。物流模拟仿真实训中心更是发挥关键作用，通过虚拟技术，全方位呈现物流业务场景。学生在其中模拟物流订单处理、运输调度安排等工作，在反复实践中不断提升操作技能，将理论知识与实际操作紧密结合。校内实训基地为学生提供了便捷且丰富的实践机会，让学生在校内就能初步适应企业工作节奏，为未来校外实习与就业打下坚实的基础。

校外实习基地为学生开启了通往真实物流行业的大门。学校积极与多家物流企业开展合作，共建校外实习基地，极大地拓宽了学生的实习渠道。学生在企业实习期间，深度参与实际业务操作，真正将所学知识应用到实践中。在运输部门实习的学生，参与车辆调度与运输路线规划，依据订单信息和实际路况优化运输方案。企业为学生配备经验丰富的导师，进行一对一指导，及时纠正学生操作中的偏差，传授工作经验与技巧。学校定期跟踪学生实习情况，与企业保持密切沟通，根据反馈及时调整教学与实践安排。校外实习基地让学生在真实的工作环境中历练，强化实践教学效果，帮助学生更好地理解行业实际需求，精准对接职业岗位，提升就业竞争力。

第三节　“三强化三对接”模式的整体框架与设计思路

在高职物流专业教育的发展进程中，探寻适配行业需求的人才培养模式至关重要。本节聚焦“三强化三对接”模式，剖析其整体架构与设计思路。首先，探究模式基本构成与运行机制，梳理各环节关联及对高职物流教育体系的融入方式，展现其宏观框架。其次，阐述设计思路，明确以行业需求为导向确定培养目标，借“三

强化”构建课程体系，以“三对接”强化实践教学的逻辑。最后，从政策制度、师资队伍、教学资源三个方面阐述实施保障，全方位呈现该模式如何助力高职物流专业打造符合行业需求的人才培养体系，为专业教育发展提供坚实的支撑。

一、“三强化三对接”模式的整体框架

（一）模式的基本构成与运行机制

1.“三强化三对接”模式的构成要素

“三强化三对接”模式为高职物流专业人才培养提供了创新架构。“三强化”作为内核，强化理论基础旨在让学生构建系统物流知识体系。从物流学基础概念起，延伸至供应链运营、物流成本管理等理论，为后续学习与实践筑牢根基。强化实践技能聚焦于物流各环节实操。学生要熟练掌握叉车驾驶、仓储管理系统操作等技能，在模拟与真实场景中锻炼货物分拣、运输调度能力。强化创新素养则激发学生突破传统思维，鼓励学生关注行业前沿，如在物流包装环节，探索环保、可循环新材料应用，培养创新思维与实践能力。

“三对接”搭建起教育与行业的桥梁。对接行业需求，紧密跟踪物流行业智能化、绿色化发展趋势。根据新兴电商物流、冷链物流等业务模式，及时调整专业课程，融入前沿技术与管理理念。对接企业标准，将企业实际工作流程与质量规范引入教学。仓储实践遵循企业5S管理标准，运输实践参照企业安全与时效标准。对接职业岗位，分析物流行业各岗位需求，如仓储管理员、物流信息分析师等，从知识、技能、素养多维度培养学生，确保学生能精准适配岗位。

2.“三强化三对接”模式的运行机制

该模式以行业需求为驱动核心。物流行业处于快速变革期，企业作为行业主体，依据自身发展战略与岗位需求向学校反馈最新行业信息。物流企业在拓展跨境业务时，对熟悉国际物流法规、具备跨境电商运营能力的人才需求大增，便将此信息传递给学校。

学校收到反馈后迅速响应。在理论教学方面，更新教材内容，引入跨境物流相关理论知识，邀请行业专家开展讲座分享实践经验。在实践教学上，通过校企合作项目，让学生参与企业跨境物流项目运作，借助实训课程，模拟跨境物流报关报检、国际运输路线规划等场景。在创新培养环节，以跨境物流创新项目为载体，鼓励学生提出优化跨境物流流程、降低成本的创新方案。学生在整个学习进程中，严格遵循企业标准参与实践活动。从操作规范到项目执行，均按照企业真实要求完

成。经过在校学习与实践锻炼，学生毕业后能凭借所学知识与技能，精准对接物流行业职业岗位，满足企业用人需求，形成从行业需求输入，经学校教学转化，到人才输出的高效闭环运行机制，保障培养的人才紧跟行业发展步伐。

（二）模式中各环节的相互关联与支撑

1.“三强化”内部的紧密关联

在“三强化三对接”模式里，“三强化”如同紧密咬合的齿轮，相互协作。强化理论基础是根基，学生掌握物流学原理、供应链管理理论后，在实践环节便能更好地理解操作背后的逻辑。比如，在仓储实践中，基于库存管理理论，学生能依据货物出入库频率、存储成本等因素，合理规划库存布局。扎实的理论知识还能激发创新灵感，在物流配送中，学生运用运输组织理论，结合数学算法知识，创新配送路线规划方法。

强化实践技能是理论知识落地的关键。学生通过操作叉车、使用仓储管理系统等实践活动，将理论知识转化为实际能力。在实践过程中，学生会遇到各种问题，像运输时效不达标、货物分拣出错等，这些问题成为创新的切入点。为解决问题，学生尝试新方法、新技术，从而推动创新素养提升。

强化创新素养则贯穿理论学习与实践操作。在学习物流理论时，学生受行业前沿理念启发，对现有理论提出创新性思考。在实践中，创新素养促使学生改进操作流程、开发新的物流服务模式，进而提高理论与实践水平，三者相互促进，共同助力人才培养。

2.“三对接”与“三强化”的联动关系

“三对接”与“三强化”紧密联动，推动高职物流专业人才培养。对接行业需求是“三强化”的方向标。随着物流行业智能化、绿色化发展，行业对掌握自动化物流设备操作、绿色物流技术的人才需求增加。学校依据这一需求，在强化理论基础时，将智能物流系统架构、新能源在物流运输中的应用等知识融入课程；在强化实践技能上，增设自动化仓储设备调试、绿色物流包装设计等实训项目；在强化创新素养方面，鼓励学生围绕行业绿色创新发展开展项目研究，确保教学内容紧跟行业步伐。

对接企业标准是落实“三强化”的保障。企业的5S管理标准、安全运输标准等，为实践教学提供了规范。在仓储实践中，学生按照企业5S标准整理、整顿仓库，强化实践技能的同时，加深对仓储管理理论的理解。企业标准也激励学生在理论学习与实践操作中创新，以达到更高的企业要求，提高人才培养质量。

对接职业岗位检验“三强化”成果。通过对仓储管理员、物流信息分析师等岗位需求分析，明确“三强化”重点。仓储管理员岗位要求熟练的货物存储规划与设备操作技能，促使学校强化实践技能培养。物流信息分析师岗位对数据分析理论知识与创新思维要求高，推动学校强化理论基础与创新素养培养，以岗位需求倒逼人才培养质量提高。

3.各环节协同推动人才培养

“三强化三对接”模式各环节协同发力，全方位推动高职物流专业人才培养。行业需求通过“三对接”传递给学校，引导“三强化”实施方向。企业标准在实践教学中落实，保障“三强化”效果。职业岗位需求反馈到“三强化”培养过程，促使学校不断优化教学。

在课程设置上，行业需求与职业岗位要求促使学校整合理论与实践课程，如开设智慧物流课程，既包含前沿理论知识，又设置实践项目。在教学过程中，教师依据企业标准指导学生实践，以理论知识为支撑，鼓励学生创新。在实践项目中，学生凭借扎实理论与创新思维，按照企业标准完成任务，提升实践能力。

学生在这种协同培养模式下，理论知识、实践技能与创新素养全面提升。毕业后，能凭借在“三强化三对接”模式培养下获得的能力，精准对接物流行业职业岗位，满足企业需求，实现从行业需求输入到人才输出的高效转化，为物流行业发展输送高质量人才。

（三）模式与高职物流专业教育体系的融合

1.课程设置层面的融合

在课程设置方面，“三强化三对接”模式与高职物流专业教育体系深度融合。依据行业需求，传统物流课程得以整合优化。物流运输课程不再局限于基础运输方式介绍，而是融入智能运输调度技术，让学生掌握前沿运输知识。顺应行业智能化、绿色化发展趋势，增设新兴技术课程，如智慧物流课程，详细讲解自动化仓储系统、物流大数据分析等知识，使学生紧跟行业技术潮流。实践课程也得到大力拓展，物流企业实战项目课程引入真实企业项目，学生在完成项目过程中，将理论知识与实践紧密结合。在处理物流企业库存优化项目时，学生运用库存管理理论，结合企业实际业务数据，制定切实可行的库存优化方案，提升实践能力，实现课程设置与“三强化三对接”模式的有机统一。

2.教学方法层面的融合

在教学方法上，该模式促使高职物流专业积极变革。项目式教学成为主流，教师将物流项目分解为多个任务，学生分组协作完成。在物流配送项目中，学生从订单接收、货物分拣到配送路线规划，全程参与，在实践中理解企业标准与业务流程，契合“三对接”要求。案例式教学同样广泛应用，教师引入大量物流企业实际案例，如某企业运输成本控制案例，学生通过分析案例，运用所学理论知识提出解决方案，提升分析与解决问题的能力。这些教学方法以企业实际为导向，以理论知识为依托，鼓励学生创新思维。在案例分析中，学生突破常规思路，提出创新性成本控制方法，推动“三强化”目标达成，让教学方法与模式深度融合，增强教学效果。

3. 实践教学与评价体系层面的融合

实践教学体系与评价体系在“三强化三对接”模式下也发生深刻变革。校企共建实习实训基地，企业深度参与实践教学。企业导师入驻学校，指导学生实训操作，依据企业标准规范学生行为。在仓储实训中，企业导师按照企业5S管理标准，指导学生整理、整顿仓库，使学生实践技能符合企业要求。评价体系革新尤为关键，引入企业评价标准，从理论知识掌握、实践操作能力到创新思维表现，全面考核学生。在物流创新项目评价中，不仅关注项目成果，还考量学生在项目过程中的创新思路、团队协作能力。通过这种全方位融合，人才培养从实践到评价与模式紧密相连，有效提高高职物流专业教育质量。

二、“三强化三对接”模式的设计思路

（一）以行业需求为导向，明确培养目标

物流行业处于快速变革阶段，在智能化浪潮下，自动化仓储设备、智能运输调度系统广泛应用；绿色化趋势促使企业在物流各环节注重节能减排。“三强化三对接”模式敏锐捕捉这些行业动态，深入开展行业调研。与众多物流企业交流合作，了解到企业对物流数据分析人才需求大增。在海量物流数据中挖掘提高效率、降低成本的关键信息，成为企业发展的迫切需求。供应链优化也备受关注，企业期望人才能够梳理复杂供应链流程，提高协同效率。“三强化三对接”模式将培养目标锁定为培育具备前沿知识、实践能力与创新精神的物流人才。让学生不仅掌握传统物流知识，更能紧跟行业趋势，为后续学习与实践明确方向。

以电商物流为例，其对配送效率的极致追求是行业发展的关键痛点。“三强化三对接”模式有针对性地培养学生运用大数据优化配送路线的能力。学生在学习过程中，通过收集、分析电商物流订单数据、运输路况数据等，运用数据分析工具建立

配送路线优化模型。在实践项目中，模拟电商物流配送场景，根据实时数据调整配送方案，切实提高配送效率。对于冷链物流，培养学生掌握先进的冷链技术应用，确保货物在运输、仓储过程中的品质。在复杂业务处理方面，学生参与物流企业的供应链整合项目，锻炼跨部门协作、解决实际问题的能力。通过这些具体培养方向，使学生的能力精准契合行业当下及未来发展，为学生在物流行业的职业发展筑牢根基。

（二）以“三强化”为基础，构建课程体系

1.基于“三强化”设置多元课程类别

在构建高职物流专业课程体系时，“三强化”理念发挥着基石作用。强化理论基础，将物流学原理、供应链管理等设为核心理论课程。这些课程不仅涵盖了基础概念，还融入了最新研究成果，如当下热门的绿色供应链理论。同时，引入丰富的行业案例，像某大型物流企业通过优化供应链降低成本的案例，让学生深入理解理论知识在实际中的应用。

强化实践技能，开设仓储实训、运输模拟等实践课程。在仓储实训中，学生亲自动手操作叉车、自动化分拣设备，在模拟仓库环境里进行货物存储、分拣等操作，积累实操经验。运输模拟课程则让学生在虚拟运输场景中，进行车辆调度、运输路线规划，锻炼应对实际运输问题的能力。

强化创新素养，设立创新实践课程、创业指导课程。创新实践课程鼓励学生探索物流行业新趋势，如研发新型物流包装材料；创业指导课程帮助学生了解物流创业流程，激发创新思维，为培养创新型物流人才奠定课程基础。

2.以项目驱动实现课程深度融合

课程体系注重理论与实践深度融合，项目驱动是关键手段。以物流创新设计项目为例，该项目串联起多门课程。学生在项目实施过程中，运用物流学原理、供应链管理等理论知识，对物流流程进行分析与优化。在仓储环节，依据理论知识设计高效存储方案，并在仓储实训中进行实践验证，通过操作设备检验方案可行性。

在运输环节，利用运输模拟课程所学，结合实时路况、订单信息等，创新运输调度方案。在创新实践课程所学思维的启发下，对项目各环节提出创新性改进措施，如采用智能化设备提高仓储效率。通过此类项目，学生打破课程界限，将理论知识转化为实践成果，在实践中又进一步深化对理论的理解，不断提升综合能力，实现“三强化”目标在课程体系中的有效落实，培养出符合物流行业需求的高素质人才。

（三）以“三对接”为路径，强化实践教学

在高职物流专业实践教学中，“三对接”中的行业与企业对接发挥着关键作用。对接行业需求，积极引入企业实际项目。比如，物流企业致力于降本增效，将这一项目融入教学。学生参与其中，需要对企业物流成本构成进行分析，从仓储、运输、配送等环节挖掘可优化之处。通过实地调研、数据收集与分析，提出有针对性的降本方案，如优化仓储布局减少空间浪费，整合运输路线降低能耗，在解决实际问题过程中，学生实践能力得以大幅提升。对接企业标准，实践教学全面对标企业操作规范与质量标准。在仓储实践中，学生严格按照企业5S管理标准整理、整顿仓库，规范设备操作流程，确保货物存储与搬运符合企业质量要求。在运输实践中，依据企业安全运输标准进行车辆调度与货物装载，让学生实践伊始就养成符合企业要求的工作习惯，保障实践教学内容紧密贴合行业实际，为学生未来进入企业工作做好充分准备。

职业岗位对接是“三对接”强化实践教学的重要维度。开展岗位模拟实践，让学生深入体验真实岗位工作。以模拟物流调度员岗位为例，学生在模拟环境中，接收货物运输订单，依据订单信息、车辆状况、路况等因素，进行运输任务分配与路线规划。在此过程中，学生熟悉物流调度员岗位的日常工作流程、职责范围以及所需技能，如良好的沟通协调能力、数据分析能力等。通过反复模拟实践，学生对岗位要求有了清晰认知，能够有针对性地提升自身能力。在模拟实践中遇到的问题，促使学生主动学习相关知识，进一步深化对物流专业知识的理解与应用。这种与职业岗位紧密对接的实践教学方式，使学生在毕业前就熟悉了职场环境与岗位需求，极大地提升了就业竞争力，为快速融入物流行业职业岗位奠定坚实的基础，培养出符合行业需求的实用型物流人才。

三、“三强化三对接”模式的实施保障

（一）政策与制度的支持与保障

教育主管部门出台的政策，为“三强化三对接”模式中的校企合作注入强大动力。给予合作企业税收优惠是有力举措之一。物流企业参与高职物流专业人才培养，在设备投入、人员指导等方面需耗费资源，税收优惠能减轻企业负担，提高其积极性。企业为学校提供实习实训设备，可享受一定比例的税收减免，这促使更多

企业愿意与学校携手。政策鼓励企业人员参与教学。企业技术骨干、管理人员走进校园授课，能带来行业最新动态与实践经验。政策保障企业人员参与教学的合法性与规范性，为其提供便利条件，像简化入校授课手续等。这种外部政策支持，可促进校企深度融合，让企业需求更直接地融入人才培养过程，保障“三对接”中对接行业需求，企业标准得以有效落实，为培养符合行业需求的物流人才奠定坚实的政策基础。

高职院校内部制度在模式实施中起着关键的质量保障作用。为保障教师参与企业实践，学校制定专门制度，明确教师参与企业实践的时间安排，如规定教师每学年需到企业实践一定时长。在待遇方面，保障教师在企业实践期间工资福利不变，甚至给予适当补贴，鼓励教师积极投身企业实践，提升实践教学能力。建立质量监控与评价制度是重中之重。定期对“三强化三对接”模式实施效果进行评估，收集行业企业对学生实践能力的反馈，关注学生就业后的表现。根据这些信息，及时调整教学内容与方法。若行业反馈学生物流数据分析能力不足，学校便优化相关课程设置，增加实践项目。完善学分制度，对实践课程、创新项目合理认定学分，激发学生参与实践与创新的积极性，确保整个模式在有序校内制度环境下稳步推进，提高专业教学质量。

（二）师资队伍的建设与培训

为契合“三强化三对接”模式需求，学校积极广纳贤才，大力引进具有企业工作经验的教师。这些教师曾深度参与物流企业一线运作，无论是在仓储管理、运输调度，还是供应链规划等方面，都积累了丰富的实战经验。比如，新入职的张老师，曾在大型物流企业负责多年仓储管理工作，熟练掌握各类先进仓储设备的操作与维护，以及高效的库存管理策略。他的加入，能将企业实际案例融入课堂，使理论教学更生动、更贴合行业实际。在讲解仓储规划课程时，张老师可依据自身经验，为学生剖析不同类型仓库布局的优缺点，分享应对货物高峰存储的实用技巧，极大地充实了学校的师资力量，可助力学生更好地理解物流行业实际运作，为培养符合行业需求的人才奠定基础。

提升教师实践教学能力是师资队伍建设的重点。学校定期组织教师参加企业实践培训，让教师紧跟行业发展步伐。以物流企业新设备应用培训为例，随着自动化分拣系统、智能仓储机器人等新型设备在行业内广泛应用，学校安排教师参与此类培训。教师深入企业，实地学习新设备的操作流程、故障排除方法以及与企业物流流程的融合应用。在培训后，教师能将所学融入教学，在实训课程中，指导学生正确操作新设备，模拟企业实际生产场景。教师还可根据新设备应用经验，优化课程内容，如在物流设备课程中，增加新设备原理、维护要点等知识，使教学内容与时俱进，从而培养学生掌握行业前沿技能，提升实践教学的实效性与针对性。

为打造既懂理论又精实践的双师型师资队伍，学校建立完善的教师激励机制。对于在“三强化三对接”教学中表现突出的教师，给予物质与精神奖励。物质奖励包括奖金、教学资源优先使用权等，精神奖励如荣誉证书、公开表彰等。若有教师在对接企业标准的实践教学中，指导学生在企业实习项目里取得优异成绩，帮助企业解决实际物流难题，学校会对其进行奖励。这有利于激励教师积极投身教学改革，主动提升自身实践能力，深入研究行业动态，将最新行业知识与实践经验融入教学。通过激励机制，营造积极向上的教学氛围，促使教师不断成长，保障教学质量稳步提升，为“三强化三对接”模式的有效实施提供坚实的师资保障。

（三）教学资源的整合与优化

为推动“三强化三对接”模式落地，学校在实训设备方面大力投入。自动化分拣线成为物流实训的关键设备，其高效的分拣能力模拟了企业真实的物流场景。学生在操作过程中能精准掌握货物分类、输送流程，提升实践技能。智能仓储系统的引入，可让学生深入了解自动化仓储管理。从货物入库登记、存储位置分配到出库操作，学生通过系统软件与实际设备相结合的方式，熟悉现代仓储运作。这些先进设备为实践教学提供了坚实硬件支撑。学生在模拟企业工作环境中，依据企业标准进行操作，强化实践能力，符合“三对接”中对接企业标准的要求，可助力学生毕业后能迅速适应物流企业工作岗位，为培养高素质物流人才奠定物质基础。

线上线下教学资源整合为教学注入新活力。学校开发物流专业在线课程平台，打破时间与空间限制。平台上，企业实际案例库丰富多样，涵盖运输成本控制、供应链优化等各类案例。学生通过在线学习，分析真实案例，提升解决实际问题的能力。虚拟仿真软件更是一大亮点，学生可在虚拟环境中进行物流项目操作，如模拟物流园区规划、配送路线设计等。在线下，教师利用这些线上资源开展教学，组织案例讨论、项目复盘等活动。线上线下融合使教学内容更加丰富、生动，让学生可以接触到前沿行业知识与实践经验，满足“三强化三对接”模式中强化理论基础、对接行业需求的目标，全方位增强学生学习体验与学习效果。

教材资源与实践基地资源的优化对教学质量提高至关重要。学校组织教师编写校本教材，融合理论与实践内容。教材中不仅包含物流学基础理论，还融入行业最新成果，如绿色物流技术、智慧物流应用等。通过实际案例与项目展示，将理论知识具象化，便于学生理解与应用。在实践基地方面，与企业共建实习实训基地，共享企业场地与项目资源。学生在企业实习实训基地，参与真实项目运作，如物流企业的库存管理项目、运输调度项目等。企业导师现场指导，学生在实践中遵循企业标准，检验和提升所学知识，实现理论与实践深度融合，为“三强化三对接”模式实施提供有力的保障，培养出更符合行业需求的实用型物流人才。

第四章

强化专业技能训练与行业标准对接

在高职物流专业“三强化三对接”人才培养模式探索进程中，强化专业技能训练并实现与行业标准的精准对接，是提高人才培养质量的关键所在。物流行业的迅猛发展，对专业技能提出了更高要求。本章将剖析物流专业技能训练的重要性与实施、策略，全面解读物流行业标准体系及其发展趋势。重点聚焦专业技能训练与行业标准的对接实践，探讨对接的必要性、实施路径，并通过实际案例揭示成功经验、创新举措以及现存问题与改进方向，旨在为高职物流专业培育契合行业需求的高素质技能型人才提供有力的支撑。

第一节　物流专业技能训练的重要性与实施策略

在“三强化三对接”人才培养模式的框架下，专业技能训练是高职物流专业教育的关键环节。物流行业正经历着深刻变革，技术革新与业务拓展日新月异。在此背景下，强化物流专业技能训练刻不容缓。本节将深度探讨其重要性，明确在行业需求驱动下应遵循的实施原则，并详细阐述构建技能训练体系、借助行业专家力量以及依托校企合作开展实训等一系列实施策略，为后续探讨专业技能训练与行业标准对接筑牢基础。

一、物流专业技能训练的重要性

（一）提升毕业生就业竞争力

在“三强化三对接”人才培养模式下，提升高职物流专业毕业生就业竞争力是关键目标。而达成这一目标，需要从洞察双元就业主体需求以及构建高效人才供给机制两个方面发力。接下来，将探讨如何通过一系列具体举措，切实提升毕业生在就业市场的竞争力，为其顺利开启物流职业之路奠定坚实的基础。

1.深入了解双元就业主体的就业意向，引导学生积极投身智慧物流行业

实现高质量就业需站在学生及家长双元就业主体的角度，主动了解就业意向，消除物流领域就业顾虑。

高职学生就业不仅与毕业生息息相关，而且家长对学生的就业影响甚大。因此，建议学校在新生入学时就建立好家校就业联盟，家校联系必须定人定岗。校方负责人联合物流专业定时向家长推送物流行业发展资讯、国家相关政策文件，增强其对物流行业的认知。在毕业之际，校方及时安排就业部门向家长盟友们同步直播企业线上校招实况，或者组织家长代表到企业实地参观；还可给家长做专题讲座，如解读政府就业创业补贴政策。通过主动持续地家校联络，增强家长支持学生在物流领域就业的决心。

智慧物流时代，高职物流学生需要积累就业资本。首先，建议在职业教育时请企业导师宣讲物流前景，从精神层面激发热情，促使学生建立主动学习的心态。其次，教师借用智慧平台，结合新型教学方式，持续稳固学生学习的积极性。再次，不以竞赛级别高低为导向，鼓励学生积极参赛，增加就业硬资本。最后，严格贯彻执行《教育部职业院校实习管理规定》，遴选适岗企业，畅通“供”与“需”之间的交流，积极动员学生实习实践积累就业软资本。

各级政府、物流领军企业、高校应深入贯彻党的二十大精神，政企校三方联动积极谋划推进物流高质量发展，提高物流行业地位，重树大众对物流行业信心，物流专业的学生及家长才会调整求职心态。此外，加强物流劳动教育课程，既可锻炼学生的实践能力，经过学校的“吃苦”教育，不仅有助于学生适应一线岗位的工作，又能树立劳动不分贵贱的意识，促使学生端正求职态度，合理寻求物流岗位。

2.积极构建人才供给侧三位一体的联动机制，培养高质量物流人才

提高就业质量需要学校、专业及教师三方积极联动，同频共振供给企业高质量物流人才。

学校、专业及教师应积极联动创新校企合作的模式。首先，学校层面协调各专业校企合作机制，营造和谐统一的合作环境。学校可以共赢理念联合物流名企建立产业学院，建立一种共同投资、风险共担的“嵌入式”校企合作办学模式。其次，搭建物流专业主导的合作平台，共建企业真实物流作业场景的实训基地，推动校企共同开发课程资源。最后，为促进产业学院高效运作，企业资深导师和物流骨干教师双向参加定向培训，以打造高质量的物流双师团队，培养复合型智慧物流人才。

为帮助多元类型学生就业，学校、专业及教师三方积极联动，打造匹配的就业指导方案。首先，学校层面不再统筹设计就业相关课程，而是由专业来开发课程。物流专业层面设置就业指导类课程为专业平台课，并成立以物流专业的教师为核心负责人、行政及企业教师为成员的就业指导团队，对校方教师提供物流行业培训，对企业导师提供教学方面培训，打破团队教师的专业限制。其次，兼顾生源特征，教师充分挖掘物流专业蕴含的思政元素融入就业指导课程，培养学生成为高素质物流专业人才。

高职院校应加强物流实训室建设资源的倾向，物流专业以企业应用的新型物流设备系统为标准，建设智慧物流综合实训室，并选派教师定期参加培训。此外，为提升理论素养，高职院校瞄准所在区域内的应用型大学，探索共建“校校互通”物流人才培养方案，比如，高职物流专业的老师到应用型本科高校访学，提升对学生理论素养的教学水平，同时，定期带领学生到合作的本科高校学习，相应课程由本科高校给予考核；或者优化资源配置，组建专门团队，以服务交通强国为目标申报物流专业为本科层次试点专业，力争职业教育层次提升，实现高素质复合型智慧物流人才的自我培养。[1]

（二）满足物流行业对高技能人才的需求

面对物流行业对高技能人才日益增长的需求，高职院校作为人才培养的重要阵地，需从多个方面发力，以满足行业期望。

1.找准定位，制定合理的人才培养方案

高职院校物流专业要依据区域经济特点和市场需求，以及自身办学特色确定专业目标定位，并邀请行业企业专家、一线管理人员、技术人员共同参与制定人才培养方案，具体包括：深入物流行业、企业对人才需求情况进行调研，确定人才培养目标；依据企业岗位设置类型、各岗位能力素质要求以及相应的职业资格要求确定人才培养规格；依据岗位职责以及工作任务分析设置专业课程体系与课程内容，并实施恰当的教学方法，真正做到以岗定学，学以致用。

2.校企合作，实施“工学交替”人才培养模式

是否能培养出满足企业需要的高素质技能型物流人才，与选择什么样的人才培养模式息息相关。本书结合山西工程职业技术学院物流管理专业实际，并在行业、企业调研分析基础上，探索实施以阶段性、面向企业需求为特点的“工学交替”三循环人才培养模式。第一循环是1~2学期的校内学习与校外实习阶段。在该阶段，学

---

[1] 刘亚萍，李佑珍，相东明.智慧物流视域下高职物流毕业生就业质量提升策略研究[J].中国就业，2024（3）：53-55.

生在校内完成通识课程与专业基础课程学习；在校外完成顶岗实习，即组织学生到现代化程度较高的大中型专业物流企业或工商企业进行参观，使学生通过了解各企业物流业务环节组织运行状况，以及岗位人才需求情况，增强其专业学习的积极性与自主性，为专业技能的培养奠定基础。第二循环是3~4学期的校内学习与校外顶岗实习阶段。在该阶段，学生在校内完成专业核心课程和部分素质拓展课程学习，并利用校内实训基地，让学生在模拟工作场景中独立运作物流业务，掌握专业实践技能；校外上岗实习即面向企业需求，让学生在教师指导下进行上岗实践，在工作中学习，在学习中工作，进一步提高学生的岗位操作技能和社会实践能力。第三循环是5~6学期的校内学习与校外顶岗实习阶段。在该阶段，学生在校内完成专业提升课程和部分素质拓展课程学习，进一步提升专业技术能力与综合素质；顶岗实习即学生应聘或学校推荐到企业进行带薪顶岗实践，提升职业岗位技能和职业素养，达到预就业的目的。经过以上三个“工学交替”循环，把学生培养成满足社会需求的高质量的物流人才。

3.改革创新，实施以能力培养为核心的教学方式与考核方式

为了培养出具备较强职业能力和综合素质能力的物流人才，高职院校实施以学生为主体、以能力培养为核心的教学改革势在必行。本书以行动导向型教学法为例谈谈教学方式的改革。行动导向型教学是以学生为中心，以能力培养为核心，由师生共同确定的行动（行动方案的创设要充分体现实际工作岗位的能力需求）来引导教学组织过程，学生通过主动学习，掌握专业知识和技能，最终具备专业职业岗位能力，以及沟通与合作能力、创造性地解决问题的能力、独立而有效工作的能力、思考与学习能力、责任心、论证与评价能力等综合素质能力。采用的教学方法有角色扮演法、头脑风暴法、案例法、图示思维法、模拟训练法以及项目教学法等。另外，与教学方式改革相配套的是考核方式的改革，应改变传统的注重单一结果性评价为主的考核方式，实施过程性评价、发展性评价与结果性评价相结合的多元化评价考核方式。例如，专业课程考核，既包括学生日常个人学习态度表现、作业完成质量、团队合作情况等过程性评价，也包括期末考核结果性评价，同时还包括专业技能熟练程度和提升度等发展性评价方式。一些实践性课程的考核，还可采用将学校、企业与社会三方评价相结合的多元化人才评价方式。

4.拓宽途径，加大实习实训力度

实践教学条件是强化学生职业技能培养的重要基础，因此学校必须拓宽途径，加大学生实习实训的力度。首先，高职院校应加强校内实验室或实训基地建设，按照物流企业需要，开发丰富的职业技能训练与培训项目。如模拟采购、仓储、运输、配送等业务流程进行专项技能实训和供应链管理综合技能实训。学生可以通过

技能训练掌握岗位技能，并具备一定的职业能力与素质，从而实现物流教育与企业需求的零距离接轨；同时，利用校内实训基地开展企业培训项目，技术研发项目等，实现产、学、研一体化。校外实训基地建设方面，应加强校企合作，选择一些具有现代物流理念、先进物流运作与经营管理模式的大中型企业作为实训基地，让学生通过参与岗位实践，真刀真枪地进行职业规范化训练，大大提高岗位操作技能和社会实践能力。其次，学校可以鼓励学生积极参加高职物流技能大赛，一方面，可以使学生在真实的企业管理模式下进行各种能力的训练，提升其职业技能和综合职业素养；另一方面，有利于教师通过大赛平台对教学内容、教学方式、教学质量进行检验、反思和改进，并加强社会需求和企业技术标准的研究，提高人才培养的针对性。最后，应大力推行“双证书”制度，要求学生毕业前必须至少获得助理物流师、助理采购师、助理营销师、仓管员、货代员等其中一种职业资格证书，从而引导学生尽早树立既要掌握丰富的理论知识，又要具备较强岗位动手操作能力的意识，并且在就业时能真正达到职业岗位技能资格等级要求的能力标准。

5.丰富手段，加快建立高水平“双师型”教师队伍

“双师型”教师团队建设是职业教育改革的突破口，也是培养高素质技能型物流人才的最根本保障。目前，绝大多数高职院校都紧缺“双师型”教师，而解决这个问题最有效的方法是实施“请进来、走出去”战略，多渠道、多手段地全面提高教学团队双师素质水平。具体方法包括：第一，定期聘请有关专家或一线管理人员、技术人员对教师进行专业理论和与操作技能培训；第二，鼓励教师到企业挂职锻炼，签订“师徒协议”，参与生产管理实践，有效提升专业技能；第三，在合作企业建立“专业教师实践基地”，鼓励教师积极参与学习与实践，及时跟踪新技术和新技能的发展动态，承担更多与企业合作的横向课题，获得更多的专利，不断提高科研水平；第四，积极开展国内外合作交流，选派教师到优秀学校参加新技术和职教理论的研修培训；第五，定期组织教师进行职业技能培训，获得相关职业资格证书，并积极参与开展行业、企业人力资源开发和各类岗前、职后、转岗培训需求工作，提升专业社会服务能力。[1]

（三）促进高职物流专业教育与行业发展的深度融合

在高职物流专业教育与行业发展融合的进程中，学校扮演着关键角色。随着行业趋势的不断变化，学校敏锐捕捉行业对技能的新需求，并迅速在技能训练内容上

[1] 张宁.高素质技能型物流人才需求分析及培养策略[J].物流工程与管理，2016，38（3）：234-236，194.

作出调整。当绿色物流成为行业焦点，学校即刻行动。在技能训练中引入新能源运输车辆操作课程，学生通过模拟驾驶与实际操作，熟悉新能源车辆性能，掌握其在物流运输中的应用技巧。环保包装设计内容也被纳入其中，学生学习设计可循环、轻量化包装，降低对物流环节的环境影响。这种依据行业需求的动态调整，使教学内容始终与行业前沿接轨。学生所学技能契合行业当下需求，在毕业后能无缝对接物流企业工作，有效提高教育质量，为行业输送具备先进理念与实用技能的人才，推动高职物流专业教育与行业发展深度融合。

企业深度参与高职物流专业技能训练，成为教育与行业融合的重要助推器。企业为学生提供丰富的实习实训机会，在真实物流业务场景中，学生得以施展所学。在仓储实习中，学生依据企业标准，操作自动化仓储设备，进行货物存储与分拣。企业导师分享实际项目经验，讲解项目运作中的难题与解决方案。学生在实践中不仅巩固理论知识，还能洞察行业最新动态。企业参与促使学校课程设置更贴合实际，如依据企业反馈，增设物流数据分析与智能调度课程。教学方法也随之革新，项目式教学让学生在模拟企业项目中锻炼技能。这种教育与行业的良性互动，提升了学生综合素质，培养出更符合行业需求的人才，增强了高职物流专业教育的行业影响力，实现了教育与行业发展的深度融合。

二、物流专业技能训练的实施原则

（一）以行业需求为导向，明确训练目标

物流行业宛如奔腾不息的洪流，时刻处于快速演变之中，这就要求物流专业技能训练务必紧紧锚定行业需求。为了精准把握行业脉搏，高职院校积极深入各类物流企业，开展全面且细致的调研。在电商物流领域中，随着线上购物的爆发式增长，海量订单如潮水般涌来。企业亟须能够在复杂订单流程中迅速厘清头绪，高效完成订单处理工作的人才。这些人才不仅要熟练运用专业订单处理软件，快速准确地录入订单信息，还要依据客户的紧急程度、购买商品特性等因素，巧妙合理地安排配送优先级。在配送规划方面，面对日益拥堵的城市交通与多样化的配送需求，具备结合地图信息、实时交通状况，制定最优配送路线能力的人才成为企业竞相追逐的对象。高职物流专业迅速响应，精心设置了针对性强的订单处理技能训练课程与配送规划训练项目。在课堂上，学生通过模拟真实订单场景，反复锤炼订单处理技巧；在实践环节，借助专业物流模拟软件，结合实际交通数据，不断优化配送路线方案。如此一来，训练目标与行业需求紧密契合，学生在校所学技能与企业实际

岗位需求实现无缝对接，待其毕业后，便能如鱼得水般迅速融入工作岗位，为企业创造立竿见影的价值，技能训练也因此具备了极高的针对性与实效性。

（二）注重理论与实践相结合，强化实操能力

学生开启物流专业学习之旅时，先接触到的是物流学原理、仓储管理理论等基础理论知识，这些知识如同搭建高楼大厦的基石，为后续学习与实践构建起稳固的框架。以仓储技能训练为例，学生依据所学的仓储管理理论，研究货物的特性、存储频率以及仓储空间布局等要素，精心规划货物存储布局，精准挑选适配的存储设备，力求实现仓储空间的最大化利用与货物存储的高效管理。在实际操作过程中，学生亲自动手操作叉车，小心翼翼地搬运货物，精准无误地操作仓储管理系统，完成货物的出入库登记工作。每一次的实际操作，都是对理论知识的生动演绎与深度验证。当遭遇货物搬运效率低下这一常见难题时，学生能够迅速调用所学的运输组织理论，从搬运设备的选用、搬运流程的优化等多维度进行分析与改进，切实提高货物搬运效率。

（三）持续更新训练内容，适应行业发展变化

为了让高职物流专业学生能够始终紧跟行业发展的节奏，技能训练内容的持续更新刻不容缓。近年来，自动化仓储设备在物流行业的普及程度越来越高，众多大型物流中心纷纷引入自动化分拣设备、智能仓储机器人等先进设备。学校敏锐捕捉到这一行业趋势，迅速将自动化仓储设备的操作与维护技能纳入训练内容。在课堂上，学生学习自动化分拣设备的编程调试知识，了解设备的运行逻辑，掌握常见故障的排除方法；在实训基地，学生亲自动手操作智能仓储系统，熟练掌握其运行管理技巧，实现货物的高效存储与精准分拣。随着绿色物流理念在全球范围内的兴起，环保包装设计、新能源物流车辆驾驶等新兴技能也被纳入训练范畴。学校积极与行业协会、企业保持密切沟通，时刻关注行业技术革新动态与政策变化走向，及时调整训练内容。

三、物流专业技能训练的实施策略

（一）构建完善的技能训练课程体系

构建科学且完善的技能训练课程体系，无疑是提高物流专业技能训练质量的关键核心所在。这一课程体系犹如一座精心搭建的大厦，涵盖了基础技能课程与专业技能课程两大重要板块。基础技能课程作为大厦的基石，着重培养学生在物流设备操作以及物流信息录入等方面的基本技能。在物流设备操作课程中，学生将系统学习

叉车、托盘搬运车等常见物流设备的安全操作规范。通过在模拟操作区域的反复练习，以及在实际演练场景中的亲身体验，学生能够逐渐熟练掌握这些设备的操作技巧，确保在未来的工作中能够安全、高效地运用设备完成货物搬运等任务。专业技能课程则聚焦于物流各环节的核心技能。以仓储管理课程为例，学生将探究库存优化策略，通过对各类库存模型的研究以及对实际仓储数据的分析，学会如何在不同情况下精准把控库存水平，降低库存成本。在仓储布局设计方面，学生将综合考虑货物特性、存储频率、仓库空间结构等因素，运用专业知识与设计软件，精心规划仓储布局，以实现仓储空间的最大化利用。在运输管理课程中，学生不仅要学习运输路线规划的理论知识，还要掌握运用专业软件模拟运输业务的方法。

（二）引入行业专家参与教学与指导

行业专家凭借其丰富的实践经验以及敏锐的行业洞察力，宛如一股强大的动力源泉，为物流专业技能训练注入了全新活力。为充分发挥行业专家的优势，学校积极邀请企业物流经理、技术骨干担任兼职教师。在物流项目管理课程中，企业物流经理的到来犹如为课堂打开了一扇通往真实物流项目世界的大门。他们会带来一个个鲜活的真实项目案例，从项目的启动阶段，详细阐述如何精准识别项目需求、合理制定项目目标；到项目的规划阶段，分享如何巧妙安排项目进度、科学调配项目资源；再到项目的执行与收尾阶段，讲述在面对复杂多变的实际情况时，如何灵活应对各种问题，确保项目顺利完成。学生在聆听这些案例的过程中，能够学到许多书本之外的实战知识，比如，项目进度把控的关键节点与技巧、资源调配过程中的权衡与决策方法等。在实训环节，行业专家的现场指导更是让学生受益匪浅。以自动化仓储设备调试实训为例，技术骨干亲临现场，手把手指导学生排查设备故障。他们凭借丰富的经验，能够迅速判断故障类型，并传授给学生快速解决问题的方法。在专家的指导下，学生不仅学会了如何修复当前故障，更重要的是掌握了一套分析问题、解决问题的思路与方法，这对于他们今后独立应对工作中的各种设备问题具有极大的帮助。行业专家的深度参与，使教学内容不再局限于书本理论，而是紧密贴合行业实际。学生能够及时了解到行业的最新动态，如新兴物流技术的应用、行业政策的变化对物流业务的影响等，进而掌握实用技能，提升技能训练的实用性与针对性，最终培养出符合行业需求的高素质物流人才。

（三）加强校企合作，提供实训实习平台

学校与物流企业携手共建实训实习平台，致力于为学生打造一个高度真实的实

践环境。校内实训基地精心模拟企业物流运作场景，配备了先进的自动化仓储设备、功能完备的物流信息管理系统等。学生置身于模拟仓库中，严格按照企业标准进行货物存储、分拣操作。在这个过程中，学生能了解企业的工作流程，熟悉每一个操作环节的规范与要求。在货物存储环节，学生需要依据货物的种类、体积、重量等因素，合理选择存储位置，并运用仓储管理系统准确录入货物信息，确保库存数据的实时性与准确性。

在校外实习基地，学生则有机会深入企业一线，亲身参与运输调度、客户服务等实际业务。在运输部门实习的学生，每天都要依据订单信息和实时路况进行车辆调度与运输路线规划。他们需要综合考虑多种因素，如货物的紧急程度、车辆的装载能力、道路的限行规定等，以制定出最优的运输方案。企业为每位实习学生配备了经验丰富的导师，导师会进行一对一的指导，从最基础的业务操作规范，到复杂问题的解决思路，毫无保留地传授给学生。学校也会定期跟踪学生的实习情况，与企业保持密切沟通，共同分析学生在实习过程中遇到的问题，并根据企业反馈与行业发展趋势，优化实习内容。通过这种紧密的校企合作，学生能够在实践中不断提升自身技能，实现从学校到企业的无缝对接，为毕业后顺利就业奠定坚实的基础。

第二节　物流行业标准体系及与相关标准的异同

在高职物流专业致力于强化专业技能训练与行业标准对接的进程中，了解物流行业标准体系至关重要。物流行业标准宛如行业发展的“指南针”，规范着行业的各项运作。本节将围绕物流行业标准体系展开，从其定义与分类、结构与层次，到与相关标准的异同比较，再到更新发展趋势，进行全面剖析，旨在为高职物流专业精准对接行业标准、提高人才培养质量，提供清晰的理论支撑与实践指引。

一、物流行业标准体系概述

（一）物流行业标准的定义与分类

1.物流行业标准的定义

物流标准化是指在物流活动中制定统一的标准和规范，对物流作业流程、设备使用、信息交流和服务质量等进行统一管理的过程。其目的是实现物流活动高质、高效、快速和低成本发展目标，提高整个物流系统的运作效率和服务水平。在物流标准化的支持下，物流企业不仅可以尽可能减少工作中的失误，促进物流资源的合理配置和高效利用，还可以加强与其他物流企业的协同合作，通过统一的作业标准和信息交换协议，实现信息共享及业务流程无缝对接，进一步提高供应链的整体响应速度和服务质量。[1]

2.物流行业标准的多元分类

物流运输环节的标准细致且关键。在车辆选型上，充分依据货物特性而定。在运输普通日用品时，厢式货车以其封闭性与通用性成为首选，其能妥善保护货物，方便装卸。而运输生鲜、医药等对温度敏感货物时，冷链车则不可或缺，其精准的温控系统可确保货物品质不受影响。装载规范同样严格，明确规定不同车型的载重限制，杜绝超载引发的安全隐患与车辆损耗。禁止混装不相容货物，防止相互污染或发生危险。在运输时效方面，根据货物紧急程度与运输距离，设定合理送达时间。电商包裹配送追求快速，要求在规定时效内送达，满足消费者对及时性的需求。

仓储标准致力于打造高效、安全的货物存储环境。仓库建设规格从选址开始便有考量，需兼顾交通的便利性与周边环境的安全性，便于货物快速出入库且避免外界干扰。内部布局依据货物种类、流量进行科学规划，划分存储区域，设置通道与货架布局，提升空间利用率。货物存储方式讲究颇多，根据货物形状、重量、存储期限等特性，选择货架存储、堆垛存储等方式。库存管理流程采用先进方法，如定期盘点库存，运用信息化系统实时监控库存数量与状态，实现精准库存控制，减少积压与缺货情况。通过严格执行这些仓储标准，有效提升仓储空间利用率，保障货物保管质量，为物流上下游环节提供有力的支持。

从标准性质来看，技术标准与管理标准各司其职，共同推动物流行业发展。技术标准聚焦于物流信息流通与设施设备技术规范。以物流信息系统接口规范为例，它统一不同系统间的数据传输格式与规则，打破信息孤岛，使物流企业与上下游合作伙伴、客户之间实现信息实时共享，提高物流运作透明度与协同效率。管理标准则着重规范企业运营。物流企业服务质量评估准则明确服务流程、质量指标与考核方式，涵盖订单处理效率、货物配送准确率、客户投诉处理等方面。通过对企业运营全方位评估，促使企业优化服务，提升竞争力，从技术与管理层面全方位保障物流行业规范化、高质量发展。

---

[1] 董弋萱，肖军，吴建烈，等.以物流标准化引领物流企业高质量发展研究 [J].质量与市场，2024（6）：6-8.

（二）物流行业标准体系的结构与层次

1. 物流行业标准体系的结构

物流行业标准体系呈现出清晰且严谨的金字塔状结构。处于顶层的基础标准堪称整个体系的基石，发挥着极为关键的奠基作用。像是物流术语定义，将行业内复杂多样的专业词汇进行统一规范，让从业者交流时精准无误，避免因术语理解差异产生的沟通障碍。计量单位统一更是重要，无论是货物重量、体积，还是运输距离等，统一的计量单位可确保数据准确可比，为后续的业务操作、成本核算等提供坚实的基础，成为其他各类标准制定的通用准则。

中间层的业务标准紧密围绕运输、仓储、配送等核心业务环节展开。它详细规定了各环节的操作流程，从货物装卸规范，到存储布局规划，再到配送路线设计，均有章可循；同时，明确技术要求，保障各业务环节衔接顺畅，提高物流运作效率。底层的支撑标准涵盖物流设施设备标准与信息技术标准等，为物流业务开展提供硬件保障与技术助力，从物质与技术层面支撑整个行业标准体系。

2. 物流行业标准体系的层次

从多层次维度审视，国家级物流行业标准由国家相关部门精心制定，权威性与通用性兼具。其立足国家物流产业整体发展，制定出涵盖物流各环节的基本准则，从宏观层面规范行业行为是全国物流企业、从业者都需遵循的纲领性标准。行业协会标准在此基础上，充分结合行业特点与发展需求。由于行业协会对行业动态有着敏锐洞察，能依据行业发展新趋势、新问题，进一步细化与补充标准。在新兴的冷链物流领域中，行业协会针对其特殊的温控技术、设备要求等制定专门标准，针对性更强，使行业标准更贴合实际业务需求。企业内部标准则根据自身业务特色与战略目标制定。在遵循国家、行业标准的大框架下，企业依据自身运营模式、服务定位，制定适用于企业内部的具体标准。像某些主打高端物流服务的企业，会在服务质量、货物安全保障等方面制定更高标准，提升自身竞争力，不同层次标准相互配合，共同构建起完整的物流行业标准体系。

（三）物流行业标准在行业发展中的作用

在物流行业蓬勃发展却又面临重重挑战的当下，供应链管理日趋复杂，客户需求越发多样，物流企业承受着巨大压力。在此情境下，物流标准化成为破局关键。通过制定统一的作业流程、信息交换格式、装备规格及服务质量等标准，物流企业能够实现自身竞争力的提升、客户体验的优化以及整体运营成本的降低，从而在激烈的市场竞争中崭露头角。

1.促进综合型物流服务模式的构建

通过实施物流标准化，物流企业能够实现资源的优化配置和整合利用，开展高效的运营管理，构建完善的综合型物流服务模式，进而提高物流服务质量，赢得客户信赖。在物流标准化的支持下，物流企业可以实现以下几个目标：按照统一标准对订单处理、仓储管理、运输配送、售后服务等各个环节进行管理，从而提高物流作业效率，降低运营成本；采用统一的数据标准和信息化工作流程，实现物流信息的快速传递和共享，提高物流服务的质量和可靠性，进而提升自身的竞争力和市场地位；在统一的标准和规范下开展综合物流作业，树立良好的品牌形象，赢得客户信赖，促进自身业务持续稳定增长。

2.推动物流服务管理模式的创新

物流行业提供的服务类型多样，不同服务的业务环节存在差异。以仓储服务为例，其业务环节包括收货、储存、货位分配及产品维护等。因此，基于物流标准化对仓储服务各环节进行管理，物流企业能够打破传统层级制组织结构管理的限制，有效衔接各环节，形成一条连续的流程链，并促进各业务部门之间的沟通与协作，进而提高物流作业效率，提升自身的市场竞争力。

3.促进物流行业协同发展

物流标准化能够促进物流行业协同发展。一方面，物流标准化能够确保物流系统中各环节衔接紧密、运行协调，优化供应链运作。例如，在物流标准化的支持下，物流企业可以实现供应商、制造商、分销商和最终消费者等不同环节的标准化运行，促进信息共享，进而确保供应链顺畅，提高供应链运行效率。另一方面，通过实施物流标准化，物流企业之间能够加强合作，提高物流行业的整体服务水平。例如，在物流标准化的支持下，不同物流企业能够统一操作流程，确保物流活动的协调性和一致性，进而提高行业整体服务水平。又如，不同物流企业之间可以通过建立战略联盟，实现资源共享、协同配送和共同开拓市场的目标，进而降低运输成本，提高运输效率，为客户提供更加优质的服务。[1]

---

[1] 董弋萱，肖军，吴建烈，等.以物流标准化引领物流企业高质量发展研究[J].质量与市场，2024（6）：6-8.

二、物流行业标准与相关标准的比较分析

（一）物流行业标准与国家标准的异同

1.物流行业标准与国家标准的共同目标

物流行业标准与国家标准虽然分属不同范畴，却有着一致的目标追求。它们均将保障公共利益放在首位，致力于为大众创造安全、有序的社会经济环境。促进产业发展也是两者的核心任务，力求推动各产业不断进步，提升整体经济实力。在安全环保领域中，这一共同目标体现得尤为明显。国家制定的通用安全法规，像各类生产作业的安全规范以及环保政策，如对污染物排放的限制，都是为保障公共安全与生态环境。物流行业标准在此基础上，结合物流行业特性，将这些法规政策细化落实。在货物运输车辆的安全配置要求、物流园区的环保设施建设规定上，严格遵循国家相关标准，确保物流活动安全、环保开展，助力产业可持续发展。

2.物流行业标准与国家标准的覆盖范围差异

国家标准犹如一把大伞，覆盖面极为广泛，涵盖社会经济生活的方方面面，旨在解决各行业普遍存在的共性问题。从产品质量把控到安全生产要求，从劳动权益保障到市场秩序维护，都有国家标准的身影。与之不同，物流行业标准精准聚焦物流领域，具备高度专业性与针对性。以质量标准为例，国家质量标准广泛适用于各类产品从生产到销售的全过程，关注产品整体质量。而物流行业的货物运输质量标准仅针对运输这一特定环节。它着重考量货物在运输过程中的完好率，即货物抵达目的地时无损坏、无缺失的比例以及运输准时率，衡量货物是否按预定时间送达。这些标准围绕物流运输特性制定，精准解决了物流行业质量把控问题。

3.物流行业标准与国家标准的制定主体区别

在标准制定主体方面，物流行业标准与国家标准有着显著不同。国家标准的制定，通常由国家权威部门主导。这些部门会聚各方专家，综合考虑全国各地区、各行业的情况，从宏观层面制定具有权威性、通用性的准则。其制定过程严谨规范，确保标准能在全国范围内有效实施。而物流行业标准的制定，更多是行业协会联合企业共同参与。行业协会熟悉物流行业动态与发展趋势，企业则身处行业一线，了解实际运作中的痛点与需求。双方携手，依据行业实际情况，制定出更贴合物流行业日常运作的标准。比如，在物流信息技术标准制定中，行业协会与企业共同探讨，结合新技术应用与企业业务流程，让标准更具实操性，助力物流行业高效发展。

（二）物流行业标准与国际标准的接轨与差异

1.物流行业标准与国际标准接轨趋势显著

在全球化浪潮下，物流行业标准积极与国际标准接轨。在运输设备规格领域中，国际联运需求促使国内物流行业作出改变。国际通用的集装箱尺寸标准被广泛采用，20英尺、40英尺集装箱成为主流规格。这一举措成效显著，货物在跨国转运时，无须因尺寸不符频繁换装，大大节省了时间与人力成本，提高了运输效率。物流信息技术标准方面同样如此，电子数据交换（EDI）标准统一进程加快。在跨国物流业务中，企业通过遵循统一的EDI标准，实现订单信息、货物状态等数据实时共享。一家中国物流企业能与国外合作伙伴即时交流货物运输详情，打破信息壁垒，让物流链条各环节紧密协同，促进全球物流资源优化配置，助力国内物流企业更好地融入国际物流市场。

2.物流服务质量标准因发展水平与文化背景有别

不同国家经济发展水平与文化背景的差异，导致物流服务质量标准大相径庭。发达国家经济发达，消费者对物流服务要求高。在配送环节，追求精准时效，如日本部分物流企业能实现当日达甚至定时配送，注重包裹包装的完整性与美观度，提升客户体验。而发展中国家受经济实力限制，物流服务更侧重成本控制与基本服务保障。以印度为例，当地物流企业在满足客户货物运输需求的基础上，通过优化路线规划、整合运输资源，降低物流成本，确保货物能按时送达目的地，尽管在服务精细化程度上不及发达国家，但契合本国经济发展现状，满足市场主要需求。

3.物流安全标准受地理环境与安全形势影响

物流安全标准因国家地理环境、安全形势不同而存在差异。一些国家地处交通枢纽，货物中转频繁，为保障运输安全，制定严格货物安检标准。新加坡扼守马六甲海峡，作为重要物流枢纽，对进出口货物安检细致，采用先进安检设备，对各类违禁品筛查严格，防止安全隐患流入。部分国家因地缘政治、社会治安等因素，加强物流安全管控。中东地区部分国家，鉴于地区安全形势不稳定，在货物安检中增加防爆、反恐检测项目。物流企业在开展国际业务时，需了解目的地国家安全标准，灵活调整安检流程与设备配置，确保货物安全运输，同时满足当地法规要求。

（三）物流行业标准与其他行业标准的关联和融合

1.物流与电商行业标准的协同衔接

在当今数字化商业时代，物流与电商行业联系紧密，其标准也相互协同。电商平台产生海量订单，物流配送标准需与电商订单处理、售后服务标准无缝对接。电商订单处理环节，信息快速准确传递至物流企业至关重要。物流企业依据订单中的商品品类、数量、收货地址等信息，合理规划配送路线，安排配送车辆，确保货物精准送达消费者手中。在配送过程中，物流企业通过信息系统实时反馈货物运输状态，从出库、运输途中到即将送达，这些信息同步至电商平台，方便消费者查询，也利于电商企业开展售后服务。比如，消费者在退货时，物流企业按照电商制定的退货物流标准，上门取件、运输并跟踪退货流程，使电商与物流形成高效协同发展的闭环，提升消费者购物体验，推动双方行业共同进步。

2.物流与制造业标准在包装环节的融合

制造业产品从生产到销售，物流包装是关键一环，这使物流包装标准与产品生产标准深度融合。产品特性千差万别，易碎的电子产品、易腐蚀的化工产品等，包装设计要充分考虑防护需求。生产工艺也影响包装标准，流水线生产要求包装便于在生产线上快速搬运、存储与运输。例如，汽车制造企业，零部件生产完成后需包装运往组装车间，包装要契合零部件形状、重量，采用合适的包装材料与结构，既保护零部件不受损伤，又能在生产线高效流转。在仓储环节，包装尺寸需符合货架规格，便于存储。物流包装标准与产品生产标准的融合，可保障产品质量，提高生产与物流效率，降低成本，促进制造业与物流行业协同发展。

3.物流与多式联运相关行业标准的深度融合

多式联运蓬勃发展，物流行业标准与铁路、公路、航空等运输行业标准深度融合。运输单证统一是关键，过去不同运输方式单证格式、内容各异，货物转运时需多次重复录入信息，效率低下。如今统一运输单证，涵盖货物基本信息、运输路线、交接要求等，在不同运输方式转换时，信息顺畅传递，减少操作失误。货物交接规范也走向统一，明确货物在铁路转公路、公路转航空等节点的责任划分、装卸要求。比如，在国际多式联运中，集装箱货物从海运到铁路运输，按统一标准交接，确保货物安全无损转运，减少等待时间，促进不同运输方式无缝衔接，提高综合运输效率，降低物流成本，推动物流行业在多式联运模式下高效发展。

三、物流行业标准的更新与发展趋势

（一）物流行业标准随技术进步而不断更新

自动化技术浪潮席卷仓储领域，仓储行业标准随之积极革新。在大型物流仓储中心，自动分拣设备成为主角。为确保设备高效、稳定运行，操作规范标准不断细化。从设备开机前的检查流程，到运行中的参数监控，再到关机后的保养步骤，都有明确规定。操作人员需严格按照规范操作，避免因不当操作引发设备故障。维护周期标准也更为精准，依据设备使用频率、运行环境等因素，确定合理的维护时间间隔。定期进行设备清洁、零部件检查与更换，及时排除潜在隐患。这些标准的调整，大幅提高了自动分拣设备的运行效率，货物分拣速度加快，准确率提高，仓储作业效率实现质的飞跃，有力推动了仓储行业向智能化、高效化迈进。

随着新能源车辆技术逐渐成熟，物流行业积极拥抱变革，迅速制定相关标准。新能源物流车的选型标准成为关键。综合考量车辆续航里程、载货能力、充电时长等因素，为物流企业提供科学的车辆选型依据。不同物流业务场景对车辆需求各异，城市配送可能更注重车辆灵活性与短距离续航，长途运输则要求车辆具备高续航与大载货量。充电设施建设规范也同步完善，明确充电桩布局要求，在物流园区、配送站点合理规划充电桩数量与位置，保障新能源物流车充电便捷。制定充电安全标准，确保充电过程安全可靠。这些标准的出台，加速了新能源物流车在行业内的推广应用，减少了物流运输环节的碳排放，推动绿色运输发展，助力物流行业实现可持续发展目标。

大数据与人工智能技术深度融入物流调度与管理，引发物流信息采集、分析标准的更新。在信息采集方面，标准要求更全面、精准的数据收集。不仅涵盖货物的基本信息，还包括运输车辆实时位置、行驶速度、路况等动态数据。通过传感器、物联网设备等技术手段，实现数据自动采集与实时传输。在信息分析标准上，借助人工智能算法对海量数据进行深度挖掘。预测物流需求，优化运输路线，合理安排仓储空间。利用大数据分析历史订单数据，预测不同地区、不同时间段的物流需求，提前调配资源。通过人工智能优化运输路线，综合考虑路况、车辆载重等因素，规划最优配送方案。新的物流信息标准提升了物流决策的科学性，使物流企业运营更高效、智能，适应现代物流行业快速发展的需求。

（二）物流行业标准适应绿色、智能、可持续发展要求

技术是推动绿色物流发展的重要驱动力，包括智能化物流设备、清洁能源技术、信息技术等。在绿色物流体系构建中，应优先考虑采用节能环保的物流设备和技术，如智能化的运输工具和设备、高效节能的仓储设施、清洁能源的应用等，以降低能源消耗和减少环境污染。此外，信息技术的应用也是关键，通过建立物流信息平台和智能化管理系统，实现对物流过程的全程监控和管理，提高物流效率，降低成本，推动绿色物流的发展。

管理是绿色物流体系构建的重要保障，涉及物流规划、组织、控制、协调等方面。在绿色物流体系构建中，应加强对物流过程的精细化管理和优化，建立科学合理的物流规划和布局，优化运输路线和运作流程，提高物流效率，降低成本。同时，加强对物流过程的监督和评估，建立健全绩效评价体系，促进绿色物流的持续改进和提升。此外，还应注重人力资源的培训和管理，提升员工的环保意识和技能水平，推动绿色物流的全面发展。

政策和制度是绿色物流发展的重要保障，对绿色物流体系构建起着重要的引导和支持作用。在政策方面，应加强对绿色物流的政策引导和支持，出台相关法律法规和政策措施，为绿色物流的发展提供政策保障和环境优势。在制度建设方面，应建立健全绿色物流管理制度和标准体系，规范绿色物流市场秩序，保障绿色物流的顺利实施和可持续发展。同时，加强政府、企业、社会各方面的合作和协调，形成共建共享的绿色物流发展格局，推动绿色物流体系的健康发展。[1]

（三）物流行业标准国际化趋势日益明显

在全球经济一体化进程中，国际物流业务量迅猛增长，有力推动了各国物流行业标准向国际通行标准看齐。在国际物流运输标准领域中，统一货物分类编码成为关键。过去，不同国家对货物分类方法不同，导致货物跨国运输时识别困难。如今，全球统一的货物分类编码体系，如联合国的《国际贸易标准分类》，让货物在各国间流转时能快速准确识别，极大提高运输效率。运输标识的统一同样重要，清晰规范的运输标识包含货物名称、重量、目的地等信息，便于各国物流从业者快速了解货物详情，减少运输差错，保障货物顺利跨国流动。物流服务质量标准也逐步与国际接轨，提升服务透明度与可追溯性。国际物流客户可实时查询货物运输状态，从起运地到目的地，每个环节信息一目了然，增强了客户对物流服务的信任，促进了国际物流业务持续发展。

行业协会与企业在物流行业标准国际化进程中扮演着重要角色。行业协会凭借对行业动态的敏锐洞察，积极组织企业参与国际标准制定。它们整合国内企业优势资源，将本土先进的物流技术、管理经验融入国际标准。我国物流行业协会联合国内领先物流企业，在智能物流设备标准制定中，将自主研发的高效分拣技术纳入国际标准讨论范畴，提升我国在国际物流市场话语权。在企业层面，大型物流企业通过拓展海外业务，在实践中遵循国际标准，同时反馈实际操作问题，促使国际标准不断完善。中小企业也积极向国际标准靠拢，提升自身竞争力。

---

[1] 刘子瑞.绿色物流体系构建与可持续发展路径研究 [J]. 中国航务周刊，2024（24）：48-50.

第三节　专业技能训练与行业标准的对接实践

在高职物流专业人才培养体系中，强化专业技能训练与行业标准对接是关键一环。当下物流行业发展迅速，行业标准持续更新，这就要求高职物流专业学生不仅要掌握扎实的理论知识，更要拥有契合行业标准的专业技能。本节将剖析专业技能训练与行业标准对接的必要性，探寻切实可行的实施路径，并通过具体实践案例总结经验、发现问题，为培养出更符合行业需求的高素质物流人才提供实践参考。

一、专业技能训练与行业标准对接的必要性

（一）提高技能训练的针对性和实效性

高职物流专业技能训练需紧密贴合行业实际，否则极易偏离正轨。物流行业标准宛如精密导航仪，全方位涵盖仓储、运输等各环节操作规范。在仓储领域中，标准详细规定货架布局原则，要依据货物流量、重量分布规划，以提高存储与取货效率；货物码放也有严格要求，要遵循品类、批次分类码放，保障货物安全与管理便捷。在运输配送方面，车辆调度标准综合考虑车辆载重、运输路线拥堵情况等因素，实现资源优化配置；路线规划标准则要求结合目的地分布、交通管制信息，设计高效路线。将这些标准深度融入技能训练，能助力学生精准聚焦核心技能。如学生在库存管理技能训练中，依照行业库存管理标准，重点研习库存盘点方法，掌握先进的实地盘点、永续盘点技巧，同时精通库存数据信息化处理，学会运用专业软件分析库存数据，明确补货时机，避免库存失衡，确保学习方向精准无误。

当行业标准深度嵌入高职物流专业技能训练，训练效果实现质的飞跃。学生所学技能与岗位需求无缝对接，大大减少了盲目摸索时间。以运输环节技能训练为例，学生依据行业车辆驾驶安全标准，学习车辆启动前的全面检查要点，包括轮胎磨损、刹车性能等；在运输途中，严格遵循安全驾驶规范，保持车距、依规行驶。这样，学生进入工作岗位后，能迅速适应工作节奏，减少因操作不规范引发的安全隐患与效率低下问题。在仓储技能训练中，学生遵循行业货物分拣标准，熟练掌握快速、准确分拣货物的方法，利用自动化分拣设备提高效率。通过紧密围绕行业标准训练，学生在有限的学习时间内，切实掌握实用技能，提高操作熟练度与准确

性，在未来职业发展中抢占先机，为物流行业输送高质量应用型人才。

（二）促进学生职业素养与行业标准的融合

物流行业蓬勃发展，对从业者职业素养极为看重。行业标准看似只是操作规范，实则蕴含诸多职业素养要求。严谨细致贯穿始终，在货物信息记录环节，从名称、规格到数量，丝毫差错都可能引发后续物流环节混乱。仓库出入库记录若出现错误，可能导致库存数据失真，影响货物调配。时间管理同样关键，物流配送讲究时效，错过最佳配送时间，不仅可能引发客户不满，还会增加运营成本。在电商大促期间，物流企业需严格按照既定配送时间表作业，才能应对海量订单。这些行业标准背后，是对从业者严谨细致、时间管理等职业素养的考验。当高职物流专业学生在技能训练中接触并遵循这些标准，就如同在职业素养的土壤中扎根，逐渐培养起行业所需的良好素养。

不同物流环节的技能训练宛如一座座桥梁，搭建起学生职业素养与行业标准融合的通道。在运输环节，行业标准明确运输时效，学生在训练时，需依据车辆性能、路况等因素，合理规划装卸货时间，按时将货物送达目的地。在一次模拟长途运输训练中，学生要考虑中途休息时间、交通高峰时段，精心安排行程，这一过程中时间管理意识得到强化。仓储技能训练则着重培养严谨细致素养。学生严格按照货物分类存储标准，将不同品类、批次货物准确放置在相应货位，每次出入库都认真核对货物信息，防止错发、漏发。而仓库货物搬运，通常需要多人协作，学生在实践中，学会与同伴沟通货物搬运顺序、搬运技巧，培养团队协作能力，实现职业素养在遵循行业标准的实践中逐步深化。

（三）增强毕业生就业后的适应能力和发展潜力

对于刚踏入物流行业的毕业生而言，学校专业技能训练与行业标准的契合度，直接影响他们的就业适应速度。倘若在校期间的训练与实际行业需求脱节，毕业生入职后，面对复杂多样的物流设备与操作规范，往往会不知所措，需要经历漫长的摸索期。在现代化物流仓库中，自动化分拣设备已广泛应用，若毕业生在校时未接触过此类设备的操作标准，入职后就要花费大量时间学习设备的启动、调试、故障排查等操作流程，不仅严重影响工作效率，也会给企业带来额外的培训负担。反之，经过与行业标准对接训练的学生，对自动化分拣设备操作规范、叉车驾驶标准等了如指掌，入职后便能迅速融入工作环境，按照标准熟练操作设备，快速投入生产，大大缩短适应期，降低企业培训成本，为自身职业发展赢得良好的开端。

从职业发展的长远视角来看，接受与行业标准对接训练的高职物流专业毕业生，优势更为显著。随着物流行业的快速发展，新技术、新模式不断涌现，智慧物流成为行业发展新趋势。这类毕业生由于在校期间了解行业前沿标准，对智慧物流中的信息采集与分析标准有深入学习，在工作中能够敏锐洞察行业变革方向。当企业引入新的物流管理系统，需要对海量物流数据进行精准采集与分析时，他们能凭借所学快速上手，利用先进技术优化物流流程，提高工作效率。他们积极主动学习新技术、新方法，不断提升自身能力，在面对行业转型升级时，能够迅速适应变化，在企业内部脱颖而出，获得更多晋升机会，为个人职业发展奠定坚实的基础，在激烈的职场竞争中始终保持领先地位。

二、专业技能训练与行业标准对接的实施路径

（一）将行业标准融入技能训练课程内容

在构建高职物流专业技能训练课程体系时，剖析物流行业标准是首要任务。物流行业涵盖多领域，从基础的货物装卸搬运到复杂的供应链规划运营，行业标准细致且多元。需全面梳理这些标准要点，为课程体系搭建稳固框架。随着电商物流的迅猛发展，行业对快递包裹处理速度与准确性要求提升，相应操作标准不断更新。又如，冷链物流兴起，针对货物冷藏温度、运输时长等制定了严格标准。研究这些标准，能精准把握行业对人才技能的需求变化，确保课程体系紧密贴合行业实际，使学生所学技能与行业发展同频共振，为后续课程内容融入行业标准奠定坚实的基础。

仓储是物流的关键环节，在仓储技能训练课程中融入行业标准，能让学生掌握实用仓储技能。仓库建设标准是课程的重要内容，学生要学习仓库选址原则，考虑交通便利性、周边产业布局等因素，像在城市中心商业区，为满足快速配送需求，宜建设小型仓储中心；在工业园区，则适合大型综合仓库。内部布局规划也不容忽视，应依据货物流量、品类划分存储区域，提高存储与分拣效率。在货物存储标准方面，学生依据货物特性选择存储方式，如易碎品需特殊包装与软质缓冲材料存储；液体货物要考虑防泄漏措施。掌握托盘堆码规范，确保货物堆放安全、便于存取，为未来从事仓储工作筑牢专业根基。

运输课程融入行业标准对提升学生运输实操能力至关重要。车辆选型标准是学习重点，学生需了解不同货物适用的运输车辆类型。对于大批量、远距离运输的矿石等重物，宜选用大型载重货车；运输生鲜产品，则要采用冷藏车保证货物品质。

在运输途中货物固定方法也有严格标准，学生学习用绳索、网兜等工具，依据货物形状、重量进行有效固定，防止运输过程中货物移位、损坏。安全检查流程同样关键，学生要掌握车辆出发前对轮胎、刹车、灯光等部件的检查要点，运输途中定时停车检查货物状态，到达目的地后再次核查货物完整性，全方位提高运输环节的专业技能水平。

（二）按照行业标准要求组织技能训练教学

在高职物流专业技能训练教学的起始阶段，教师肩负着依据行业标准精心设计教学场景的重任。物流行业实际工作环境复杂且多元，涵盖仓储、运输、配送等多个紧密相连的环节。为使学生能快速适应未来工作，教学场景需高度还原真实情况。在构建运输教学场景时，教师参考行业运输车辆调度标准，模拟物流企业调度中心，设置车辆信息展示板、实时路况监测屏等设备。在仓储教学场景搭建中，依照仓库布局行业标准，划分存储区、分拣区、装卸区等功能区域，配备货架、托盘、叉车等专业设备。通过这些细致入微的设计，让学生仿佛置身真实物流企业，从踏入课堂起，便沉浸在浓厚的行业氛围中，为后续技能训练奠定坚实的基础。

物流配送技能训练是学生掌握物流核心技能的关键环节。在此过程中，严格遵循物流企业配送流程标准。当学生接收订单时，要求他们仔细核对订单信息，包括货物名称、数量、收货地址等，这与企业实际操作中确保订单准确性的标准一致。在分拣货物环节，学生依据货物分类标准，快速且准确地将不同货物分拣至相应区域，教师现场监督，及时纠正分拣错误，如将易碎品与普通货物混淆的情况。在装载车辆时，学生需按照车辆载重标准和货物摆放规则，合理安排货物位置，保障运输安全。在配送运输过程中，模拟实际路况，要求学生依据交通规则和配送时效标准规划路线。在客户签收环节，学生遵循企业服务规范，礼貌与客户沟通，确认货物完好并完成签收流程。

仓储管理技能训练同样严格贯彻行业标准。学生依据行业库存盘点标准进行操作，在规定时间周期内，对仓库货物进行全面盘点。使用专业库存管理软件时，学生要熟练掌握软件操作流程，准确录入货物入库、出库信息，实时更新库存数据。在盘点某类电子产品库存时，学生通过扫码枪读取产品条形码，将数据快速录入软件系统，确保库存数量精准无误。记录库存数据后，学生按照行业报表格式要求，生成库存报表，清晰展示库存总量、各类货物占比、库存周转率等关键信息。教师针对学生在库存盘点、数据记录及报表生成过程中的不规范操作，如数据录入错误、报表格式混乱等问题，及时给予指导和纠正，使学生深刻理解并熟练应用仓储行业标准。

（三）引入行业标准评价体系，检验训练成果

在高职物流专业教学中，传统教学评价体系存在明显局限，难以精准评估学生专业技能与行业标准的契合程度。传统评价多侧重理论知识考核，以试卷成绩衡量学生学习成果，对于学生在实际物流操作中的技能水平、对行业标准的遵循情况缺乏有效考量。学生可能理论考试成绩优异，但在实际操作物流设备时，无法按照行业标准规范操作。物流行业发展迅速，行业标准不断更新迭代，对从业者技能要求日益严苛。引入行业标准评价体系迫在眉睫，它能全方位、多角度检验学生训练成果，使教学评价更贴近行业实际需求，让学生所学技能与行业标准无缝对接，为物流行业输送真正符合标准的高素质人才。

在物流设备操作技能评价中，行业标准评价体系提供了详细且实用的评价维度。以叉车操作技能评价为例，启动前检查至关重要，学生需依据行业标准，对叉车的刹车系统、液压系统、轮胎气压等关键部位进行全面检查，任何一处疏忽都可能引发安全事故。在行驶操作环节，考查学生是否按照标准控制行驶速度、保持安全车距，在狭窄通道或转弯处能否规范操作。货物装卸规范是评价重点，学生要掌握货物的正确装卸姿势，合理使用叉车货叉，确保货物平稳装卸，避免货物损坏或掉落。

物流服务质量是物流行业的核心竞争力之一，行业标准评价体系在这方面同样发挥关键作用。在订单处理方面，参考行业服务标准，考核学生能否快速、准确地接收、录入订单信息，及时反馈订单处理进度。在客户沟通环节，评价学生与客户交流时的态度、语言表达以及解决客户问题的能力，是否遵循行业礼貌、专业的沟通规范。货物交付及时性也是重要考核点，学生需根据订单要求，合理规划配送路线，协调运输资源，确保货物按时送达客户手中。

三、专业技能训练与行业标准对接的实践案例

（一）高职物流专业与行业标准对接的成功经验

在与行业标准对接进程中，高职物流专业在课程设置上大力推行校企合作模式。与当地颇具影响力的物流企业携手，共同依据企业实际业务流程和行业标准，精心开发仓储管理、运输调度等核心课程。企业技术骨干深度参与课程建设，将一线操作标准和宝贵实践经验融入教学内容。在仓储管理课程开发中，企业技术人员

依据仓库日常运营，详细讲解货物入库、存储、盘点及出库各环节的操作细节与标准流程，使课程内容紧密贴合行业实际需求。运输调度课程则围绕企业真实运输案例，传授车辆调度、路线规划的标准方法与技巧。这种校企联合开发课程的方式，让学生从理论学习阶段就接触到最前沿、最实用的行业知识，为后续实践操作奠定坚实的基础，确保学生所学知识与行业标准无缝对接。

实践教学是高职物流专业与行业标准对接的关键环节。该专业积极建设校内物流实训基地，致力于模拟真实物流场景。按照行业标准，配备先进的自动化立体仓库、智能分拣系统等设备。学生在实训基地进行技能训练时，严格遵循行业操作规范，从设备操作流程到货物搬运、存储规则，每个环节都精准对标行业要求。充分利用企业资源，安排学生到企业实习。在实习过程中，学生深入企业一线岗位，接触真实业务，将在校内实训所学进一步巩固和拓展。比如，学生在企业实习期间，参与大型物流项目的运作，在实际工作环境中熟练掌握物流设备操作、订单处理、客户服务等技能。完善的实践教学体系，使学生在毕业前就积累了丰富的实践经验，入职后能迅速适应岗位，部分优秀学生凭借扎实技能在企业中脱颖而出，实现快速晋升，为其他高职物流专业实践教学开展提供了成功范例。

（二）专业技能训练与行业标准对接中的创新做法

在专业技能训练与行业标准对接实践中，部分高职物流专业大胆创新教学方法，项目式教学成效显著。以企业真实物流项目为核心，学生全程参与项目运作，沉浸式掌握行业标准。学生承接某电商企业的物流配送项目。在规划配送路线时，需依据物流行业的时效标准、成本控制标准，结合实时路况、货物重量与体积等因素，运用专业知识规划最优路线，确保货物能按时、高效送达。在调度车辆环节，学生严格按照车辆调配行业标准，合理安排不同车型与载重量的车辆，提高车辆利用率。在订单跟踪过程中，学生遵循行业信息反馈标准，及时向客户与企业反馈货物运输状态。面对客户投诉，学生依据行业服务规范，妥善处理，化解矛盾。通过完整参与此类项目，学生不再局限于书本理论，而是在实践中深刻理解并熟练运用行业标准，大大提高专业技能水平。

师资队伍建设的创新，为专业技能训练与行业标准对接注入强大动力。这些高职物流专业积极引入企业兼职教师，与校内教师协同授课。企业兼职教师多来自物流行业一线，他们能带来最新行业标准与丰富实践经验。在校内仓储管理课程中，企业教师结合自身在大型物流仓库的工作经历，详细讲解仓库自动化设备操作标准、库存优化策略等实际应用技巧，让学生接触到最前沿的行业实操知识。校内教师则凭借扎实的理论功底，对仓储管理相关理论进行系统讲解，帮助学生构建完整的知识体系。在运输课程中，企业教师分享运输过程中的应急处理标准，如应对恶劣天气、交通事故时的货物转运流程。两者结合，使教学既具有理论深度，又紧密贴合行业实际，极大提高了教学质量，助力学生更好地将专业技能训练与行业标准相融合。

（三）对接实践中存在的问题与改进措施

在专业技能训练与行业标准对接的实践推进过程中，一系列问题逐渐显现。首先，是行业标准更新速率与学校课程内容适配的矛盾。物流行业处于快速发展变革期，新兴技术不断涌现，导致行业标准持续迭代。以物流信息技术为例，物联网、大数据、人工智能等技术在物流领域的应用日益广泛，相关技术标准不断更新。然而，学校教材编写与更新周期较长，无法及时反映最新的行业标准，使学生所学知识与行业实际需求脱节。比如，在物流信息系统课程中，教材可能仍在讲解旧版物流信息管理软件，而企业已广泛应用功能更强大、操作更便捷的新版软件。其次，校内实训设备与企业实际设备的差异也是一大难题。校内实训设备往往受经费、场地等限制，无法做到与企业完全同步更新，学生在实训中使用的设备与未来工作岗位上的设备存在较大差别，导致学生从校园到企业的衔接过程中出现诸多不适应，影响学生就业后的工作表现。

为有效解决上述问题，学校积极采取一系列改进措施。在应对行业标准更新快的问题上，学校与行业协会、企业建立起紧密的联系机制。定期组织三方交流会议，企业与行业协会及时向学校反馈最新行业标准变化动态，学校则依据这些信息迅速调整课程内容。当物流行业推行新的绿色包装标准后，学校立即在包装课程中增加相关内容，讲解新的环保包装材料、包装设计规范等知识。针对校内实训设备与企业实际设备差异问题，学校加大资金投入，参考企业最新设备配置情况，对校内实训设施进行更新升级。学校鼓励教师深入企业实践，参与企业实际项目运作，掌握最新行业标准与技术。教师在企业实践过程中，将企业先进的管理理念、操作规范带回课堂，进一步提高教学水平，确保专业技能训练与行业标准实现高效对接，为学生未来顺利进入物流行业奠定坚实的基础。

第五章

强化跨文化交流能力与多元文化对接

在全球化浪潮中，物流行业作为经济发展的动脉，其国际化进程不断加速。高职物流专业作为培养物流领域专业人才的重要基地，如何让学生适应这一趋势，具备与多元文化对接的跨文化交流能力，成为亟待解决的关键问题。本章将剖析跨文化交流能力在物流领域的重要性，探讨多元文化特点及其对物流人才提出的要求，并详细阐述跨文化交流能力培养与多元文化的对接路径，旨在为高职物流专业人才培养提供切实可行的指导与借鉴，助力学生在国际物流舞台上崭露头角。

第一节　跨文化交流能力在物流领域的重要性

随着全球经济格局的不断演变，物流行业正处于前所未有的变革与发展时期。在这一背景下，国际化已成为物流行业不可逆转的趋势。对于高职物流专业人才培养而言，深入理解并培养学生的跨文化交流能力迫在眉睫。本节将从物流行业的国际化发展趋势出发，探究跨文化交流能力对物流职业发展的促进作用，并剖析其在物流工作中的具体应用场景，以期为高职物流专业学生的能力培养提供明确方向与依据。

一、物流行业的国际化发展趋势

（一）全球经济一体化对物流行业的影响

全球经济一体化促使各国经济关联紧密，生产要素得以在全球加速流动。跨国企业为削减成本、提高效率，纷纷将生产环节分散至全球不同区域。以智能手机生产为例，美国提供芯片，韩国供应屏幕，而组装在中国完成，最终产品销往世界各地。这种产业布局使原材料、零部件以及产成品的运输需求呈爆发式增长。原本局限于国内的物流运输，如今拓展为跨越多个国家和地区的复杂网络。不同国家和地区的生产基地、销售市场间的货物往来频繁，要求物流企业必须拥有强大的运输能力，才能承接海量货物运输任务，满足全球产业链运转对物流的迫切需求。

随着全球经济一体化的深入，跨国企业产业布局发生显著变化，这直接导致物流线路变得极为复杂且覆盖范围更广。以往简单直接的物流路线，如今因生产环节分散而变得迂回曲折。从原材料采购到产品销售，货物需历经多个国家的不同物流节点。像智能手机生产所需的各类零部件，要从不同产地运输至组装地，再从组装地运往全球销售市场。在这一过程中，物流企业不仅要规划最优运输路线，还要应对不同国家的交通规则、海关政策等。这就要求物流企业具备卓越的协调能力，能够整合全球物流资源，确保货物在复杂的物流线路中高效、顺畅运输，以适应经济一体化带来的产业布局新变化。

（二）国际贸易增长对跨文化交流的需求

随着国际贸易规模不断扩张，各国商品在全球市场频繁跨境流通。在此进程中，来自不同国家和地区的贸易主体，在语言、文化以及商务习惯上存在极大不同。以语言为例，英语虽然是国际商务通用语言，但不同国家的英语表达习惯也有差异，这可能导致信息传递的偏差。在文化方面，各国的价值观、礼仪规范大相径庭，在商务活动中的见面礼节、谈判风格都深受其影响。而在商务习惯上，从合同签订流程到货款支付方式，不同国家有着各自的传统做法。

货物进出口清关手续是国际贸易物流中的关键环节。在这一过程中，物流工作人员需要与各国海关官员密切交流。海关政策法规不仅是条文规定，其背后还蕴含着当地的文化内涵和执行方式。某些国家海关在查验货物时，可能基于本国文化对货物包装有着特殊考量，或是在文件审核环节，对特定格式和内容的重视程度与其他国家不同。物流人员若不了解这些文化背景，可能会因文件准备不规范或对查验要求理解不到位，而导致清关延误。

安排运输路线绝非简单的地理规划，在国际贸易物流中，需要充分考虑不同地区的多元文化因素。交通规则因国家而异，有些国家交通靠左行驶，有些则靠右，这直接影响着运输车辆的行驶方式和物流设施的布局。不同国家和地区有着各自独特的传统节日、特殊活动，这期间人们的生活和工作节奏会发生变化，进而影响物流配送效率。在一些国家的重要庆典期间，城市会举办大型活动，道路被用于活动场地，导致交通流量剧增，甚至可能出现交通管制，使物流车辆通行受限。还有一些特殊的民俗活动期间，当地居民参与度高，工作时间减少，物流配送的各个环节，如货物装卸、运输调度等，都会受到不同程度的影响。物流从业者只有全面掌握这些文化因素，才能合理规划运输路线和配送时间，避开可能影响物流时效的因素，确保货物按时、安全送达目的地，推动国际贸易物流的顺畅进行。

（三）物流企业的国际化战略与跨文化交流

众多物流企业为角逐全球市场，纷纷推行国际化战略，于海外设立分支机构、拓展业务版图。这一过程并不只是简单的业务延伸，进入全新市场，必然要直面当地独特的文化环境。在新市场中，消费者的消费观念、行为模式以及社会文化规范都与企业本土环境大相径庭。在某些亚洲国家，消费者对物流服务的及时性和包裹完整性极为看重，而在一些欧美国家，除了服务质量外，对物流企业的环保理念和社会责任履行情况关注度更高。物流企业若想在这些市场站稳脚跟，就必须了解并融入当地文化，使自身的运营模式、服务理念与当地文化相契合，否则将难以打开市场局面。

物流企业在海外运营时，招聘当地员工是充实团队、贴近市场的重要举措。但不同文化背景下，员工的激励方式和工作价值观差异显著。在一些强调集体主义的国家，团队奖励、荣誉表彰往往能极大激发员工的工作热情；而在崇尚个人主义的国家，员工更看重个人绩效奖金、职业发展机会。在工作价值观方面，有的文化注重工作与生活的平衡，而有的则更倾向于通过努力工作获取更高的社会地位。物流企业需要精准把握这些差异，制定适配当地文化的人力资源管理策略。从招聘标准的设定、培训体系的构建，到绩效考核与激励机制的完善，都要以契合当地员工文化心理为导向，这样才能吸引、留住人才，提高团队的凝聚力和工作效率。

在市场推广环节，物流企业的广告宣传、客户服务模式必须贴合当地文化偏好。广告内容若不能与当地文化价值观相契合，就难以得到消费者的认同，无法达到预期的宣传效果。例如，在一些地区，当地文化对色彩、图案等有着独特的理解和偏好，如果广告中使用了不恰当的色彩或图案，可能会让消费者产生不好的联想，进而对企业产生负面印象。在客户服务方面，不同文化背景下的消费者对服务态度和沟通方式的期待差异很大。有些文化注重直接明了的沟通，客户希望服务人员能迅速准确地回应问题、提供解决方案；而有些文化则更倾向于委婉含蓄的表达方式，认为这样的沟通更加礼貌和尊重他人。物流企业需要充分了解并尊重这些差异，根据当地文化特点调整服务策略，以提升客户满意度。物流企业在运营物流设施时，同样需要考虑当地文化因素。在仓库选址方面，要充分考虑当地的文化习俗和传统观念。有些地区可能对特定的地理位置或方位有着特殊的讲究，企业在选择仓库位置时应予以尊重。配送时间的安排也要结合当地居民的作息习惯，避免在居民休息或有特殊活动的时间段进行配送，以免给客户带来不便，影响企业的服务质量。

二、跨文化交流能力对物流职业发展的促进作用

（一）提升国际业务处理能力

物流国际业务涵盖一系列复杂且相互关联的流程与环节。从选择合适的国际运输方式说起，海运、空运、陆运各有优劣，需依据货物特性、运输距离、成本预算以及目的地国家的交通基础设施等因素综合考量。运输大量低价值、体积大的货物，海运通常是首选；而对于高价值、急需的货物，空运则更具优势。办理货物保险同样关键，不同国家保险市场的规则、险种设置以及理赔流程各不相同。再者，解读不同国家贸易条款也绝非易事，像常见的 FOB、CIF 等条款，在不同国家的实际执行中可能存在细微差别。这些复杂流程相互交织，要求从业者具备扎实专业知识的同时，还需应对不同国家在业务操作上的差异。

不同国家客户对于物流服务的要求深受其文化背景影响。在货物包装方面，一些欧洲国家客户极为重视环保性，他们倾向于可回收、可降解的包装材料，这背后是其深厚的环保文化理念。若物流从业者不了解这一文化偏好，仍采用传统非环保包装，可能导致客户不满甚至拒绝接收货物。在运输时间精准度上，德国等国家客户对时间把控近乎严苛，这源于其严谨守时的文化传统。从业者通过与客户沟通，敏锐捕捉这些文化背景下的需求差异，才能准确把握客户期望，为后续工作奠定良好基础。

基于对国际业务流程的熟悉以及对客户需求文化差异的洞察，从业者得以精准制定物流方案。针对客户对货物包装环保性的要求，可选用符合当地环保标准的包装材料，并在包装设计上融入当地文化元素，提升客户认同感。对于对运输时间精准度期望高的客户，合理规划运输路线，充分考虑不同国家的交通状况、海关清关效率等因素，选择最优运输方式和运输时间。合理安排运输资源，确保人力、物力、财力的高效配置。通过这些举措，保障货物按时、按质、按量交付，极大提高了国际业务处理的效率与质量，赢得了客户高度认可与信赖。

（二）增强国际合作与沟通能力

在全球化的大背景下，物流行业的国际合作越发活跃。众多物流企业积极投身

于与国外同行、供应商以及货代公司的合作项目中。与国外物流企业合作，可借鉴其先进的物流管理经验和技术，提高自身运营效率。与供应商合作，能保障优质货源的稳定供应，拓宽业务范畴。和货代公司携手，则可借助其在国际运输网络及清关等方面的专业优势。一家中国物流企业与欧洲某知名物流企业合作开展跨境电商物流项目，双方整合资源，为客户提供更高效、便捷的物流服务。这种广泛的国际合作，不仅为物流企业带来更多发展机遇，也对从业者的国际合作与沟通能力提出了更高要求。

在国际物流项目团队中，成员来自不同国家，各自携带独特的文化背景。这些文化差异体现在工作方式和决策风格等多个方面。在工作方式上，有些国家的成员注重计划的严谨性，严格按照流程推进工作；而有些国家的成员则更具灵活性，倾向于根据实际情况适时调整计划。在决策风格方面，部分国家成员可能习惯集体讨论、民主决策，决策过程相对较长；而另一些国家成员可能更倾向于领导者快速拍板决定。这些差异若处理不当，容易引发团队内部的矛盾与冲突，影响项目进度。拥有跨文化交流能力的从业者，能够敏锐察觉这些差异，理解并尊重不同成员的工作方式和决策风格，为有效沟通与协作奠定基础。

以国际联合运输项目中运输线路调整的沟通为例，这一过程充分体现了跨文化交流能力的关键作用。不同国家的运输公司在决策流程和沟通习惯上存在显著差异。一些国家的运输公司决策层级较多，流程烦琐，需要层层汇报审批；而另一些国家的运输公司决策相对灵活，一线人员拥有较大自主权。在沟通习惯上，有的国家注重正式书面沟通，有的则更倾向于面对面交流。具备跨文化交流能力的人员，在与国外运输公司沟通时，能够充分考虑这些差异，选择合适的沟通方式和时机。采用对方易于接受的表达方式，详细阐述运输线路调整的必要性和优势，促进双方顺利达成共识，实现资源共享与优势互补，保障合作项目的顺利推进。

（三）拓宽国际视野与职业发展空间

拥有跨文化交流能力的物流从业者，在日常工作里有诸多机会与不同国家的物流相关方互动。无论是与国外客户洽谈业务，还是与国际物流合作伙伴协作，都能从中获取不同国家独特的物流运作模式。比如，在与欧洲物流企业交流时，会发现他们在绿色物流和智能化仓储方面投入巨大，技术领先；与东南亚物流企业合作，又能了解到其在区域供应链整合上的创新实践。从业者还能洞察全球物流行业的发展趋势，像新兴市场的崛起带动的物流需求变化，以及新技术，如区块链在物流追踪中的应用等。

当物流从业者拥有了广阔的国际视野，职业发展路径也随之拓宽。一方面，他们可以在国内更好地从事国际物流业务。凭借对不同国家物流需求和运作模式的了解，能精准对接国内企业的跨境物流需求，提供更优质服务，提升业务竞争力。另一方面，他们有机会获得前往国外分支机构工作的机会。企业在国际化布局时，亟须熟悉当地文化和物流市场，又具备专业能力的人才。这些从业者能够快速适应国外工作环境，利用自身优势开展业务。

在企业迈向国际化的进程中，具备跨文化交流能力的物流人才至关重要。他们能够理解不同国家市场的文化差异，制定符合当地需求的市场拓展策略。在开拓新兴市场时，知晓当地消费者对物流服务的偏好，可帮助企业优化服务流程，提高市场占有率。在整合全球物流资源、协调跨国团队方面，他们也能发挥关键作用。凭借出色的跨文化沟通能力，化解团队内部因文化差异产生的矛盾，促进高效协作。正因如此，这类人才往往成为企业国际化发展的核心力量，也为自己赢得更广阔的职业晋升空间，有望晋升为国际物流项目经理、跨国物流企业高管等高级职位，引领企业在国际物流舞台上取得更大成就。

三、跨文化交流能力在物流工作中的具体应用

（一）跨文化客户服务与沟通

物流客户服务的起始环节，即客户咨询，对跨文化交流能力要求颇高。不同文化背景的客户在语言习惯与表达方式上大相径庭。欧美客户受其文化中直爽风格影响，在咨询物流服务时，往往会清晰且直接地阐述需求，明确提及货物的运输目的地、期望送达时间以及特殊要求等。与之不同，亚洲部分国家的客户因文化传统中注重委婉含蓄，在咨询时可能不会直白表述核心诉求，而是通过旁敲侧击、委婉暗示的方式传达。这就要求客服人员时刻保持敏锐，精准解读客户话语背后的真实意图。面对欧美客户，客服人员回应时可采用简洁明了的语言，迅速给出准确信息；而面对亚洲客户，客服人员则需耐心倾听，用温和、含蓄的语言与之互动，逐步引导出客户的完整需求，确保沟通顺畅，为后续服务奠定良好的基础。

客户投诉处理是物流客户服务的关键环节，文化差异在此体现得尤为明显。不同文化对问题解决方式和道歉态度有着截然不同的期望。在一些文化中，书面道歉被视为正式且真诚的表达方式。当某些欧洲国家的客户遭遇物流问题时，更倾向于收到一份条理清晰、措辞诚恳的书面致歉函，其中详细说明问题产生的原因及解决方案。而在另一些文化里，当面诚恳沟通才是解决问题的关键。像一些亚洲国家的

客户，更希望与客服人员面对面交流，直接感受到对方解决问题的诚意与决心。物流企业客服人员在处理投诉时，需充分考量这些文化差异，针对不同客户群体，灵活调整处理方式。通过运用恰当的跨文化交流技巧，不仅能高效解决客户问题，还能借此机会提升客户对企业的好感度，有效树立企业良好形象，增强客户忠诚度。

（二）国际物流项目管理与团队协作

国际物流项目的规划绝非易事，因其涉及多个国家和地区资源的整合调配，文化因素在其中扮演着重要角色。项目管理者必须具备敏锐的跨文化意识，在制定项目进度安排时，需充分了解不同地区的文化习俗和特殊时期。不同地区有着各自独特的传统节日和特殊活动，这些时期人们的生活和工作节奏往往会发生变化。例如，某些国家特定的丰收节、狂欢节等，其间当地居民参与庆祝活动，工作时间减少，工作效率下降。若项目进度未合理避开这些时期，极有可能导致货物运输、仓储管理等环节出现延误。在资源分配方面，不同文化背景下对资源的重视程度和利用方式也有所不同。一些国家注重人力投入，认为经验丰富的员工能带来更高效益；而另一些国家则更倾向于先进设备的投入。项目管理者只有综合考虑这些文化差异，制定出的项目规划才能贴合实际，确保项目顺利推进，避免因文化因素导致的资源浪费和进度受阻。

在国际物流项目的团队组建与管理过程中，成员来自不同国家，文化背景的多样性带来了工作习惯和团队协作风格的显著差异。部分国家的员工受其文化影响，十分注重个人成就，在工作中追求个人目标的实现，期望凭借自身努力获得认可。而另一些国家的员工深受集体主义文化熏陶，将团队和谐置于重要位置，强调团队整体目标的达成。项目管理者需要精准把握这些差异，灵活运用管理方法。对于注重个人成就的员工，可设置明确的个人绩效目标，并给予相应奖励，激发其工作积极性；对于看重团队和谐的员工，则可通过团队合作项目、集体培训等方式，增强团队凝聚力。当团队成员间因文化差异产生冲突时，管理者应秉持公正客观的态度，运用跨文化交流技巧，促进双方沟通理解，化解矛盾，营造良好的团队协作氛围，保障项目按计划顺利实施，最终实现项目目标。

（三）跨文化商务谈判与冲突解决

物流行业的商务谈判多涉及跨国合作，双方文化差异对谈判走向影响深远。拥有跨文化交流能力的谈判者会着重研究对方文化中的谈判风格与决策模式。在一些东方文化中，建立良好的人际关系是谈判的重要基础，谈判过程往往较为委婉、注重情感交流，花费较多时间在前期的寒暄与关系铺垫上，因为他们相信稳固的人际关系能为后续合作奠定坚实的基础。而西方部分文化则更聚焦于谈判条款的细节与利益分配，以理性分析和数据支撑为导向，谈判节奏紧凑，直奔主题。谈判者了解这些差异后，便能灵活调整谈判节奏与表达方式。面对注重关系的谈判方，多安排社交活动增进彼此了解，在交流中逐渐引入谈判内容；针对关注条款细节的谈判方，则提前准备详尽的资料，清晰阐述各项条款，以适应对方谈判风格，制定出更具针对性的谈判策略，为谈判成功增添筹码。

在物流商务谈判过程中，冲突难以避免。此时，跨文化交流能力发挥着关键作用，助力谈判者精准识别冲突根源。冲突可能源于文化误解，不同文化的语言表达、肢体语言以及对某些概念的理解存在偏差，从而引发误会。比如，在某些文化中点头表示同意，而在另一些文化中，点头可能只是表示在倾听。也可能源于利益分歧，双方对合作中的利益分配方案各执一词。谈判者凭借跨文化交流能力，敏锐判断冲突类型。若是文化误解，通过尊重对方文化习俗，耐心解释自身行为意图，采用对方易于接受的沟通方式，消除误解。若为利益分歧，则以客观公正的态度，结合双方实际需求，寻求利益平衡点，提出双方都能接受的解决方案。

第二节　多元文化特点及其对物流人才的要求

在物流行业国际化浪潮中，多元文化碰撞融合成为显著特征。高职物流专业作为输送专业人才的前沿阵地，所培养的学生必将置身于多元文化交织的职场环境。通过了解多元文化特点，明确其对物流人才的能力及职业素养要求，是帮助学生适应复杂多变的国际物流市场，实现跨文化交流能力与多元文化有效对接的关键。本节将全方位剖析多元文化，为高职物流专业人才培养在这一重要维度提供清晰指引。

一、多元文化的定义与特征

（一）多元文化的内涵与多样性

多元文化呈现出一幅斑斓且充满活力的社会文化画卷。在同一社会环境之中，多种独具特色的文化共同存在，彼此间相互影响、相互交融。这种共生并非简单机械的组合，而是在持续的交流互动中不断演变与发展。每一种文化都拥有其独一无二的核心价值观念、思维模式以及行为规范，它们共同交织构建起社会文化的多元生态体系。从日常的衣食住行到人们精神层面的追求与喜好，不同文化之间的交流渗透无处不在，从而营造出一个更为包容、丰富且充满魅力的社会环境。在物流行业，多元文化的现实存在使从业者在开展业务时，必然要与来自不同文化背景的客户、合作伙伴以及员工打交道，这无疑对他们理解并满足不同文化需求的能力带来了诸多挑战。

民族文化是多元文化极为关键的构成部分，各民族借助独特的语言、风俗习惯来凸显自身的文化特性。

在国际文化大舞台上，东西方文化展现出鲜明的差异。西方文化着重强调个人主义，积极鼓励个体大胆追求自我价值，在科技创新、商业革新等领域不断开拓进取，这种文化特质在诸多方面都有显著体现。东方文化则更侧重于集体主义，高度重视人际关系的和谐与融洽，以家庭、集体为核心来构建社会关系网络。在艺术领域中，多元文化更是展现得酣畅淋漓。意大利文艺复兴时期的绘画作品，以细腻的笔触、逼真的写实风格以及对人性的深刻洞察，成为艺术史上的不朽经典。而中国的唐诗宋词，凭借简洁优美的文字，抒发着千变万化的情感，生动描绘出自然万象与人生百态。

（二）不同文化背景下的价值观与行为习惯

在一些地区，个人主义价值观在职场中占据显著位置。在这些地方，人们将个人成就与自我价值的实现视为核心追求。职场人士热衷于展现自身才能，勇于在竞争激烈的环境中脱颖而出。为达成个人职业目标，他们积极主动地寻求挑战，不断尝试新的工作方式与项目机会。这种个人主义的驱动，促使他们持续提升专业技能，在创新方面展现出强大的动力。比如，在科技创新型企业中，员工凭借这股冲劲推动技术不断革新。然而，在物流行业的跨区域合作项目中，这种过度聚焦个人的倾向可能引发问题。团队成员过于关注自身业绩，若缺乏有效的沟通协调，容易在协作过程中产生利益冲突，进而阻碍项目的顺利推进。

在部分区域，集体主义价值观深入人心。员工将集体利益，特别是所在企业的利益，置于个人利益之上。他们十分重视团队协作，坚信团队的成功是个人价值得以彰显的关键。在日常工作中，员工之间相互配合、相互支持，构建起紧密的工作关系。对企业有着极高的忠诚度，许多人愿意长期为同一家企业效力，将个人发展与企业的兴衰紧密相连。在这样的文化氛围下，企业内部凝聚力极强，面对复杂艰巨的任务时，团队成员能够迅速响应、协同合作，高效达成目标。以物流企业为例，遇到紧急运输任务或大型物流项目时，团队成员能够迅速凝聚力量，共同应对挑战。但在与个人主义导向区域的企业合作时，由于决策流程更倾向于集体讨论、达成共识，决策速度可能相对较慢，需要在合作中妥善协调决策节奏。

不同区域的行为习惯存在显著差异，这对物流工作有着多方面的影响。有些地区的人们以严谨守时著称，在商务活动中，物流业务的各个环节，如货物装卸、运输车辆调度以及与各方的会议沟通等，都会被精确规划并严格执行时间安排。这种严谨的作风保证了物流作业的高效有序，降低了因时间延误导致的成本增加。与之不同的是，部分地区在社交和工作中的时间观念较为宽松。在物流业务交流时，人们更注重情感交流与互动，时间安排较为灵活。

二、多元文化对物流人才的能力要求

（一）具备跨文化敏感性与适应性

物流人才需具备跨文化敏感性，能敏锐感知不同文化间的细微差别。在与不同国家客户交流时，可通过客户的语言用词、肢体动作等察觉其文化背景特点，迅速调整自身行为方式。若在国外分支机构工作，面对当地独特工作节奏和管理风格，能积极适应。在一些工作节奏较慢的地区，合理安排工作进度，避免因急躁而影响工作推进，从而更好地融入当地工作环境，提高物流服务质量。

（二）掌握多元文化沟通技巧

掌握多元文化沟通技巧至关重要。在语言沟通上，不仅要精通英语等国际通用语言，还应了解一些关键业务国家的常用商务词汇和表达习惯。比如，当与法国客户沟通时，适当掌握法语中的商务术语，能拉近与客户距离。在非语言沟通方面，熟知不同文化的肢体语言含义。在沟通风格上，面对直接型文化客户，交流简洁明了；面对委婉型文化客户，表达含蓄温和。通过运用这些沟通技巧，能够有效避免文化误解，确保物流业务信息准确传递，促进业务顺利开展。

（三）熟悉国际物流规则与法律法规

国际物流涉及众多国家和地区，各国物流规则与法律法规差异大。物流人才需熟悉这些内容，保障业务合法合规。在运输环节，不同国家对货物包装、运输工具标准规定不同。欧盟国家对危险货物运输包装有严格环保和安全标准。在清关环节，各国海关关税政策、进出口限制规定复杂。如美国对部分农产品进口设置严格检验检疫要求。熟悉这些规则法规，能帮助物流从业者在国际物流业务中准确规划流程，避免因违规导致货物滞留、罚款等问题，确保物流业务在多元文化的国际环境中顺畅进行。

三、多元文化背景下物流人才的职业素养

（一）尊重文化差异，秉持包容态度

在多元文化背景下，物流人才要尊重不同文化间的差异。无论是面对客户、合作伙伴还是同事，都不因对方文化与自身不同而产生偏见。要秉持包容态度，接纳不同文化的价值观和行为方式。即使遇到与自身观念相悖的文化现象，也能换位思考，以开放心态看待。在团队合作中，应包容不同文化背景成员的工作方式，共同为实现物流项目目标而努力，营造和谐多元的工作氛围。

（二）具备国际视野，关注全球动态

物流人才需具备国际视野，从全球角度审视物流行业发展。关注不同国家和地区物流市场的变化，如新兴经济体物流需求的增长趋势，以及发达国家物流技术创新动态。了解全球贸易政策调整对物流行业的影响，像贸易保护主义抬头会导致物流成本上升、运输路线受限。通过关注这些全球动态，为所在企业提供前瞻性建议。预测到某地区物流市场潜力巨大，建议企业提前布局，拓展业务网络，提升企业在国际物流市场中的竞争力。

（三）持续学习，提升跨文化交流能力

多元文化环境复杂多变，物流人才需持续学习提升跨文化交流能力。学习新的文化知识，了解不同国家的历史、习俗、商务礼仪等。比如，随着“一带一路”倡议推进，学习沿线国家文化特点，更好地服务相关物流业务。关注跨文化交流领域研究成果，将新理论、新方法应用到实际工作中。通过参加培训、与国际同行交流等方式，不断积累经验，提升自身在跨文化沟通、协调等方面能力，以适应不断发展变化的国际物流市场对人才的要求。

第三节　跨文化交流能力培养与多元文化的对接路径

在高职物流专业“三强化三对接”人才培养模式中，跨文化交流能力的培养与多元文化的有效对接，对学生适应国际化物流行业发展极为关键。随着物流行业国

际化进程加速，多元文化碰撞频繁，学生需掌握跨文化交流能力，才能在复杂环境中立足。本节将探讨跨文化交流能力培养的具体策略，剖析多元文化环境下适配的教学与实践模式，进而明确跨文化交流能力与多元文化对接的实施路径，为高职物流专业人才培养提供切实可行的方法与指导。

一、跨文化交流能力的培养策略

（一）将跨文化交流能力纳入课程体系

高职物流专业迈向国际化，增设跨文化交流理论课程刻不容缓。诸如“国际商务文化”课程，能全方位展现不同国家商务活动中的文化内涵。学生从中可以了解到，在欧美国家商务谈判中，直切主题、注重效率的文化根源；而在亚洲部分国家，前期建立良好人际关系、委婉表达观点的文化传统。“跨文化沟通原理”课程则聚焦沟通技巧，解析语言、非语言沟通在不同文化中的差异。像某些文化中，眼神长时间对视代表尊重，而在另一些文化中却被视为冒犯。通过系统学习这些理论课程，学生可构建起对多元文化的基础认知框架，为后续深入学习和实践应用筑牢根基。

在物流专业核心课程中嵌入跨文化案例，能让学生直观感受文化差异对物流业务的影响。以国际物流运输课程为例，不同国家运输方式偏好深受文化影响。在一些内陆国家，铁路运输因历史上贸易路线依赖和地理环境因素，成为主要运输方式，且其铁路运输网络规划蕴含着对资源整合、区域联系的文化考量。而岛国由于四面环海的地理特性，海运在文化传承中占据重要地位，港口建设和运营形成独特模式。通过分析此类案例，学生能深入理解文化因素如何渗透物流业务的各个环节，培养从文化视角剖析物流问题的思维方式，提升在实际业务中应对文化差异的敏感度。

通过理论课程学习与核心课程案例嵌入，实现理论与实践相结合的课程设置。学生在日常学习中，既能从理论层面掌握多元文化知识，又能在案例分析中锻炼应用能力。这种课程模式促使学生在学习国际物流仓储课程时，思考不同文化下仓储管理的差异。比如，在一些追求精准高效文化的国家，仓储布局紧凑、货物存储分类精细；而在注重灵活性文化的地区，仓储布局更具弹性。长期积累，学生能逐步构建起完整的跨文化交流知识体系，为未来投身国际物流行业，应对复杂多元文化场景，提供坚实的理论支撑，有效提升跨文化交流素养。

（二）开展跨文化交流活动与实践项目

学校举办国际文化节，为物流专业学生打开了一扇了解多元文化的大门。邀请各国留学生和外教参与其中，能让活动更具原汁原味的异国风情。在文化节上，绚丽多彩的各国传统服饰吸引了学生目光，他们能直观感受到不同国家的审美风格和文化底蕴。品尝各国美食，从印度咖喱的浓郁风味到法国甜品的精致口感，学生在味蕾的触动中领略文化差异。伴随着欢快的音乐，学生欣赏热情奔放的桑巴舞、优雅的芭蕾舞等各国舞蹈，感受不同文化的节奏与活力。这种沉浸式的体验，可让学生亲身感受多元文化魅力，不再局限于书本知识，增强了对不同文化的感性认知，在轻松愉悦的氛围中，激发对跨文化交流的兴趣，为后续学习和实践奠定良好的基础。

学校组织的校外实践项目，为学生提供了将课堂知识付诸实践的宝贵机会。在模拟国际商务谈判实践项目中，学生分组模拟不同国家物流企业代表，在你来我往的谈判过程中，需要运用所学的跨文化沟通技巧。面对强调个人主义文化背景的“谈判方”，要突出方案对个人利益的保障；在与注重集体主义文化的“对手”交流时，则强调团队合作与共同利益。参与国际物流志愿服务，协助国际物流展会筹备与服务，学生与国外参展商直接交流互动。从解答疑问到协助展位布置，每一个环节都考验着学生的跨文化交流能力。在这些实践中，学生能积累实际操作经验，学会在真实场景中灵活应对文化差异，切实提升跨文化交流能力，更好地适应未来国际物流工作的需求。

（三）引入国际教育资源，拓宽国际视野

与国外知名物流院校开展交换生项目，为学生开启了探索国际教育与多元文化的大门。在交换学习期间，学生能够深入国外院校的课堂，体验截然不同的教育模式。国外课堂可能更注重学生的自主思考与团队协作，鼓励学生积极发表观点，与教授和同学互动交流。在这种氛围中，学生不仅能学到前沿的物流专业知识，还能感受当地独特的文化氛围。参与校园社团活动，可与来自不同国家的同学交流，了解他们的生活习惯、价值观，亲身体验文化差异带来的冲击与融合。在参与物流实践课程时，学生能学习到国外先进的物流设施操作与管理经验，对比国内情况，反思差异。通过这样的经历，学生能拓宽国际视野，深刻理解不同文化背景下物流行业的运作模式，为未来投身国际物流领域积累宝贵经验，提升自身跨文化交流能力与国际竞争力。

邀请国际物流领域的专家学者来校讲学，为校园带来国际物流行业的最新动态与丰富经验。这些专家凭借自身在国际物流市场的深耕经历，分享全球物流行业发展趋势，从新兴技术在物流中的应用，到不同国家物流政策对行业的影响。在讲座与培训中，他们讲述在多元文化背景下处理物流运营问题的案例，如在不同国家开

展物流项目时，如何应对文化差异导致的沟通障碍、客户需求差异等。引入国外先进的物流教材和在线课程资源，使学生能够接触到原汁原味的国际一流物流专业知识。这些教材和课程涵盖最新的物流理念、管理方法以及跨文化教育内容。学生通过学习，能站在国际视角理解物流专业知识体系，学习不同国家物流从业者处理跨文化问题的方法，从而进一步拓宽国际视野，提升跨文化交流能力，为适应国际物流行业发展需求做好充分准备。

二、多元文化环境下的教学与实践模式

（一）构建多元文化教学环境

校园物理环境的精心打造是构建多元文化教学环境的基础。学校可着力建设国际文化长廊，以丰富多样的展示形式，呈现各国地理风貌，让学生直观感受不同国家的自然地理差异。文化习俗展示区，通过图片、实物等，展现各国独特的节日庆典、传统服饰。如日本的和服、印度的纱丽，让学生领略不同文化的审美魅力。在物流发展板块，陈列各国物流行业的发展历程、先进技术应用实例。校园道路两旁，设置文化景观小品，融入不同国家建筑风格元素。教室布置同样别出心裁，张贴大幅世界地图，标注各国主要物流枢纽城市；悬挂各国著名物流企业标志，如德国的 DHL、美国的 UPS，让学生在日常学习环境中，随时随地接触多元文化信息，激发对不同文化的探索欲望，为跨文化交流意识的培养埋下种子。

教师在教学过程中深度融入多元文化，是多元文化教学环境构建的核心。在专业课程讲解时，巧妙引用不同文化背景下的物流案例。在讲解物流配送时，提及欧美国家因注重效率，多采用大型自动化配送中心，而在一些东南亚国家，受人口密集、街道狭窄等文化地理因素影响，人力三轮车配送模式独具特色。在课堂讨论环节，教师积极引导学生分享对不同文化的理解与感受。在探讨不同国家物流客户服务理念差异时，鼓励学生结合自身经历，分析其背后的文化根源。在小组项目中，布置跨国物流合作模拟任务，可以让学生在协作中体会文化差异对物流业务流程的影响。通过这样的教学方式，让学生在学习专业知识的同时，不断加深对多元文化的理解，在课堂互动中锻炼跨文化交流能力，为未来在多元文化环境中的工作积累经验，培养适应多元文化工作场景的能力。

（二）实施国际化教学模式与方法

项目式学习作为国际化教学的重要模式，为学生提供了沉浸式的跨文化实践机

会。在国际物流项目中，学生分组承担从项目策划到落地执行，再到评估的全流程任务。在策划阶段，学生需深入研究目标市场国家的文化特点。比如，若面向中东市场，在货物包装设计上，需融入当地喜爱的图案与色调，契合其文化审美，提升产品吸引力。在实施环节，运输时间安排至关重要。例如，在印度，要避开排灯节等重大节日，以免因物流人员休假、交通管制等导致运输延误。在项目执行过程中，各小组还需应对不同国家合作伙伴的沟通习惯差异。通过这种项目式学习，学生能将理论知识与实际操作紧密结合，在实践中深刻体会文化差异对物流业务的全方位影响，有效提升跨文化交流能力与解决实际问题的能力，为未来投身国际物流行业积累宝贵经验。

案例教学法搭配线上线下混合教学，极大地丰富了学生的学习体验，助力跨文化交流能力提升。教师精选大量国际物流行业真实案例，尤其是那些涉及跨文化冲突与解决的典型事例。例如，某国际物流企业在欧洲和亚洲市场遭遇不同客户投诉，原因在于对两地文化中客户服务期望的理解偏差。组织学生分析讨论这些案例，引导学生从文化根源剖析问题，探寻解决方案，培养其敏锐的跨文化洞察力与问题解决能力。借助国际教育平台开展线上线下混合教学。在线上，学生与国外学生共同参与课程讨论，围绕国际物流热点话题各抒己见，在思想碰撞中感受不同文化视角。在线下，通过小组合作完成跨国交流项目，如模拟跨国物流谈判。

（三）加强与国际物流企业的合作与交流

学校与国际物流企业携手合作，首要任务是精准对接企业需求，优化人才培养方案。企业专家凭借丰富的行业经验，深度参与学校专业建设。他们能带来国际物流行业的最新动态与前沿技术应用，如当前热门的智能仓储管理系统、绿色物流发展趋势等信息。基于这些实际情况，与学校教师共同研讨，制定契合行业需求的课程体系。在物流管理专业课程中，增加国际物流法规解读、跨文化商务沟通等实用性课程，确保教学内容紧跟国际物流行业实践步伐。企业实际项目案例也被引入课堂教学，让学生在学习过程中接触真实业务场景，提前适应行业节奏。通过这种紧密协作，学校培养出的学生知识结构更符合企业用人标准，为其未来顺利进入国际物流企业工作筑牢基础，从源头上提高人才培养质量，满足国际物流行业对高素质人才的需求。

安排学生到国际物流企业实习，为学生提供了宝贵的实践平台。在实习过程中，学生置身于真实的多元文化工作环境，与来自不同国家和地区的同事合作，接触世界各地的客户。在与外国同事协作完成物流项目时，学生需适应不同的工作风格和沟通方式。有的同事可能注重计划的严谨性，按部就班地推进工作；而有的则更具灵活性，根据实际情况灵活调整方案。在与国外客户交流时，要理解并满足其基于不同文化背景的需求，比如，欧洲客户对货物运输时效性要求极高，而东南亚客户可能更关注服务的性价比。学生在应对这些实际问题的过程中，可以不断锻炼跨文化交流能力，提升自身适应能力和职业素养。企业通过实习过程，也能提前挖掘优秀人才，学校则持续为企业输送具备跨文化交流能力的专业人才，实现校企双方的互利共赢，推动国际物流行业人才队伍的高质量发展。

三、跨文化交流能力与多元文化对接的实施路径

（一）制订跨文化交流能力培养计划

制订跨文化交流能力培养计划，关键在于清晰规划各阶段培养目标。对于高职物流专业大一学生，着重培养其对多元文化的基础认知。通过开设“世界文化概论”等通识课程，介绍不同国家的历史、风俗习惯等内容，让学生初步了解文化的多样性。开展基础跨文化沟通技巧训练，如学习不同文化中的问候方式、肢体语言含义，掌握基本的跨文化交流礼仪。到了大二，学生已具备一定专业知识，此时强化其在物流专业领域运用跨文化知识的能力。在物流专业课程中融入跨文化案例分析，比如在国际物流运输课程中，探讨不同国家文化对运输路线选择、货物包装要求的影响，引导学生从文化视角分析专业问题，提升其在专业场景中运用跨文化知识解决问题的能力。而大三阶段，则聚焦于提升学生在实际工作场景中解决跨文化问题的能力，为就业做好充分准备。

合理规划教学内容与实践活动是培养计划的重要支撑。在教学内容上，除了理论课程外，还应设置丰富的实践课程。理论课涵盖跨文化交流理论、国际商务文化等，为学生构建知识框架。在实践课程方面，组织模拟国际商务谈判，让学生分组扮演不同国家物流企业代表，在实践中运用谈判技巧，应对文化差异。开展国际物流项目模拟，从项目策划到执行，学生需考虑不同国家的文化因素对物流业务各环节的影响。在实践活动安排上，安排学生参加国际物流行业展会志愿者活动，与国外参展商交流互动，积累实际沟通经验。

定期评估与调整培养计划，确保其符合物流行业发展需求和学生成长规律。学校可每学期组织教师、企业专家以及学生代表参与评估会议。教师从教学效果出发，反馈学生在课堂学习中的表现，如对跨文化知识的掌握程度、在课堂讨论中的参与度等。企业专家依据行业最新动态，评估培养计划是否与实际工作需求接轨，如是否涵盖新兴的国际物流业务模式中的跨文化要点。学生代表分享学习感受，提

出在实践活动中的困难与建议。根据评估结果，对培养计划进行调整。若发现学生在跨文化沟通技巧应用方面薄弱，可增加相关实践课程课时；若行业出现新的物流技术与文化融合趋势，要及时更新教学内容，如将区块链技术在国际物流中的文化影响纳入教学，为学生提供更科学、更贴合实际的跨文化交流能力培养路径。

（二）建立跨文化交流能力评价体系

构建跨文化交流能力评价体系，首要在于搭建全面的评价指标框架。在知识维度，着重考查学生对不同文化知识的储备。了解各国商务礼仪细节，比如在日本商务会议中，鞠躬的角度、座位排序都蕴含特定文化含义；知晓不同国家的文化禁忌，如在一些中东国家，避免用左手传递物品。这要求学生不仅要熟悉常见文化知识，还能敏锐捕捉小众文化特点。技能维度聚焦于学生在实际交流中的能力表现。在语言沟通上，能否精准运用语言表达观点，考虑不同文化背景下的语言习惯差异。非语言沟通同样关键，肢体动作、眼神交流在不同文化里意义不同，学生需掌握其正确运用方式。

评价方式的多元化是确保评价结果客观准确的关键。教师评价在整个体系中具有基础作用，教师密切观察学生在课堂学习中的表现，如参与跨文化案例讨论时的观点深度、发言质量以及在校内实践活动，如模拟国际商务谈判中的表现，从专业知识运用、沟通技巧展示等多方面给予评价。学生自评与互评能促进自我反思与相互学习。学生自评时，能回顾自身在跨文化交流场景中的行为，思考哪些方面做得好，哪些有待改进；在互评过程中，学生可以相互借鉴经验，学习他人优点，指出不足，在交流互动中共同提升。企业实习评价从真实工作场景出发，企业导师根据学生在实习期间与不同文化背景客户、同事的沟通协作情况，对其跨文化交流能力应用水平进行评价。通过教师、学生、企业多方参与的多元化评价方式，全面、客观地衡量学生跨文化交流能力，为教学改进提供精准方向，助力学生在跨文化交流能力培养道路上不断成长。

（三）推动跨文化交流能力在物流工作中的实际应用

学校在推动学生跨文化交流能力实际应用上扮演着关键角色。在实践教学环节，学校精心设计一系列与实际物流业务高度契合的跨文化交流项目。模拟国际物流业务洽谈就是其中典型，学生分组扮演不同国家物流企业代表，从前期准备、谈判开场到讨价还价、达成协议，全程模拟真实场景。在这个过程中，学生要依据不同国家的文化特点，调整沟通策略。在与德国企业洽谈时，需注重严谨性和专业性，提供精确的数据和详细的方案；面对拉丁美洲企业，在保持业务核心的同时，适当融入情感交流。通过此类项目，学生能充分运用课堂所学的跨文化交流知识，如不同文化的商务礼仪、沟通风格等，积累宝贵的实践经验，逐步提升在模拟场景中应对复杂文化情况的能力，为进入真实工作环境做好铺垫。

企业在学生跨文化交流能力转化为实际工作成果方面发挥着不可或缺的作用。当接收学生实习和就业时，企业积极为学生搭建跨文化交流的工作平台。安排学生参与国际物流项目团队，让他们直接与来自不同国家的客户和合作伙伴沟通协作。在处理国际物流订单时，学生要根据客户所在国家的文化背景，理解其对货物包装、运输时间、服务细节等方面的特殊要求。与日本客户合作，需注意其对产品包装精美度和服务细节的高要求；与美国客户沟通，要适应其高效直接的沟通风格。企业鼓励学生在工作中不断总结经验，引导他们将跨文化交流能力切实运用到每一项任务中，通过实际工作反馈，持续优化自身能力，进而提高物流服务质量和效率。在企业的支持下，学生实现跨文化交流能力从理论到实践的有效转化，成长为符合国际物流行业需求的高素质人才。

第六章
强化国际视野与国际物流市场对接

在全球经济深度融合的当下，国际物流市场蓬勃发展，其复杂性与多元性日益凸显。对于高职物流专业而言，培养学生的国际视野并实现与国际物流市场的精准对接，成为提升人才竞争力、满足行业需求的关键所在。本章将剖析国际视野对物流人才发展的推动作用，全面解读国际物流市场的特点、机遇与挑战，进而提出切实可行的国际视野培养与国际物流市场的对接策略，旨在为高职物流专业构建与国际接轨的人才培养体系提供理论支撑和实践指导，助力学生在国际物流舞台上崭露头角，推动我国物流行业的国际化进程。

第一节　国际视野对物流人才发展的推动作用

在经济全球化浪潮汹涌澎湃的今天，国际物流行业作为连接世界经济的关键纽带，正经历着前所未有的深刻变革。对于高职物流专业所培养的人才而言，能否具备广阔的国际视野，直接关系到其在国际物流领域的职业发展前景。国际视野不仅是对全球物流市场动态的敏锐洞察，更是一种跨越文化、地域界限的综合素养。本节将探讨国际视野的定义与重要性，剖析其对物流人才能力提升的促进作用，以及在拓宽物流人才职业路径方面的积极意义，为培养适应国际物流市场需求的高素质专业人才提供有力的理论依据。

一、国际视野的定义与重要性

（一）国际视野的内涵与外延

国际视野内涵聚焦于对全球物流行业自身关键要素的深度洞察。在物流基础设施建设方面，不同国家呈现出显著差异。欧洲部分发达国家构建起先进且高效的铁路与公路物流网络。德国的铁路运输系统以其精准的调度、庞大的运输能力，保障货物在欧洲内陆高效流转；法国的公路网络四通八达，促进区域间物流快速衔接。在物流技术应用上，这些国家同样走在世界前列，自动化仓储设备、智能分拣系统广泛应用，极大提高了物流作业效率。反观一些新兴经济体，尽管物流行业起步晚，但发展势头强劲。东南亚部分国家近年来大力建设港口设施，提升货物吞吐能力；在物流信息化建设上不断加大投入，逐步缩小与发达国家差距。了解这些差异，是物流人才具备国际视野的基础，有助于在国际物流业务中合理规划运输路线、选择适配的物流技术方案。

新兴经济体在物流行业发展中展现出独特态势，这也是国际视野内涵的重要部分。以印度为例，随着经济快速增长，物流行业迎来黄金发展期。政府出台了一系列扶持政策，鼓励物流企业投资建设物流园区、冷链设施等。在电商蓬勃发展的推动下，印度的“最后一公里”配送服务不断创新，三轮车配送模式在人口密集的城市区域广泛应用，有效解决配送难题。非洲部分国家也积极投身物流基础设施建设，新建铁路、公路项目不断涌现，致力于改善物流运输条件。这些新兴经济体物流行业的发展，不仅为当地经济注入活力，也为国际物流市场带来了新机遇。物流人才关注并熟悉这些发展动态，能在国际物流业务拓展中抢占先机，挖掘新兴市场潜力。

国际视野的外延体现在对国际政治、经济、文化等多方面因素与物流行业相互作用的理解。国际政治局势对物流影响深远，地区冲突会导致物流运输路线受阻，如中东地区局势动荡，影响了途经此地的国际海运、陆运安全，对此，物流企业需及时调整运输方案。全球经济形势变化直接改变物流需求。贸易格局调整，新兴市场崛起，使全球物流需求在规模和结构上发生变化，新兴经济体对中高端制造业产品物流需求增长，对物流服务质量和时效性要求更高。文化差异则在物流服务细节上有所体现，在与日本客户沟通时，需注重礼貌用语和严谨态度；在包装设计上，针对不同国家文化审美偏好进行调整，如在欧美市场，简约时尚的包装更受欢迎，在亚洲部分国家，融入传统元素的包装更易吸引消费者。

（二）国际视野对物流人才职业发展的意义

物流人才拥有国际视野，在日常工作中宛如拥有“全球物流市场晴雨表”。国际油价波动频繁，这一经济变量对国际海运成本影响巨大。具备国际视野的物流人才，能迅速将油价波动与海运成本建立关联。油价上涨时，他们会考虑到燃油附加费增加，进而建议企业优化运输路线，选择更经济的中转港口，或调整运输方式，如部分货物由海运转为铁路运输，以降低成本。当全球贸易政策出现调整，例如，某国提高进口关税，这类人才能够预判其对物流需求的影响，及时为企业调整仓储布局提供建议，将货物提前存储在临近目标市场的保税区，减少关税成本。凭借对市场动态的精准把握，他们为企业制定出更具适应性的物流策略，在复杂多变的国际物流市场中，保障企业运营稳定。

在国际物流项目招标的激烈竞争中，国际视野成为物流人才的有力武器。不同国家物流市场需求和标准千差万别。欧美国家注重物流服务的时效性和安全性，在招标时对运输时间、货物破损率等指标要求严格。而一些新兴市场国家可能更关注物流服务的性价比。拥有国际视野的物流人才，在参与投标时，会深入研究招标国家的市场特点。针对欧美项目，他们在投标方案中突出企业先进的物流技术应用，如智能化仓储管理系统可精准控制货物存储与出入库，确保货物安全与配送时效。对于新兴市场项目，则强调成本控制优势，通过整合当地物流资源，优化供应链流程，降低物流成本。凭借这些契合市场需求的投标方案，企业在国际物流项目招标中更易脱颖而出，赢得合作机会。

从职业晋升维度看，国际视野为物流人才开辟了广阔的道路。企业拓展国际业务时面临诸多挑战，如不同国家的政策法规差异、文化习俗不同等。此时，具备国际视野的物流人才优势尽显。在管理岗位竞聘中，他们对国际市场规则的熟悉，使他们能更好地规划企业国际业务发展战略。在承担重要国际业务任务时，他们能迅速适应不同国家工作环境，有效协调跨国团队。在开拓非洲物流市场项目中，这类人才了解当地基础设施状况、文化沟通习惯，能够顺利与当地合作伙伴建立良好关系，推进项目实施。相比缺乏国际视野的同行，他们在职业晋升中更具竞争力，更易获得晋升为国际物流项目经理、区域业务总监等高级职位的机会，为自身职业发展创造更广阔的空间。

二、国际视野对物流人才能力提升的促进作用

（一）增强全球物流市场的认知与理解能力

国际视野宛如开启全球物流市场认知大门的钥匙。持续关注并研究不同国家物流市场，物流人才可清晰洞察其独特需求。欧美发达国家经济发达，消费者生活节奏快，对物流服务时效性和准确性极为看重。为满足这一需求，当地物流企业大量投资优化配送网络。美国的一些物流巨头构建了密集且高效的仓储与配送中心网

络，配合先进的信息化管理系统，能精确追踪货物运输轨迹，实现当日达或次日达服务。而在部分发展中国家，因基础设施建设滞后，物流市场的当务之急是扩大基础物流服务覆盖范围。像非洲一些国家，着力改善公路等运输条件，降低物流成本，先解决货物能否运达的问题。物流人才了解这些差异，就如同掌握了全球物流市场的“密码”，为后续工作奠定坚实的基础。

掌握各国物流市场差异后，物流人才便能在制定物流策略时做到有的放矢。面对欧美市场，鉴于其对时效和准确性的高要求，可选择航空运输搭配先进的仓储管理系统，确保货物快速、准确送达。在电子产品等高价值、时效性强的货物运输中，优先采用航空快运，利用自动化仓储设备快速分拣和配送。对于发展中国家市场，考虑到基础服务覆盖和成本控制需求，可侧重于公路、铁路等成本较低的运输方式，同时积极参与当地物流基础设施建设投资。比如在印度，与当地企业合作建设物流园区，整合零散物流资源，优化运输路线，降低物流成本。通过针对不同市场特点合理配置资源，选择适配的运输方式和服务模式，物流人才得以满足全球客户多样化的物流需求，提升企业在国际物流市场的竞争力。

（二）提升国际物流业务操作与管理能力

在国际物流运输领域中，拥有国际视野的物流人才具备敏锐的判断力。不同国家和地区的地理环境、基础设施以及贸易特点，决定了运输方式的适用性各不相同。对于远距离、大批量货物的跨国运输，海运凭借其运载量大、成本相对较低的优势，成为大多数情况下的首选。比如，从中国向欧洲出口大量的日用消费品，通过海运集装箱运输，能够在保证运输量的同时有效控制成本。然而，在一些内陆国家，由于缺乏直接的出海口，铁路运输便凸显出其稳定性和成本优势。铁路运输受天气等因素影响较小，能够按时、按量将货物送达目的地。具备国际视野的物流人才，会综合考虑货物的性质、运输距离、目的地等因素，精准选择最合适的运输方式，从而优化运输路线，提高运输效率，降低运输成本，为企业在国际物流市场中赢得先机。

货物仓储管理同样因国家而异，国际视野在其中发挥着重要作用。以日本为例，由于土地资源有限，日本的仓储空间利用追求极致高效，精细化管理程度极高。货架设计紧凑且多层化，库存管理系统能够精确到每一件货物的位置和出入库时间。而在澳大利亚等地广人稀的国家，仓储布局则更侧重于便利性，仓库占地面积较大，便于货物的装卸和存储，同时也方便车辆的进出。物流人才基于国际视野，了解这些差异后，在实际业务操作中，能够根据当地的仓储特点和企业需求，灵活调整仓储管理策略。在日本开展业务时，注重仓储空间的合理规划和精细化运作；在澳大利亚，则更关注仓储设施与运输环节的衔接便利性。

（三）促进跨文化沟通与协作能力的提升

在国际物流业务中，文化背景的多样性使沟通风格截然不同。欧美国家的商务交流通常直截了当、高效明快。比如，美国客户在探讨物流项目时，倾向于直奔主题，快速明确需求与解决方案，对信息的准确性和及时性要求颇高。他们在会议中可能会直接指出问题，期望物流人才迅速给出应对策略。与之形成鲜明对比的是亚洲部分国家，沟通方式委婉含蓄，极为注重人际关系的维护。在与日本客户沟通时，物流人才需留意对方的措辞和语气，因为他们往往不会直接表达反对意见，而是通过迂回的方式传达想法。在商务谈判中，可能会先进行长时间的寒暄，营造和谐氛围后才进入正题。这种文化差异要求物流人才具备敏锐的洞察力，了解不同文化背景下客户的沟通偏好，从而为顺畅交流奠定基础。

具备国际视野的物流人才，宛如跨文化交流的桥梁。面对复杂的文化差异，他们能够运用恰当的沟通技巧，有效化解误解与冲突。当与欧美客户沟通时，这些物流人才会采用简洁明了的语言，精准传达关键信息，确保高效沟通。在制定物流方案汇报时，重点突出核心内容与预期效果，满足欧美客户对效率的追求。而在与亚洲部分国家客户交流时，他们则会耐心倾听，注重情感交流，巧妙回应客户关切。在项目合作中，主动关心客户的业务进展和困难，通过维护良好的人际关系来推动合作。在处理国际物流项目中的纠纷时，凭借对不同文化的理解，选择合适的沟通方式，促进各方达成共识，保障国际物流项目顺利推进，提高团队协作效率，为企业在国际物流市场赢得更多合作机会。

三、国际视野对物流人才职业路径的拓展作用

（一）为物流人才提供更多国际就业机会

全球物流行业正处于高速发展的黄金时期，众多国际物流企业纷纷在世界各地积极布局业务。它们的海外分支机构如同一个个战略据点，扎根于不同国家和地区的市场。而要让这些据点高效运转，关键在于拥有合适的人才。企业急需那些既熟悉当地市场，又具备跨文化沟通能力的物流专业人士。以中国物流企业在非洲的业务拓展为例，非洲大陆地域广阔，各国文化、经济发展水平差异显著，物流市场规则也不尽相同。当地的物流环境可能涉及复杂的交通状况、多样的贸易政策以及独

特的商业文化。这就要求相关人才不仅要了解非洲当地文化，能够与当地员工、客户顺畅交流，避免因文化差异产生的沟通障碍，还要熟悉当地物流市场规则，从而优化业务流程，确保货物运输的高效与安全。

对于物流人才而言，国际视野是他们在国际就业市场中脱颖而出的有力法宝。具备国际视野的人才，对不同国家的物流行业有着深入了解，无论是发达国家先进的物流技术与管理模式，还是发展中国家独特的物流市场特点，他们都能了然于心。他们还拥有强大的适应能力，能够迅速融入不同国家的工作环境。相比缺乏国际视野的同行，他们在就业选择上拥有更多的可能性。在全球范围内，他们可以依据自身的职业规划和兴趣爱好，挑选最适合自己发展的机会。一名对欧洲物流行业先进技术和管理理念感兴趣的物流人才，凭借其国际视野，能够精准把握欧洲物流企业的招聘需求，并在求职过程中充分展示自己对欧洲物流市场的熟悉程度，从而在众多应聘者中脱颖而出，获得心仪的职位。

（二）助力物流人才参与国际物流项目与合作

在国际物流项目中，从项目策划之初，国际视野就发挥着不可或缺的作用。拥有国际视野的物流人才，会全面考量不同国家的物流基础设施状况。比如，在策划一个跨国电子产品运输项目时，他们清楚欧洲部分国家铁路网络发达且运输效率高，在货物转运环节可优先考虑铁路运输；而在东南亚一些国家，公路运输因灵活性强更适合“最后一公里”配送。各国政策法规也是关键因素，像某些国家对特定电子产品的进出口关税、认证要求等，都需要纳入项目方案。在项目执行阶段，面对来自不同国家的团队成员，他们能凭借对文化差异的了解，化解沟通障碍。在与日本团队成员沟通时，知晓其注重细节、含蓄委婉的交流风格，从而调整沟通方式，避免误解，保证项目顺利推进。到了项目评估环节，他们依据国际物流市场的标准和经验，精准判断项目成效，为后续项目改进提供有力的依据。

在与国外物流企业合作方面，国际视野是物流人才的核心竞争力。这些人才凭借对国际物流市场的熟悉，能敏锐捕捉合作机会。以跨境电商物流合作为例，他们了解不同国家电商市场的发展态势，知道在新兴的非洲电商市场，当地物流企业在本地配送网络上有优势，而国外企业在先进物流技术和管理经验上更胜一筹。基于此，他们能推动双方资源共享，国外企业提供先进的仓储管理系统，本地企业提供配送渠道，实现优势互补。在合作过程中，他们还能运用国际视野协调双方利益诉求，解决合作中可能出现的矛盾。在利润分配问题上，参考国际物流行业通行规则，结合合作双方实际投入，制定公平合理的方案，确保合作稳定持续，为企业在国际物流项目与合作中创造更大价值，提升企业在国际物流领域的影响力。

（三）提升物流人才在国际物流领域的竞争力

在风云变幻的国际物流市场，具备国际视野的物流人才宛如敏捷的猎手，能够迅速捕捉到市场的动态变化。以新兴技术应用为例，当区块链技术崭露头角并逐步应用于物流追踪领域时，这类人才凭借对全球物流行业前沿资讯的关注，能够快速洞察其在保障物流信息安全、提高运输透明度等方面的巨大优势。他们不会迟疑，而是立即将这一新技术融入实际工作流程，优化物流追踪体系，为客户提供更精准、可靠的服务。同样，面对竞争对手推出的新服务模式，他们也毫不畏惧。因为对全球物流市场有着广泛了解，他们清楚不同地区客户的需求偏好，能够从对手的创新中汲取灵感，迅速调整自身策略。

国际视野赋予物流人才一双“慧眼”，让他们能够精准洞察国际物流行业的发展走向。他们密切关注全球经济形势、政策法规变动以及技术创新趋势，从而对行业未来发展有清晰预判。随着环保理念在全球普及，他们预见绿色物流将成为行业发展的重要趋势。于是提前布局，学习和掌握新能源运输设备、环保包装材料等相关知识和技术，提升自身在绿色物流领域的专业素养。在企业中，积极推动绿色物流项目的开展，从运输车辆的电动化改造，到仓储设施的节能优化，全方位践行绿色发展理念。他们还会根据行业趋势，提前规划自己的职业发展路径，参加各类国际物流研讨会、培训课程，不断拓宽知识边界，积累行业人脉。凭借这种前瞻性的规划，他们在国际物流领域中脱颖而出，逐步成长为引领行业发展的领军人物，为企业在激烈的国际竞争中赢得先机。

第二节　国际物流市场的特点与机遇分析

随着经济全球化深入发展，国际物流市场已然成为连接世界经济的关键纽带，其动态变化深刻影响着物流行业走向。本节将剖析国际物流市场的特点与机遇。通过对市场规模、竞争格局、法规政策等特点的梳理，洞察全球化、跨境电商等带来的机遇，直面贸易保护主义等挑战，并对绿色、智能等未来发展趋势展开前瞻性展望，旨在为高职物流专业学生明晰国际物流市场脉络，助力他们凭借国际视野更好地融入并驰骋于国际物流市场。

一、国际物流市场的特点概述

（一）国际物流市场的规模与增长趋势

国际物流市场呈现出规模庞大且持续扩张的态势，背后是全球贸易额的稳步提升。这种扩张为高职物流专业带来了关键发展契机。随着市场规模不断扩大，对物流人才的需求持续攀升。在此形势下，高职物流专业首要任务是合理规划招生规模。只有精准把握市场人才需求的量级，才能为国际物流市场源源不断地输送适配人才。海运作为国际物流的支柱运输方式，货物周转量庞大。高职物流专业应紧紧抓住这一重点，在教学中大力倾斜海运相关课程。集装箱运输实务课程能让学生熟悉集装箱从装箱、运输到卸箱的全流程操作；海运货代操作课程则聚焦于货运代理在海运业务中的关键环节，包括订舱、报关等。通过这些课程强化学生实践能力，学生在毕业后能迅速融入海运物流岗位，严格遵循行业标准开展工作。

航空物流凭借高效快捷的独特优势，在高附加值产品运输领域异军突起，发展势头极为迅猛。高职物流专业应敏锐捕捉到这一趋势，积极增设航空物流相关课程。通过航空货运流程课程，学生可以系统学习货物从揽收、安检到装机运输的全过程；航空物流信息处理课程则帮助学生掌握如何运用信息技术对航空物流各环节数据进行精准把控。这一系列课程将为学生开辟全新的就业路径，满足国际物流市场多样化的人才需求。新兴经济体的蓬勃发展进一步扩大了国际物流市场规模。以中国为例，其作为全球最大货物贸易国，对国际物流服务的需求极为旺盛。高职物流专业应强化与国内物流企业的合作，深入企业调研，了解企业在实际运营中面临的挑战和对人才的具体要求。依据这些调研结果，动态调整教学内容，将企业实际需求融入课程体系。在教学过程中，着重培养学生职业素养，包括责任心、团队协作能力、沟通能力等，确保培养出的学生能够迅速适应企业岗位，为国际物流市场注入新生力量。

（二）国际物流市场的竞争格局与主要参与者

国际物流市场规模庞大且持续扩张，这得益于全球贸易额的稳步上扬。这种发展态势为高职物流专业带来了不可多得的机遇。随着市场规模的不断扩大，对物流专业人才的需求也日益旺盛。高职物流专业要精准洞察市场需求，合理规划招生规模。多渠道收集市场信息，分析物流企业的招聘趋势、岗位缺口，据此调整招生人数，确保为国际物流市场输送数量适宜的专业人才。海运在国际物流体系中占据核心地位，货物周转量十分可观。高职物流专业应着重优化海运相关课程设置。集装箱运输实务课程，详细讲解集装箱装箱技巧、运输途中的安全保障以及卸箱流程，让学生熟练掌握实际操作要点。海运货代操作课程围绕订舱、报关、报检等关键环节，通过案例分析、模拟操作，强化学生的实践能力。使学生毕业后能迅速适应海运物流岗位，严格依照行业标准开展工作，提升专业人才与市场需求的契合度。

航空物流以其高效快捷的特性，在高附加值产品运输方面发展迅猛。高职物流专业应顺势而为，积极开设航空物流相关课程。航空货运流程课程全面介绍货物揽收、安检流程、装机运输等环节，让学生构建完整的航空货运知识体系。航空物流信息处理课程则引导学生运用信息技术，实现对航空物流各环节数据的精准管理。通过这些课程拓宽学生就业渠道，满足国际物流市场多样化的人才需求。新兴经济体的崛起，极大地推动了国际物流市场规模的扩大。以中国为例，其作为全球最大货物贸易国，对国际物流服务需求极为迫切。高职物流专业应加强与国内物流企业的合作。走进企业一线，观察业务流程，与企业员工交流，了解企业运营面临的难题以及对人才技能、素养的要求。依据调研结果，及时调整教学内容，将企业实际需求融入课程。在教学中注重培养学生责任心、团队协作能力和沟通能力，确保培养出的学生能快速适应企业岗位，为国际物流市场注入活力。

（三）国际物流市场的法规与政策环境

国际物流市场法规政策复杂，各国海关法规差异尤为突出。美国海关针对进口食品设置了极为严格的卫生检疫程序，从食品的源头生产到包装运输，各个环节都有细致的检查标准。欧盟在电子产品环保标准方面把控严格，对产品中有害物质的含量限定极为苛刻。对于高职物流专业而言，在国际贸易实务、报关报检等课程中，必须详细拆解这些不同国家的法规政策。通过实际案例分析，让学生深入理解美国食品卫生检疫要求下报关报检所需准备的文件、检验流程等。对于欧盟电子产品环保标准，引导学生掌握相关产品在清关时如何证明符合标准。如此强化学生对法规的理解与应用能力，使学生未来在面对各类清关手续时，能够精准应对，确保货物顺利通关，满足国际物流业务的实际需求。

国际贸易政策对国际物流影响深远。自由贸易协定促使区域间物流需求大增，像东盟内部签署协定后，成员国之间货物运输量显著提升。而贸易保护主义则带来负面效应，增加物流风险与成本，例如，部分国家加征关税，使物流企业利润空间被压缩。高职物流专业可通过开展专题讲座，邀请行业专家解读政策变化；组织学生参与政策研讨，针对具体贸易政策调整进行分析讨论，培养学生对政策的敏感度，提升其分析和应对政策变化的能力。国际物流行业遵循《修改统一提单若干法律规定的国际公约议定书》《海牙—维斯比规则》等国际公约和标准。在教学过程中，将这些公约标准融入专业课程，通过模拟业务场景，让学生在实践中遵循国际标准操作，强化职业素养，确保学生未来在国际物流工作中，能够严格按照国际标准开展业务，保障物流业务合规、有序进行。

二、国际物流市场面临的机遇与挑战

（一）全球化与区域经济一体化带来的机遇

全球化浪潮推动全球产业链深度交织。跨国公司在全球布局生产、销售及配送环节，对供应链一体化服务需求大增。这一趋势为高职物流专业带来新方向。在课程设置上，高职物流专业需强化供应链管理课程教学。在课堂中，引入真实企业案例，像剖析苹果公司全球供应链运作，从零部件采购、产品组装到全球配送，让学生清晰理解供应链各环节的紧密关联。组织学生参与模拟项目，模拟企业供应链优化任务，要求他们规划原材料采购时机、协调生产流程、优化配送路线。通过这些实践，培养学生系统规划、协调与优化供应链各环节的能力，满足企业对供应链管理人才的需求，使学生毕业后能迅速融入相关岗位，在全球产业链融合的大背景下，助力企业提高供应链效率。

区域经济一体化组织，如欧盟、东盟的发展，为高职物流专业学生创造了实践机会。这些组织能消除区域内贸易壁垒，带动区域物流市场蓬勃发展。高职物流专业可借此东风，与区域内物流企业携手合作。以与东盟物流企业合作为例，安排学生参与跨境电商物流项目。学生在项目中，深入了解东盟各国物流特点，包括马来西亚发达的港口物流运作模式、越南复杂的内陆运输网络。在货物跨境运输实践中，学生可以亲自处理报关报检手续，协调不同国家运输方式的衔接。通过这样的实践，拓宽学生国际视野，让他们掌握区域物流运作细节，提升在区域物流市场的竞争力，适应区域经济一体化带来的物流业务增长需求，为未来投身区域物流领域积累丰富经验。

（二）跨境电商与数字物流的快速发展

全球跨境电商市场近年来一路高歌猛进，交易规模持续上扬，犹如强力的磁石，吸引国际物流订单量激增。这一繁荣景象为高职物流专业实践教学带来了全新机遇。面对市场的急切需求，高职物流专业必须主动出击，与电商企业、物流企业携手合作，全力打造跨境电商物流实习基地。在实习基地中，学生能深度参与实际业务流程。在订单处理环节，学生接收客户下单信息，学习精准录入与合理分配，确保货物快速进入后续流程。在仓储管理中，他们需规划仓储空间，运用先进系统完成货物存储、盘点，优化仓储资源。在配送环节，学生参与货物分拣、包装，规划配送路线，体验物流配送实际运作。通过这些实践，学生将理论知识与实际操作紧密相连，实践能力得到极大强化，满足市场对跨境电商物流人才的迫切需求，为毕业后迅速融入行业岗位做好充分准备。

数字物流技术正以破竹之势席卷物流领域，大数据、物联网、人工智能等前沿技术重塑行业格局。高职物流专业需紧跟这一趋势，及时对课程设置与实践教学进行升级。在课程建设方面，开设一系列数字物流相关课程。包括物流大数据分析课程，引导学生运用工具从海量物流数据中挖掘有价值信息，用于预测物流需求、优化运输路线，提高运营效率；物联网技术应用课程，让学生熟悉传感器、射频识别等技术在物流设备与货物追踪中的运用，实现物流运营可视化与智能化；物流人工智能课程，则培养学生运用人工智能算法实现仓储管理自动化、运输调度智能化。通过与企业合作开展数字物流项目，为学生创造实践机会。学生在真实项目中应用所学技术，将理论知识转化为实际操作能力，精准对接行业标准，显著提升职业素养与竞争力。

（三）国际物流市场面临的贸易保护主义与风险挑战

贸易保护主义在国际物流市场中是不可小觑的力量，诸多贸易保护政策，如加征关税、设置进口配额等，给国际贸易和物流领域带来了显著冲击。加征关税直接导致货物成本大幅上升，许多企业为控制成本，不得不重新规划物流线路或调整订单规模，这使物流需求变得极不稳定。面对这一现状，高职物流专业需在国际贸易课程教学中作出调整。教师应详细剖析贸易保护主义对物流各环节的影响，通过具体案例，如某类产品因关税增加，物流企业运输量减少，利润下滑，让学生深刻理解其中的利害关系。着重培养学生应对贸易风险的能力，引导学生分析市场动态，评估风险程度。组织学生针对某一贸易保护政策实施后的物流市场变化，撰写风险评估报告，锻炼学生的市场分析和风险评估素养，为其未来在复杂贸易环境下从事物流工作奠定基础。

国际物流市场还面临着多种复杂风险。地缘政治冲突可能致使运输路线受阻，比如，中东地区局势不稳定，影响途经该区域的货物运输；汇率波动则让物流企业在成本核算上困难重重，一次较大幅度的汇率变动，就可能吞噬企业的利润；突发公共卫生事件，会让全球物流供应链陷入混乱，港口拥堵、航班减少。基于这些风险，高职物流专业应强化风险管理课程教学。运用丰富的案例分析，如讲解某物流企业如何在汇率波动中调整结算货币，降低损失；通过模拟演练，设置类似地缘政治冲突导致运输中断的场景，让学生思考应对策略。在这个过程中，着重提升学生的实践能力，培养其抗压能力和应变能力。鼓励学生在面对复杂情况时，冷静分析、迅速决策。

三、国际物流市场的发展趋势与前景展望

（一）绿色物流与国际环保标准的融合

在全球环保意识高涨的大背景下，国际环保标准越发严格，这促使物流行业向绿色物流转型，绿色物流与国际环保标准的融合已成为国际物流市场的重要趋势。高职物流专业应积极顺应这一趋势，在课程设置上主动变革。在物流设施设备课程中，教师可引入新能源运输车辆、节能型仓储设备等内容，讲解其工作原理与环保优势，让学生明白如何在实际操作中利用这些设备降低能源消耗。在物流包装课程里，重点介绍环保包装材料的特性、使用方法以及设计理念，引导学生摒弃传统高污染、高能耗的包装方式。通过这些课程内容的融入，强化学生的环保意识，使他们深刻认识到绿色物流在国际物流市场中的重要性，进而提升职业素养。让学生从学习阶段就树立起绿色物流的理念，为日后进入国际物流行业做好思想准备。

为了让学生更好地掌握绿色物流技术和管理方法，高职物流专业应加强与环保型物流企业的合作，共建绿色物流实践基地。在实践基地中，学生能够参与各类绿色物流项目。在绿色运输项目中，学生可以了解如何优化运输路线，减少运输里程，从而降低碳排放；在参与仓储节能改造项目时，他们能够亲身体验如何对仓库进行节能设施安装、调整仓储布局以提高能源利用效率；在环保包装设计项目中，学生有机会将所学的环保包装知识应用到实际设计中，设计出既环保又实用的包装方案。通过这些实践项目，学生不仅能提升实践能力，还能深入掌握绿色物流技术和管理方法，从而满足国际物流市场对绿色物流人才的需求。高职物流专业以此为契机，为未来国际物流市场的可持续发展输送具备专业知识和实践能力的优秀人才。

（二）智能物流技术的应用与推广

智能物流技术是现代物流与信息技术深度融合的产物，正逐步重塑着物流行业

的格局。这一技术体系涵盖了自动化仓储系统、智能运输调度、大数据分析、物联网追踪、人工智能优化等多个领域，旨在通过智能化手段提高物流效率、降低成本、提高服务质量和客户体验。

1.明确技术应用目标，规划实施路径

明确技术应用目标是智能物流技术在仓储管理中应用的前提。仓储企业应聚焦于提高仓储效率、降低运营成本、优化库存管理、增强客户服务体验等核心目标。通过智能物流技术的应用，实现货物的高效存取、精准分拣与快速配送，减少人力成本与时间浪费。此外，智能物流技术还能提高客户服务水平，实现订单的快速响应与准时交付，增强客户满意度与忠诚度。

规划实施路径是确保智能物流技术在仓储管理中有效应用的关键。仓储企业应分阶段、分步骤地推进技术应用。初期，以自动化仓储系统为切入点，引入自动导引车（AGV）、自动化立体仓库等硬件设备，实现仓储作业的自动化与智能化。中期，构建智能仓储管理系统，集成大数据分析、物联网追踪、人工智能优化等功能，实现对仓储数据的全面采集与分析，为决策提供数据支持。后期，深化智能物流技术的融合应用，推动仓储管理与供应链上下游企业的协同创新，形成智能化的仓储物流生态系统。

2.构建智能仓储管理系统，实现数据驱动决策

构建智能仓储管理系统的核心在于其高度集成化与智能化。系统通过集成物联网技术，实现货物从入库、存储到出库的全链条追踪，确保货物的实时位置与状态信息准确无误。同时，借助大数据分析技术，系统能够深入挖掘仓储数据中的价值信息，如库存周转率、作业效率、客户需求等，为仓储管理提供数据支持。在此基础上，智能仓储管理系统引入人工智能算法，对仓储作业进行优化，如自动排程、路径规划、库存预测等，进一步提高仓储管理的效率与质量。

实现数据驱动决策是智能仓储管理系统的重要功能之一。通过收集与分析仓储数据，系统能够为企业提供精准、全面的决策支持。如基于库存数据的分析，系统能够预测未来库存需求，为采购与生产计划提供数据参考；基于作业数据的分析，系统能够识别作业瓶颈，提出优化建议，提高作业效率；基于客户需求数据的分析，系统能够优化客户服务策略，提升客户满意度与忠诚度。

3.优化人力资源配置，提高员工技能水平

一方面，企业应积极引进具备智能物流技术背景的专业人才，包括自动化工程师、数据分析师、人工智能专家等，为仓储管理的智能化转型提供技术支持。另一方面，通过内部培训、外部合作等方式，提高现有员工的技能水平，使其能够掌握

智能物流技术的基本操作与应用，如自动化设备的使用、数据分析软件的应用等，以适应新的作业模式。

在优化人力资源配置的同时，仓储企业还需注重员工的职业发展与激励机制。通过设立清晰的职业发展路径与晋升通道，鼓励员工积极参与技能提升与技术创新活动，激发员工的内在动力与创造力。同时，建立完善的激励机制，如绩效奖金、股权激励等，表彰在智能物流技术应用中表现突出的员工，营造积极向上的工作氛围。此外，通过定期举办技能比赛、经验交流会等活动，提升员工的专业技能与团队协作能力，为仓储管理的智能化转型提供坚实的人才保障。

4.强化数据安全与隐私保护，确保信息安全

仓储企业应建立严格的数据安全管理体系。这一体系应包括数据分类、数据加密、访问控制、安全审计等多个环节，确保数据的全生命周期安全。对于敏感数据，如客户信息、库存数据等，应实施严格的加密措施，防止数据泄露。同时，通过细粒度的访问控制，确保只有授权人员才能访问相关数据，防止内部数据滥用。此外，定期进行安全审计，及时发现并修复潜在的安全漏洞，确保数据安全管理体系的有效性。

在智能物流技术的应用过程中，仓储企业应注重隐私保护。通过实施数据最小化原则，仅收集与处理必要的客户信息，减少不必要的数据收集，降低隐私泄露的风险。同时，对于涉及个人隐私的数据，如客户身份信息、购买记录等，应实施严格的隐私保护措施，如匿名化处理、脱敏处理等，确保客户隐私不受侵犯。同时，仓储企业应积极采用先进的数据安全技术，如区块链、人工智能安全监测等，为数据安全提供技术保障。区块链技术具有去中心化、不可篡改等特点，可用于数据的追溯与验证，确保数据的真实性与完整性。而人工智能安全监测技术则能够实时监测数据的安全状态，及时发现并应对潜在的安全威胁。

5.关注政策与法规变化，保持合规性

仓储企业在应用智能物流技术时，必须深入了解并遵守相关法律法规，确保业务操作的合法性与合规性。为确保合规性，仓储企业应建立专门的政策与法规监控机制。通过定期收集、分析相关政策与法规的变化，及时了解最新的监管要求与行业动态，为企业的决策与操作提供法律依据。随着全球化进程的加速，仓储企业的业务往往涉及多个地区、多个国家，而不同地区的政策与法规可能存在差异。因此，企业在应用智能物流技术时，需深入了解并遵守不同地区的法律法规，确保业务在全球范围内的合规性。此外，仓储企业还应积极与政府机构、行业协会等保持沟通与合作，及时了解政策与法规的最新动态，获取政策指导与支持。通过与政府

机构的合作，企业可以更好地理解政策意图，为业务发展创造有利的外部环境。

6.建立持续改进机制，不断优化技术应用

建立持续改进机制的核心在于对技术应用效果的持续监测与评估。仓储企业应设立专门的技术应用评估团队，通过收集并分析业务数据、作业效率、客户满意度等指标，对智能物流技术的应用效果进行全面评估。在此基础上，企业可以明确技术应用的优势与不足，为后续的优化工作提供方向。在持续改进机制中，仓储企业应鼓励技术创新与实验。通过设立创新基金、搭建实验平台等方式，鼓励员工提出创新性的技术应用方案，并进行实验验证。这一过程中，企业应注重保护知识产权，确保创新成果的有效转化与应用。智能物流技术的应用往往涉及多个部门、多个环节，如自动化仓储系统、大数据分析平台、物联网追踪系统等。因此，企业需要加强跨部门之间的沟通与协作，确保技术应用在各个环节中的无缝衔接与高效运行。[1]

（三）国际物流市场的未来发展方向与潜力

国际物流市场未来呈现一体化、智能化、绿色化的清晰走向，这为高职物流专业的人才培养工作带来了全新的机遇与挑战。面对一体化趋势，物流企业正加速向供应链集成服务商转型。高职物流专业需顺势而为，着重加强供应链管理课程建设。在课程中，通过引入企业实际案例，如某大型制造业企业的供应链运作流程，让学生理解从原材料采购、生产制造到产品配送的整个链条，培养他们的系统思维。积极开展校企合作项目，组织学生参与供应链一体化项目实践，例如，参与企业的库存优化项目，让学生在实践中提升综合协调能力，切实对接企业对供应链管理人才的需求。在智能化方面，物流各环节正加速自动化、智能化升级。高职物流专业应加大智能物流技术课程教学力度。像开设自动化仓储系统应用课程，让学生掌握自动化仓库的操作与管理；物流人工智能应用课程，使学生学会运用人工智能算法优化物流运输路线。通过这些课程，培养学生掌握先进物流技术的应用能力，提升职业素养，确保学生能适应智能物流时代的工作要求，在未来的物流行业中具备竞争优势。

新兴市场国家经济的快速发展以及“一带一路”倡议的持续推进，为高职物流专业创造了丰富的国际合作与交流机会。在这样的大背景下，高职物流专业应积极行动起来。一方面，积极开展国际交流项目，选派学生参与国际物流学术研讨会、行业展会等活动，让学生接触国际前沿的物流理念和技术，拓宽视野。另一方面，

[1] 刘阳.智能物流技术在仓储管理中的应用[J].中国航务周刊，2025（2）：54-58.

与沿线国家院校开展深度合作，共同开发课程、互派教师交流、组织学生交换学习。在合作过程中，强化学生对不同国家物流市场特点、文化差异的了解，培养学生的国际视野。绿色化作为国际物流市场的重要发展方向，贯穿物流全过程。高职物流专业要持续强化学生的环保意识和绿色物流技能。通过在课程中融入绿色物流案例，如环保包装设计、绿色运输方案制定等，让学生掌握绿色物流技术和管理方法。培养学生成为符合可持续发展理念的物流专业人才，以适应国际物流市场对绿色物流人才的需求，在国际物流市场的未来发展中发挥积极作用，为行业培养高素质的专业人才。

第三节　国际视野培养与国际物流市场的对接策略

在经济全球化浪潮中，国际物流市场蓬勃发展，对具备国际视野的物流专业人才需求极为迫切。高职物流专业作为培养行业人才的重要阵地，如何实现国际视野培养与国际物流市场的有效对接，成为亟待解决的关键问题。本节将探讨国际视野培养的策略与方法、国际物流市场对接的路径与措施，以及二者对接所需的保障机制，旨在为高职物流专业构建一套科学、系统且切实可行的人才培养模式，助力学生在国际物流舞台上崭露头角，满足市场对高素质物流人才的需求。

一、国际视野培养的策略与方法

（一）将国际视野培养纳入物流专业课程体系

1.核心课程融入国际元素

高职物流专业在课程革新进程中，要着重将国际视野培养融入核心课程。像国际物流课程，不能仅局限于传统理论讲解，需紧跟全球物流市场动态。在讲解运输环节时，引入不同国家物流政策法规对运输线路、方式选择的影响。举例说明，欧盟对货车司机工作时间、车辆排放标准的规定，是如何改变国际公路运输格局的。在供应链管理课程中，剖析国际物流前沿案例，如苹果公司全球供应链布局，从原材料采购地的选择，到产品配送至全球各地市场，让学生理解供应链各环节在国际环境下的复杂协作。尤其是在“一带一路”倡议背景下，详细解读沿线国家物流通道建设与合作模式，像中老铁路开通后，对中国与老挝及周边国家物流贸易的促进作用，帮助学生构建起复杂国际物流网络的认知，为后续学习和实践打下基础。

2. 开设国际物流专题课程

为进一步拓宽学生国际视野，高职物流专业应积极开设国际物流专题课程。聚焦跨境电商物流领域，分析全球跨境电商市场的蓬勃发展态势，讲解不同国家和地区跨境电商物流的特点与挑战。以美国市场为例，其地域广阔，对物流配送的时效性和覆盖范围要求极高；而在欧洲，多语言环境和复杂的海关政策给跨境电商物流增添难度。针对国际冷链物流专题，探讨全球生鲜、医药等产品对冷链物流的特殊需求，以及不同国家在冷链技术、设施建设方面的差异。通过课程作业，让学生调研某一国际物流细分领域的最新发展；组织小组讨论，鼓励学生针对特定问题提出解决方案。以此引导学生主动关注国际物流资讯，培养其分析国际物流问题的能力，逐步搭建起国际视野思维框架，更好地对接国际物流市场需求。

（二）开展国际物流学术交流与合作项目

积极组织各类国际物流学术交流活动，是拓宽师生国际视野的重要途径。邀请国外知名物流专家学者举办讲座，为师生带来国际物流领域的前沿研究成果与行业创新实践经验。比如，邀请欧洲物流专家分享在绿色物流方面的最新研究进展，介绍如何通过优化运输路线、采用环保包装材料等手段，降低物流行业的碳排放。组织本校教师与学生参与国际物流学术会议，在这个平台上，师生不仅能展示自身的研究成果，还能深入了解全球最新学术动态。在会议中，与来自不同国家的物流学者、从业者交流探讨，获取新的研究思路和行业信息。通过这些学术交流活动，师生能够紧跟国际物流学术前沿，不断更新知识体系，为培养具有国际视野的物流人才营造良好的学术氛围。

开展国际院校间的合作项目，对拓宽学生国际视野与提高学术能力意义重大。在联合培养项目中，学生在国内院校完成基础课程学习后，前往合作的国外院校进行专业课程学习与实践，接受不同教育体系下的物流教学，接触多元文化背景的师生，拓宽思维边界。在与美国院校的联合培养项目中，学生能学习到美国先进的物流信息技术应用与物流企业管理模式。交换生计划能让学生在国外院校沉浸式学习，亲身体验当地的教育理念与教学方法。双方院校还可共同开展物流课题研究，聚焦全球物流可持续发展、智能物流技术应用等热点问题。整合双方的师资、研究设备等资源，发挥各自优势，引导学生参与其中，提升其参与国际学术研究的能力。通过这些合作项目，让学生在国际交流合作中不断拓宽国际视野，为未来投身国际物流行业奠定坚实的基础。

（三）鼓励学生参与国际物流实习与实践活动

为助力学生拓宽国际视野，提升实践能力，学校应积极搭建海外实习平台。主动联系海外物流企业以及跨国公司的物流部门，将其设立为实习基地。学生置身其中，能深度参与各类国际物流业务操作。在跨境货物运输环节，学生负责安排货物订舱、跟踪运输过程，了解不同国家海关对货物进出口的监管流程，知晓各国运输法规对运输路线、运输时间的影响。在国际仓储管理方面，学生参与仓库布局规划、货物存储与盘点，学习不同国家仓储设施的运用与管理模式，亲身体验不同国家物流运作模式的差异，感受多元的企业文化氛围。这种沉浸式的实习经历，可以让学生将课堂所学理论知识与实际操作紧密结合，对国际物流市场形成直观且深刻的认识，为未来投身国际物流行业积累宝贵经验。

除海外实习外，组织学生参与丰富多样的国际物流实践项目和技能竞赛同样关键。开展模拟跨境电商物流运营项目，让学生从货物采购源头入手，依据市场需求和成本考量挑选合适商品，随后严格按照国际物流标准完成报关报检手续，规划配送路线，直至将货物成功交付给客户，全程模拟真实业务流程，锻炼学生对国际物流各环节的综合把控能力。鼓励学生参与国际物流技能竞赛，在竞赛中，学生与国内外同行同场竞技，通过比拼物流方案设计、操作技能熟练程度等，可清晰认识到自身在国际物流知识与技能方面的不足，进而主动学习他人先进经验，不断完善自我。这些实践项目与竞赛活动能全方位提升学生的实践能力，拓宽其国际视野，使其更好地适应国际物流市场的需求。

二、国际物流市场对接的路径与措施

（一）加强与国际物流企业的合作与联系

高职物流专业要积极迈出与国际物流企业合作的步伐。邀请企业专家参与专业课程设计是使教学贴合市场的关键一步。这些专家凭借丰富的行业经验，依据国际物流企业实际业务需求，为课程内容提出切实建议。比如，在国际物流运输课程中，企业专家会结合当下热门的多式联运业务，指出应重点讲解不同运输方式的衔接要点、运输成本核算技巧等内容，让课程更具实用性。开展订单式人才培养模式，学校与企业签订人才培养协议。企业明确所需岗位技能，学校据此制订有针对性的教学计划。以某国际货代企业为例，其需要熟悉跨境电商物流操作并具备良好外语沟通能力的人才，学校便在课程中增加相关实操训练与外语强化课程，为企业定向输送符合岗位需求的学生，实现人才培养与企业需求的精准对接。

建立企业兼职教师库，为教学注入新鲜活力。聘请国际物流企业资深从业者担任兼职教师，他们将行业最新案例带入课堂。在讲解仓储管理时，兼职教师分享某大型物流企业如何利用智能仓储系统提高仓储空间利用率、降低库存成本的真实案例，让学生了解行业前沿运作模式。安排学生到企业参观学习，学生走进国际物流企业，看到货物从入库、存储到出库配送的完整运营流程。在参观过程中，学生直观感受自动化设备在物流作业中的应用，了解不同岗位的职责，增强对国际物流市场的感性认识。通过这些合作方式，学校充分借助企业资源，丰富教学内容与学生实践体验，为学生未来顺利进入国际物流行业创造良好的条件。

（二）建立国际物流市场信息共享平台

建立国际物流市场信息共享平台，核心在于全面整合各类关键信息。收集全球物流市场数据，涵盖不同地区物流需求规模、货物运输量及增长率等数据，为深入分析市场趋势提供支撑。整理行业报告，包括国际知名咨询机构对物流行业发展前景、新兴业务模式的研究成果，让师生与从业者能够把握行业宏观走向。密切关注政策法规变化，如各国进出口关税调整、物流环保政策更新等信息，确保平台使用者及时了解政策动态对国际物流业务的影响。平台设有实时资讯板块，如同一个24小时运转的新闻站，迅速推送国际物流行业最新消息。当国际航运价格因市场供需关系或地缘政治因素出现波动时，平台第一时间发布相关资讯，帮助物流企业及时调整运输成本预算，也让学生了解价格变动背后的复杂原因。新物流技术如人工智能仓储管理系统、绿色环保运输设备的应用新闻，同样会及时呈现在该板块，激发师生对新技术的探索兴趣，为教学内容注入新元素，助力学校培养紧跟行业发展的物流人才。

为丰富教学与实践参考资料，平台设立案例库，精心收集整理国际物流企业的成功与失败案例。在成功案例中，可能涉及某国际物流巨头如何通过优化全球供应链布局，实现成本大幅降低与服务质量显著提高；失败案例则可能展示因忽视新兴市场政策风险，某企业在拓展业务时遭遇重大挫折的全过程。这些案例为教师教学提供生动素材，在课堂上，教师可引导学生对案例进行深入剖析，从战略决策、运营管理、风险管理等多个角度探讨成败原因，培养学生分析问题与解决问题的能力。平台开设交流论坛，构建起一个活跃的互动空间。学校师生、企业从业者等不同群体会聚于此，自由交流国际物流市场见解，分享宝贵经验。物流企业从业者分享在实际业务中应对复杂海关手续、解决跨境运输难题的经验技巧；学生则可就课堂学习中遇到的困惑，如国际物流成本核算的难点等，向企业专家请教。这种交流互动可促进知识共享，打破学校与市场之间的信息壁垒，为培养适应国际物流市场需求的高素质人才提供有力的信息交流平台，推动学校与国际物流市场的紧密对接。

（三）推动物流人才参与国际物流项目与业务

为切实提升物流人才在国际物流市场的实战能力，鼓励教师引领学生积极参与国际物流企业的实际项目。在优化国际物流运输路线的项目中，学生与企业专业团队并肩协作。他们借助所学的地理信息系统、数据分析等知识，综合考虑运输成本、运输时间、货物特性以及各国交通政策等因素，为企业设计更高效的运输方案。比如，针对从中国运往欧洲的电子产品运输，学生通过分析不同航线的运输时长、港口拥堵情况以及运输费用，帮助企业找到一条既能保证货物按时交付，又能降低成本的最佳运输路线。在设计跨境电商物流解决方案项目中，学生要深入了解跨境电商的业务流程，结合国际物流的特点，从货物仓储、包装、报关报检到配送等环节，为企业制定全方位的物流方案。在这个过程中，学生将理论知识充分运用到实际操作中，积累宝贵的项目经验，真切体会国际物流企业的运作模式，更好地对接市场需求。

组织学生参与国际物流业务模拟活动是提升学生业务能力的有效途径。在模拟国际货代业务操作场景中，学生扮演货代业务员，模拟与客户沟通、订舱、安排运输等一系列业务流程，熟悉货代业务的各个环节，提升沟通协调与业务处理能力。在国际物流项目投标模拟活动中，学生需要根据给定的项目要求，组建团队，制定物流方案，撰写投标文件，并进行现场演示。这一过程锻炼了学生的团队协作、方案策划以及展示表达能力。支持学生参与国际志愿者活动，如国际人道主义救援物资物流配送。在复杂的国际环境下，学生面临物资种类繁杂、运输条件艰苦、时间紧迫等诸多挑战。他们需要合理规划物资的仓储、运输与分配，协调不同国家和地区的相关部门与人员，确保救援物资能够及时、准确地送达目的地。通过参与此类活动，学生在实践中锻炼了在复杂环境下的物流组织与协调能力，全方位提升自身综合素养，为未来在国际物流市场中大展身手奠定坚实的基础。

三、国际视野培养与国际物流市场对接的保障机制

（一）制定国际视野培养与国际物流市场对接的规划与目标

学校制定国际视野培养与国际物流市场对接规划时，清晰划分不同阶段培养目标是关键。大一阶段，着重通过基础课程为学生打开国际物流市场的认知大门。在

《物流基础》课程中融入国际物流的基础概念，介绍全球主要物流枢纽分布、国际物流运输方式的基本特点，让学生对国际物流市场有初步印象。利用《国际贸易概论》课程，讲解国际贸易与国际物流的紧密联系，使学生了解国际物流在全球贸易中的重要地位，为后续学习铺垫基础。大二阶段，借助丰富多样的实践活动与专业课程，深化学生对国际物流知识的理解，拓宽其国际视野。组织学生参观国际物流企业，实地观察货物进出口流程、仓储管理模式等。在《国际物流实务》课程中，引入大量真实案例，如某跨国公司的全球供应链运作案例，让学生分析其中的物流环节，提升对国际物流复杂业务的理解能力。通过这些实践与课程，学生对国际物流市场将有更深入、全面的认识，国际视野得以显著提升。

为保障规划有效执行，设定量化考核指标必不可少。学生参与国际交流活动的比例是重要指标之一，学校可规定每学年参与国际学术讲座、交流项目的学生占比应达到一定数值，以此推动学生积极投身国际交流。国际物流项目实践成果数量也需纳入考核，鼓励学生参与企业实际项目或校内模拟项目，根据项目完成质量、创新性等维度对成果进行评估。规划实施步骤同样关键。课程改革推进计划要明确各阶段课程调整方向，如先修订专业核心课程，融入国际物流前沿知识，再逐步完善选修课程体系，开设国际物流特色选修课程。国际合作项目开展时间节点需精确规划，例如，与国外院校的交换生项目，提前一年确定合作院校、选拔学生，确保项目顺利开展。通过这些量化指标与实施步骤，为国际视野培养与国际物流市场对接工作提供清晰指引，保障其有序推进。

（二）建立国际视野培养与国际物流市场对接的评价体系

建立科学评价体系，学生与教师评价是重要组成部分。对于学生，从多个维度衡量其成长。在国际物流知识掌握方面，通过课程考试检验学生对国际物流理论、法规政策、业务流程等知识的理解。在国际物流课程考试中，设置案例分析题，考查学生运用知识解决实际问题的能力。评估国际视野拓宽情况，观察学生在国际交流活动中的表现，如参与国际物流学术讲座后的心得分享，看其是否能吸收前沿观点、拓宽思维。对参与国际项目与业务能力的评价，则借助实践项目考核，如学生在参与跨境电商物流项目时，从方案设计、执行过程到最终成果，全面评估其实际操作能力。针对教师，重点关注教学能力提升。观察教师在国际物流课程教学中，能否将最新行业动态融入课堂，教学方法是否多样有效。国际合作项目开展成果也是关键，如教师主导的国际院校联合科研项目的完成质量、影响力。指导学生参与国际活动成效，体现在学生在国际竞赛、交流项目中的成绩与成长，通过这些方面综合评价教师，为教学改进提供依据。

评价国际合作项目及与国际物流企业合作，需关注合作深度与人才培养促进作用。合作深度可从合作形式丰富度、资源共享程度来衡量。例如，国际院校合作，若双方仅开展简单的学生交换，合作深度有限；若在此基础上，共同开发课程、共享教学资源、联合培养师资，合作则更为深入。与国际物流企业合作，看企业参与课程设计、提供实习岗位数量与质量等方面。对人才培养的促进作用，从学生就业竞争力提升、专业技能增强等体现。若合作后，学生在国际物流企业就业比例提高，且入职后能快速适应岗位，则说明合作对人才培养有积极作用。根据这些评价结果，学校能清晰了解国际视野培养与国际物流市场对接工作的优势与不足，进而及时调整培养策略，如优化课程设置、拓宽合作渠道，完善对接措施，推动工作持续优化，实现更好的人才培养与市场对接效果。

（三）加强师资队伍建设，提升教师的国际视野与教学能力

1.及时转变理念，寻找建设新方法

国外发达国家在许多年前就已经开展高校师资队伍国际化建设工作，在经历了多年的发展后已经形成了完善的规章制度。比如，美国于20世纪60年代，就已经出台了《国际教育法》，为了能够促进其他国家的高等教育国际化发展，还专门设置了相对应的奖学金。又如，日本也在20世纪80年代出台了《国立或公立大学外国教员任用特别措施法》，在其措施法中规定，高校需要在非语言学科聘用外教。但从我国的高校师资队伍国际化建设工作来看，当前还没有制定出与国际教育相关的规定，基本上只是高校本身在参与一些国外经验来开展国际化建设工作。因此，教育主管部门以及高校自身，应该及时转变理念，打破片面的工作模式，将国际化建设理念融入高校的办学理念中，并将师资队伍国际化建设作为学校发展的重点。

对于一些条件较好的高校，应该制定出与国际化发展相关的发展战略目标，从本身师资队伍国际化培养到国际化人才的改进都需要制定出规范化、合理化的规定。加大对其师资队伍建设的经费投入，保证其规定能够得到落实。对于条件稍差的高校而言，应该从其院校的长期发展来进行统筹，通过国际交流与合作，让本校师资能够通过努力获得出国留学奖学金进行进修。适当引进优秀的海外人才加盟到高校中进行执教，并能够在其人才的引领下，增强国际建设的感染力。与此同时，各大高校可以通过联合的方式，组织国际化战略研讨会，并以各大高校为基础构建国际化战略委员会，提升各种国际化发展战略的研究成果的转化。

2. 整合资源合理利用

各大高校都应该发挥出其自身的优势与资源，通过整合的方式最大化地将其资源运用于高校师资队伍国际化建设工作中，构建起人才引进来和人才培养相结合的国际化建设机制。结合我国对外开放的国策，通过合理化统筹来开展高校师资队伍国际化建设工作。结合自身高校的办学特色，积极构建合理有效的国际化师资队伍建设体系。对于当前我国高校师资队伍国际化培养工作而言，主要是以国家留学基金委和省政府出国留学奖学金等为主。同时，高校应该以自身发展为前提，通过公派及自费公派的形式，让教师出国研修。

通过整合已有教师公派出国研修项目的方式，让教师申请出国研修工作能有的放矢，从而提高项目申请的成功率。对于条件较好的高校，可以根据自身发展需求，按一定的比例建立单位公派专项基金，专项基金用于对师资队伍出国进修提供支持，对于有能力自费公派回归学校的教师应该给予一定的奖励。通过这些举措，高校教师的出国进修道路更加通畅，消除了出国进修教师的顾虑。高校方面应该鼓励教师参与外语水平考试（WSK），通过提升外语水平的方式来增强教师对国际化建设的理解。各大高校可以通过联合组织的方式，开展出国留学英语培训班。所有费用都由学校给予承担，让参与教师能够全身心地投入学习进修。此外，为了能够让教师对于自身执教专业的国际学术动态有一个全方位的了解，学校应该鼓励其专业教师积极参与不同的国际学术研讨会，增强其教师对国际化建设的理解，让其从内心重视国际化建设，以点带面对其他教师形成影响，从而有效促进全体教师的全面发展。对于成功申请出国进修的教师，学校应该给予相应的政策支持，并通过积极创新来促进高校师资队伍国际化建设，在全校范围内形成国际化建设的热潮。

3. 加大国际化建设投入力度

高校师资队伍国际化建设的主要目的在于能够让其师资队伍具备国际视野，掌握国际知识以及经验，并将这些内容应用到高等教育中，推动我国高等教育的发展。让各大高等院校形成教学与科研相结合的教育环境，促进各大高校能够向着国际化方向发展。高校想要在国际竞争中提高实力，需要自身拥有一支具备国际化理论的师资队伍。学校可以通过国际化人才引进的方式，在其人才的带领下增强本校师资队伍国际化建设工作实效性。因此，学校应该通过引进国外优秀教育专家、学者到学校进行授课，或者通过组织教育研讨会等活动，推动高校师资队伍国际化建设。学校要打破传统的用人机制以及招聘模式，通过主动出击的方式制定出具体化、合理化、规范化的人才引进流程。对于表现突出的人才，可以给予适当地放宽政策，对于特别优秀的人才可以为其开通审批绿色通道，增强自身院校对国际化优秀人才的吸引力。

学校除了要创新人才吸引机制以外，还要加大对学校的宣传力度，从而让更多海外人才对院校有所了解，并加大对海外优秀人才引进费用投入。通过为其提供优厚待遇以及情感投入的方式，吸引海外优秀人才。对于一些具有国际影响力的学术权威，学校可以通过加盟或者邀请到校开展研讨的方式，促进本身国际化建设工作的开展。以上方式，能够为高校带来先进的教学理念以及教学模式，并能够让高校师资队伍掌握一定的科研技巧，从一定程度上促进高校师资队伍国际化建设，并让其建设工作产生长久的影响力。[1]

[1]　周燕红.国际化视野下高校师资队伍状况探讨[J].经济研究导刊，2017（30）：138-139.

第七章

课程体系构建与“三强化”的融合实践

在高职物流专业人才培养进程中，课程体系作为核心载体，其构建质量直接关乎人才培养成效。“三强化三对接”人才培养模式中的“三强化”理念为课程体系优化指明了方向。当前，高职物流专业课程体系虽已具备一定基础，但仍存在与市场需求脱节、能力培养不足等问题。本章将剖析课程体系的现状，围绕“三强化”理念阐述融入方式，并结合实践案例总结经验，旨在探索出一条课程体系与“三强化”深度融合的有效路径，切实提高高职物流专业人才培养质量，助力学生在物流行业崭露头角，满足市场对高素质物流人才的迫切需求。

第一节　高职物流专业课程体系的现状与优化方向

高职物流专业课程体系作为人才培养的关键架构，其科学性与适应性对培育符合行业需求的物流人才至关重要。在“三强化三对接”人才培养模式探索进程中，清晰洞察当前课程体系的真实面貌、精准剖析现存问题并明确优化方向，是落实“三强化”理念的基石。本节通过梳理高职物流专业课程体系的结构、内容，挖掘其中存在的不足，进而依据行业发展趋势与人才培养目标，确立以市场为导向、聚焦能力培养、紧跟时代步伐的优化原则与方向，为后续“三强化”理念在课程体系中的深度融入筑牢根基。

一、高职物流专业课程体系的现状分析

（一）人才培养难以满足物流行业发展需要

物流行业作为一个新兴行业，近几年来得到了充分的发展，有效地解决了近年

来失业人口日益增多的情况，在国民经济中所占的比重也呈现出与日俱增的趋势。由于大数据、物联网等先进技术在物流行业中的广泛应用，高职院校现有的物流课程培养出来的物流人才已经很难满足物流行业科技化、高速化发展的需要。大多数高职院校的毕业生在物流企业中从事的都是运输、仓储等技术性较低的工作，而忽略了研发、管理等人才的培养。

（二）课程体系设置落后于物流行业发展速度

人才培养出现问题，在很大程度上与课程体系设置紧密相关。高职院校的课程内容包含决策方法、经济、管理等多门课程，虽然涉及了多个学科的知识，具有一定的综合性，但是与信息化、智能化的物流行业发展趋势不匹配，课程体系设置已经落后于物流行业的发展速度。顺丰、菜鸟等大型物流企业逐渐建立起相对完备的智能物流系统，但高职院校目前的课程设置却缺少了相应的内容，致使学生对物流行业的发展趋势知之甚少，人才培养与岗位需求不匹配的现象屡见不鲜。

（三）实训条件以及校企合作深度有待提高

课程体系设置的不合理，进一步影响到实训环节。实训场地对高职院校物流专业教学而言是必要的支撑，但是物流实训场地的建设对资金的需求非常大，目前很多高职院校的实训室都只配备了少量的软件，学生往往只能在教师的引导下参与物流某一环节的实训，对物流各环节的了解程度不够。为了尽可能多地为学生提供实践的机会，高职院校还主动加强与物流企业的合作，将相关课程直接设置在物流企业，并邀请企业专业人员为学生讲解物流各个环节的运作。但是由于企业与学校之间存在着差异，企业为高职院校学生提供的岗位大多数是十分简单的，学生主要在人工分拣、搬运、打包等岗位工作，一些先进的设备与系统在实习中根本接触不到，从而实践最终流于形式。

（四）专业教师队伍的数量与质量有待提高

实训效果不佳，与专业教师队伍的情况也有千丝万缕的联系。高职院校的学生能否对物流专业知识以及物流行业发展趋势有正确的认知，取决于教师的专业水平以及教学观念。互联网技术的快速发展在给物流行业注入活力的同时也扩大了对复合型人才的需求量，物联网、第三方运作技术岗位的人才缺口是比较大的。然而，大部分高职院校的教师由于对物流企业的管理与运营缺少了解，对物流行业今后的发展趋势难以作出正确的判断，这使教师在物流专业教学时很难传授给学生物流企业发展所需的专业知识。除此之外，高职院校物流专业的学生数量不断增多，但是物流专业教师却较少，严重制约了高职院校物流专业的发展。

（五）课程开发主体错位，课程体系理论理解有偏差

教师队伍存在的问题，进而反映在课程开发方面。教育部支持教师参加各种形式的实践培训，鼓励教师到相关企业去挂职，但是教师的教学任务是十分繁重的，而且要完成领导交付的各种任务，因此专业教师的实训往往流于表面。而教师才是课程开发的主体，这种主体上的错位使课程开发的水平不高，各高校之间的课程开发也一直处于相互借鉴的重复状态。[1]

二、高职物流专业课程体系的优化原则

（一）以市场需求为导向，注重实用性

物流行业发展态势瞬息万变，这使课程体系优化与市场需求紧密关联成为必然。学校应积极开展对物流企业的调研工作，以此精准把握企业对物流人才岗位技能的要求。当下电商行业呈爆发式增长，这一变化直接促使物流企业对电商物流运营人才需求急剧上升。基于此，高职院校的物流专业课程体系需顺势调整，及时增添电商物流相关课程。电商仓储管理课程要详细讲解电商环境下仓库布局规划、库存管理策略，让学生明白如何在高频次货物出入库的电商仓储场景中，实现高效管理。电商物流配送课程，则聚焦于配送路线优化、“最后一公里”配送难题破解等内容，传授学生电商物流配送的关键技术。这些课程设置的优化，使学生构建起电商物流运作的知识框架，为适应物流市场新需求做好知识储备。

企业反馈是优化课程实践教学环节的重要依据。在课程体系优化过程中，要充分参考企业意见，强化学生实际操作技能训练。以电商物流领域为例，企业希望学生具备扎实的电商订单处理能力。学校可在课程中安排专门的订单处理实训，让学生模拟处理海量电商订单，学会准确录入订单信息、合理分配订单任务，确保订单处理的高效与准确。物流包装设计也是关键实践环节，鉴于电商产品种类繁多、特性各异，学生需学习针对不同产品设计合适的包装方案，既要考虑包装对产品的保护作用，又要兼顾成本控制与环保要求。通过这些贴合企业实际需求的实践活动，学生可将所学理论知识转化为实际操作能力，毕业后能够迅速融入企业岗位，满足

[1] 杨玉洁.高职物流管理专业课程体系构建研究与实践[J].物流工程与管理，2020，42（8）：198-200.

企业对人才实践能力的要求，切实提高就业竞争力，达成学校人才培养与市场需求的精准对接。

（二）以学生为中心，强调能力培养

在课程体系优化进程中，学生的主体地位至关重要，契合学生学习特性与需求的课程设置不可或缺。鉴于学生学习能力参差不齐，分层教学是关键策略。对于基础较薄弱的学生，专业基础课程的教学应有所侧重。如在物流基础课程中，详细阐释物流基本概念、原理时，搭配大量实例辅助理解，并安排充足的基础练习题，帮助学生巩固知识，为后续深入学习筑牢根基。而针对学习能力较强的学生，开设拓展性课程能有效挖掘他们的潜力。例如，物流前沿技术研究课程，聚焦于区块链在物流溯源中的应用、人工智能优化物流配送路径等前沿领域，引导学生探索行业未来发展方向，激发他们的创新思维，满足其对知识深度与广度的追求，使不同层次的学生都能在课程学习中收获成长，为适应未来物流行业多元岗位需求做好准备。

教学方法的多样性是实现以学生为中心、强化能力培养的重要手段。项目式学习为学生搭建了实践锻炼的平台。以跨境电商物流项目为例，学生分组协作，从货物采购、报关报检，到运输配送等环节全程参与。在此过程中，他们需协调团队成员工作，共同解决运输路线受阻、海关手续烦琐等实际问题，团队协作与问题解决能力得以显著提升。案例教学同样成效显著。通过剖析实际物流案例，如某物流企业在旺季如何优化仓储布局以应对货物激增，学生从案例背景、问题分析到解决方案制定全程深入思考，培养了敏锐的分析能力与果断的决策能力。这些多样化的教学方法，让学生在知识学习过程中，综合能力得到全方位锻炼，为其未来在物流行业的职业发展铺就坚实的道路。

（三）与时俱进，不断更新课程内容

物流行业持续变革，课程体系也需紧跟步伐，融入最新技术是关键。以物联网技术为例，其在物流领域的应用日益广泛。在课程中纳入物联网在物流追踪方面的内容，让学生掌握如何借助传感器、射频识别等技术，实时获取货物位置信息。通过模拟操作物流追踪系统，学生能直观看到货物从发货地到目的地的全程轨迹，理解信息实时更新对物流高效运作的重要性。在智能仓储管理方面，讲解物联网如何实现仓库设备自动化运行。学生学习运用智能仓储系统，实现货物自动分拣、存储位置智能分配等功能，体会物联网技术怎样提高仓储空间利用率和作业效率。通过这些课程内容的更新，学生得以接触行业前沿技术，为毕业后投身智能化物流工作奠定技术基础，满足物流行业对掌握先进技术人才的需求。

除了技术更新外，行业发展的新理念同样不可忽视。随着绿色物流理念的兴起，在课程中可介绍其发展趋势，阐述随着环保意识增强，物流行业向绿色转型的必然走向。讲解具体环保措施，如推广新能源运输车辆，减少碳排放；采用环保包装材料，降低包装污染等。让学生明白绿色物流不仅是行业责任，也是未来发展的竞争力所在。对于智慧物流，深入剖析其运营模式，像通过大数据分析优化运输路线、利用人工智能实现物流需求预测等。学生了解智慧物流如何整合各类技术，实现物流运营智能化、高效化。通过对这些新理念的学习，学生可培养出创新思维，具备行业前瞻性，毕业后能快速适应物流行业不断变化的发展需求，积极推动行业朝着更先进、更可持续的方向发展。

三、高职物流专业课程体系的优化方向

针对上述高职物流专业课程体系存在的课程设置与行业需求脱节、实践教学薄弱、师资队伍不足等现状问题，基于“三强化三对接”人才培养模式，其优化方向如下。

（一）根据物流产业发展需要，优化课程设置

物流行业领域的细化程度进一步加深，高职院校的课程设置也应当加以优化，课程设置必须以物流产业的实际需要为依据，从理论知识、技能培养等多个方面来对课程体系进行改革，合理设计理论课程与实践课程的比例，从而实现产业发展与高职教育的无缝对接。教师应当将物流企业的工作要求及相应技术融入物流信息技术、仓储管理等课程的教学中，使学生对今后所要从事的工作能够有一定的了解与准备。为了更好地适应物流行业发展的大趋势，高职院校还应当开设大数据、物联网、智能仓储等智能课程，有选择地吸收物流企业实践案例并纳入物流专业课程体系之中，从而帮助学生能够丰富自己的企业实践经验。

（二）举办职业技能大赛，加强校企之间的合作

在“互联网 +”的大背景下，高职院校物流管理专业教学应当根据时代发展的需要作出相应的改变，举办各种层级的职业技能赛事，有选择地在教学中引入竞赛模式，使学生的实际操作水平尽可能地满足行业需要，从而为物流企业的进一步发展提供一定的人才支撑。职业技能大赛为学生提供了动手操作的机会，学生能够将课堂上学习到的物流专业知识与实际联系起来，从而掌握未来工作所需的专业技能。

通过学校与物流企业之间的合作，建立学校与企业共同培养物流专业人才培养制度，让学生提前具备物流企业所需要的就业素养。唯有这样，学生才能对物流企业的运营环境以及作业设备有真正的了解，亲身体验现代物流技术是如何运用到物流各个环节的。

（三）发挥企业作用，加强师资队伍建设

高职院校要为教师提供相应的平台，鼓励教师定期到物流企业挂职培训，一方面，能够使教师对物流企业的实际运营情况有所了解；另一方面，有利于教师将物流企业优秀的案例引入课堂教学，使教师的科研能力得到切实的提高。为了弥补高职院校教师实践经验的不足，高职院校可以寻求企业的帮助，邀请优秀的企业物流团队到学校兼任讲师，使教师能够在潜移默化中更新自己的教学模式和教学方法。

（四）构建知识与能力、素质于一体的课程考核体系

为了确保高职院校物流专业课程体系能够在实践中得到落实，应当构建起知识与能力、素质于一体的课程考核体系，从而保证考核的有效性与针对性。物流专业是动手性比较强的专业，课堂教学将学生分为不同的小组，以小组为单位来完成课堂任务与课后作业。因此，在具体考核中也应当采取教师评价、学生自评、小组互评，重点考核学生的知识掌握情况、专业技能水平、团队协作能力等，对学生的课堂表现情况作出恰当的评价。

（五）选取合理的教学载体，优化课程教学内容

为了更好地构建高职院校物流管理专业课程体系，应当实现运输配送作业与管理、仓储作业与管理、物流综合作业与管理这三门课程的有机融合，并在实际的教学过程中使学生对具体的工作内容有所涉猎，从而实现学校教育与企业工作的完美衔接。高职院校学生的文化素养比较薄弱，缺少一定的理论研究能力，相比于课本知识的学习，他们更喜欢实际的操作。针对高职院校学生的这一特点，学校及教师应当因势利导，寻找最恰当的教学方法，从而保证教学目标的顺利实现。教师应当在课前认真筛选教学内容，在完成教学任务的同时选择更易调动学生积极性的教学方式，课中应当及时关注学生的学习情况，尽可能地使学生投入课堂教学，课后要及时地反思，总结教学的经验与不足，从而避免类似错误再次出现。

现代物流企业对高职院校物流管理专业的毕业生提出了更高的要求，他们不仅要对物流管理的基础知识有充分的了解，掌握从事物流行业所必备的专业技能，还

应当具备一定的组织与协调能力。物联网技术的出现以及发展使智能物流应运而生，在运输、仓储、配送等环节中广泛地使用了无人机、机器人分拣、物联网等先进技术。这些技术在推动物流行业发展壮大的同时，也对人才的质量提出了更高的要求。如何培养出适应智能物流的应用型人才便成为高职院校重点要解决的一个关键问题。为了实现这一目标，高职院校首先应当对物流行业今后的发展趋势有相应的了解，重点关注物流行业人才需求的种类。其次，应当构建完善的物流管理专业课程体系，并根据物流行业出现的新变化作出及时的调整，唯有这样，高职院校才能为我国物流行业输送源源不断的管理人才。当然这并不是在短时间内就能完成的事情，需要有关部门、高职院校、专业教师的共同努力。[1]

第二节　“三强化”理念在课程体系中的融入方式

在高职物流专业“三强化三对接”人才培养模式中，“三强化”理念是提高人才培养质量的关键。而课程体系作为人才培养的核心载体，如何将“三强化”理念有效融入其中，直接关系到能否培育出适应物流行业需求的高素质人才。本节将剖析“三强化”理念的内涵与意义，探索其在课程体系中的融入路径，并阐述其在课程体系中的具体体现，旨在为构建契合“三强化”要求的课程体系提供思路，以期推动高职物流专业人才培养水平迈上新台阶。

一、“三强化”理念的内涵与意义

（一）“三强化”的具体内容与目标

1.强化专业技能训练

在物流蓬勃发展的态势下，强化专业技能训练对高职物流专业学生意义重大。在物流行业的仓储环节，学生需着力掌握库存优化技能。他们要依据市场的季节性波动、促销活动规律等，运用数据分析手段，精准把控库存数量。在电商“6·18”“双11”大促前，合理增加热门商品库存，活动结束后及时调整，避免库存积压或缺货情况。在运输调度上，学生要熟悉国内复杂的交通网络，综合考虑道路限行、运输时效要求以及运输成本等因素，规划出高效的运输路线。如在生鲜运

[1]　杨玉洁.高职物流管理专业课程体系构建研究与实践[J].物流工程与管理，2020，42（8）：198-200.

输中，要确保在规定时间内送达，同时兼顾运输成本，通过优化路线来降低损耗。通过对这些核心技能的熟练掌握，学生能精准应对物流工作中的各类操作难题，切实满足物流企业对专业人才的技能需求。

2.强化跨文化交流能力

在我国，地域广阔且民族众多，不同地区和民族有着独特的文化。物流业务在国内开展时，强化跨文化交流能力同样关键。比如，在与少数民族客户沟通时，要了解他们的文化习俗，尊重其特殊的节日与禁忌，在物流配送时间安排上予以考虑。在商务交流中，不同地区的沟通风格也有所差异，北方地区可能较为直爽，南方部分地区则相对委婉。学生需要敏锐感知这些差异，运用恰当的沟通方式。在与客户签订物流服务协议时，要充分考虑对方文化背景下对合同条款的理解和接受程度，确保沟通顺畅，提高业务协作效率，避免因文化误解而产生的业务阻碍。

3.强化行业视野拓宽

对于高职物流专业学生而言，强化行业视野拓宽有助于他们更好地适应物流行业的发展。学生要密切关注物流市场的动态变化，如电商物流、冷链物流、农村物流等细分领域的发展趋势。了解各地政府出台的物流扶持政策，如一些地区为鼓励绿色物流发展，对新能源物流车辆给予补贴，这会影响物流企业的车辆采购与运营策略。要掌握先进的物流技术应用，部分物流园区采用的自动化分拣系统、智能仓储管理软件等。通过对这些方面的学习与了解，学生能够拓宽对物流行业的认知边界，站在行业前沿思考问题，为在物流行业施展才华做好充分准备。

（二）“三强化”对物流人才培养的重要性

1.强化专业技能训练，夯实职业根基

物流行业对专业技能的要求随其发展不断提升，强化专业技能训练在人才培养中起着基石作用。通过系统学习，学生可深入掌握仓储管理中的库存精准调控技巧，能够依据市场需求波动和货物特性，运用先进的库存管理系统，实现库存周转率的最大化，降低企业运营成本。在运输环节，他们需熟练掌握运输路线规划与调度方法，综合考虑交通路况、运输时效及成本等因素，运用专业软件制定最优运输方案，确保货物高效、安全送达。扎实的专业技能使学生在求职中能脱颖而出，入职后迅速融入工作岗位，精准解决实际操作难题，为企业高效运转提供有力的支持，助力企业在激烈的市场竞争中占据优势，创造更大价值，成为企业不可或缺的专业力量。

2.强化跨文化交流能力，助力国际业务拓展

随着物流行业国际化进程的加速，跨国业务日益频繁，强化跨文化交流能力成

为物流人才必备素养。不同国家和地区的文化差异渗透于物流业务的各个环节，从商务谈判到合同执行，从客户服务到供应链协作，都可能因文化误解产生阻碍。具备跨文化交流能力的学生，在与国外客户沟通时，能够敏锐捕捉文化差异，采用恰当的沟通方式和商务礼仪，有效避免误解，增强客户信任。在处理跨国物流项目时，他们能协调不同文化背景的团队成员，促进高效协作，提高项目执行效率。这种能力不仅能帮助企业顺利开展国际业务，更能增强企业在国际市场的信誉度和合作能力，为企业拓展全球业务版图奠定坚实的基础，提升企业在国际物流领域的竞争力。

3.强化国际视野，把握行业发展先机

在全球经济一体化的大背景下，物流行业的国际关联性越发紧密，强化国际视野对物流人才培养至关重要。拥有国际视野的学生，会时刻关注全球物流市场动态，熟知不同国家物流政策法规的变化，能提前预判政策调整对物流业务的影响，为企业规避风险。他们了解国际先进物流技术的发展趋势，如欧美地区广泛应用的智能仓储机器人、无人机配送等，可将这些前沿技术理念引入国内企业，推动企业技术创新与升级。凭借对国际物流市场机遇的敏锐洞察，为企业开拓国际业务提供创新性思路，助力企业在国际物流舞台上抢占先机，实现跨越式发展，推动整个物流行业朝着更先进、更国际化的方向迈进。

二、“三强化”理念在课程体系中的融入路径

（一）将“三强化”融入课程教学目标

1.融入强化专业技能训练目标

在物流专业课程体系中，运输管理课程是核心课程之一。将强化专业技能训练融入其教学目标，能让学生切实掌握关键技能。在多式联运操作流程方面，课程会引导学生学习如何整合公路、铁路、水路和航空等多种运输方式。学生需熟悉不同运输方式的衔接要点，比如，货物在不同运输工具间的装卸、转运流程，确保运输过程顺畅。对于运输成本核算方法，学生要学会运用多种成本核算模型，考量燃油费、过路费、设备折旧、人力成本等诸多因素，精准计算不同运输方案的成本。通过实际案例分析，学生能从真实业务场景中汲取经验，模拟操作则让他们在实践中巩固所学。这样，学生逐步具备独立解决运输业务问题的能力，无论是运输路线规划、运输工具选择，还是应对突发运输状况，都能游刃有余，为未来从事运输管理工作筑牢专业技能根基。

2.融入强化国际视野教学目标

国际物流课程以强化国际视野为重要教学目标。在课堂上，教师会引导学生了解全球主要物流市场特点。例如，欧洲物流市场，其运输网络发达，注重环保与可持续发展；北美物流市场信息化程度高，供应链管理成熟。学生通过学习，可熟知不同市场的优势与特色。掌握国际物流法规政策也是重点，比如，各国海关的清关流程、关税政策差异等，这能帮助学生在未来业务中确保合规操作。此外，教师会鼓励学生关注国际物流行业前沿动态，如新兴的跨境电商物流模式、智能物流技术在国际运输中的应用等。通过对这些内容的学习，学生可以培养起对国际物流市场的敏锐洞察力，能够站在全球视角分析问题，为参与国际物流业务、助力企业拓展国际市场提供有力的支持。

3.融入强化跨文化交流能力教学目标

针对涉及国际业务的课程，将强化跨文化交流能力纳入教学目标意义重大。以国际商务谈判课程为例，学生可通过角色扮演，模拟与不同文化背景客户谈判的场景。在与日本客户谈判时，要注重礼仪细节，理解他们含蓄委婉的沟通风格；在与美国客户交流时，则需突出效率，直切主题。在案例讨论环节，学生分析文化差异对物流业务的影响，比如，某些国家对货物包装的文化偏好，在物流包装设计时就需充分考量。通过这样的学习方式，学生可逐渐掌握与不同文化背景客户沟通的技巧，能够有效避免因文化误解导致的业务失败。让他们理解文化差异在物流合同签订、客户服务等环节的关键作用，提升跨文化交流能力，为企业在国际物流业务中建立良好合作关系、提升国际竞争力奠定基础。

（二）在课程内容中体现“三强化”要求

1.课程内容强化专业技能训练

仓储管理课程是培养学生物流专业技能的重要阵地。为契合“三强化”理念，在课程内容上大力增添智能仓储设备操作与管理板块。自动化立体仓库如今在大型物流企业广泛应用，学生学习其运作流程，包括货物如何精准入库存储、库内如何高效调度以及出库时怎样快速准确地分拣。这涉及掌握自动化设备的编程控制、熟悉其运行逻辑，让学生能熟练操作设备，保障仓储作业高效运行。库存管理系统应用也是重点内容。学生要学会运用专业软件，对库存数据进行实时监控、分析和调控。通过数据分析预测市场需求，从而合理调整库存水平，降低库存成本。通过这些新增内容，学生可接触到行业前沿的仓储技术与管理手段，专业技能得到显著提升，能更好地适应现代化仓储管理岗位的要求。

2.课程内容强化跨文化交流能力

国际物流实务课程在强化跨文化交流能力方面发挥关键作用。课程巧妙融入不同国家商务礼仪和沟通习惯内容。在与英国客户沟通时，要了解他们注重绅士风度、遵守时间约定的特点，邮件往来需规范格式、礼貌用语。而在与阿拉伯国家客户打交道时，要尊重其习俗，业务洽谈时间安排需避开活动时段。通过真实案例分析，学生能更直观地感受文化差异在物流合同签订、业务洽谈中的影响。如在合同条款表述上，不同文化背景下对责任界定、赔偿方式的理解可能不同，学生要学会如何在合同拟定和协商中，充分考虑这些差异，避免因文化误解产生纠纷。通过学习这些内容，学生可掌握跨文化交流技巧，在国际物流业务中能有效与不同文化背景的伙伴沟通协作。

3.课程内容强化国际视野拓宽

物流信息技术课程为拓宽学生国际视野提供了丰富素材。课程积极引入国际先进物流信息技术应用案例，以欧洲物流企业为例，它们在利用物联网实现全程物流追踪方面走在世界前列。学生通过学习，了解到在货物运输全过程中，如何借助传感器、射频识别等物联网技术，将货物的位置、状态等信息实时采集并传输至管理系统，实现对货物的精准监控。这种技术的应用大幅提升了物流运输的可视化程度，便于企业及时调整运输策略，提高运输效率。学生还能从中了解到国际物流行业技术发展的趋势，如大数据、人工智能在物流预测、智能调度方面的融合应用。通过接触这些国际前沿案例，学生拓宽了视野，为未来参与国际物流项目，运用先进技术推动行业发展奠定了知识基础。

（三）通过教学方法改革促进“三强化”实施

项目式教学法为“三强化”的实施开辟了有效路径。在物流综合实训课程中，精心设置跨国物流项目极具意义。学生以小组形式参与，从货物采购环节开始，便需依据不同国家的市场行情、供应商特点，筛选合适的采购渠道，这一过程强化了专业技能中的市场分析与采购管理能力。在运输阶段，要规划跨国运输路线，考虑不同国家的交通规则、海关政策，在让学生在实践中锻炼了跨文化交流能力，学会与不同国家的运输合作伙伴沟通协调。在货物交付时，了解目的国的配送习惯与客户需求，拓宽了国际视野。在向欧洲某国配送货物时，了解到当地对环保包装的严格要求，学生需据此调整包装方案。整个项目实施过程，可让学生全方位体验不同国家物流运作模式，在实践中深化对“三强化”的理解与应用。

案例教学法在促进“三强化”理念落地方面发挥着关键作用。选取国际物流行业经典案例，如某跨国企业应对贸易政策变化调整物流策略的案例，为学生搭建起分析与学习的平台。在专业技能运用层面，学生剖析企业如何重新规划供应链布局、优化运输方式组合，以降低贸易政策带来的成本增加，学习运输调度、仓储管理等专业技能的灵活运用。在跨文化沟通方面，研究企业如何与不同国家的供应商、客户及合作伙伴沟通协调，应对政策变化带来的影响，从中汲取跨文化交流经验。在国际市场环境分析上，学生通过案例洞察贸易政策变化背后的国际市场动态，理解政策调整对国际物流市场的冲击与机遇。通过对这类案例的深入分析，学生综合分析和解决问题的能力得到显著提升，切实将“三强化”理念融入知识学习与能力培养中。

多样化教学方法的运用，极大地激发了“三强化”理念在课程教学中的活力。除项目式和案例教学法外，还可采用模拟教学法，如模拟国际物流商务谈判场景，让学生在仿真环境中锻炼跨文化交流能力与专业谈判技巧。小组讨论法也十分有效，针对国际物流行业热点问题，如新兴物流技术在全球的应用差异，组织学生分组讨论，促使学生主动拓宽国际视野，交流专业见解。这些多样化教学方法，打破了传统教学的单调模式，充分调动学生的学习积极性与主动性。学生在丰富的教学活动中，可以更深入地理解和实践“三强化”理念，不仅提升了专业素养，还培养了创新思维与团队协作能力，为未来投身物流行业做好充分准备。

三、“三强化”理念在课程体系中的具体体现

（一）强化专业技能训练在课程中的比重

在高职物流专业课程体系中，强化专业技能训练首先体现在课程设置的优化上，实践课程占比显著提高。以物流实操课程为例，增添了丰富多样的实训项目，其中仓储设备操作训练尤为关键。学生在实操过程中，可接触到自动化立体仓库、智能分拣系统等先进设备，通过反复练习，能熟练掌握设备的操作流程与维护要点。这不仅能提升他们对仓储作业的实际操作能力，更能让学生深刻理解仓储环节在整个物流流程中的重要性。运输车辆驾驶实训同样不可或缺，学生通过实地驾驶练习，熟悉不同类型运输车辆的操作技巧，掌握安全驾驶规范以及在运输过程中应对各种路况的能力。这些实训项目让学生在反复实践中不断精进专业技能，为未来从事物流一线工作积累宝贵经验，切实将理论知识转化为实际操作能力。

课程考核是检验学生专业技能掌握程度的重要环节，在强化专业技能训练的过程中，考核方式也进行了创新，向专业技能倾斜。以运输管理课程考核为例，除了

传统的理论知识考核外，实操考核比重也明显加大。设置运输方案设计考核内容，要求学生根据给定的货物信息、运输需求以及各种限制条件，设计出科学合理的运输方案，涵盖运输路线规划、运输方式选择以及运输成本核算等方面。这一过程全面考查学生对运输专业知识的综合运用能力。运输工具选择考核则进一步检验学生对不同运输工具特点的熟悉程度，学生需根据实际情况，精准判断并选择最合适的运输工具。这些实操考核，促使学生在日常学习中更加注重专业技能的培养，确保他们真正掌握专业技能，为毕业后顺利进入物流行业，高效完成工作任务打下坚实的基础。

（二）强化跨文化交流能力在课程中的培养

1.语言类课程增添跨文化沟通内容

在课程体系中，语言类课程成为培养学生跨文化交流能力的前沿阵地。为契合这一目标，新增商务英语谈判与物流专业外语课程。在商务英语谈判课程中，学生不仅要掌握丰富的物流行业专业术语，更要钻研跨文化商务沟通技巧。他们要学习如何在谈判桌上与不同文化背景的对手有效交流，理解并尊重对方的谈判风格与习惯。比如，面对欧美客户注重效率、直切主题的谈判方式，以及亚洲部分国家客户强调关系维护、循序渐进的风格，学生要能灵活调整沟通策略。通过模拟谈判场景，学生在实践中运用所学技巧，提升表达能力与应变能力。物流专业外语课程则进一步促使学生掌握不同语言环境下物流专业知识，从物流单据的规范书写到专业文献的准确解读，全方位提升学生在物流领域跨语言、跨文化交流的能力。

2.专业课程融入跨文化案例教学

专业课程在强化跨文化交流能力培养方面发挥着关键作用。以国际货运代理课程为例，融入大量跨文化案例。在课程学习中，学生分析不同国家货代业务流程的显著差异，以及背后深层次的文化因素对业务的影响。比如，在一些注重等级观念的国家，货代业务决策流程相对较长，沟通需遵循严格层级；而在文化较为开放的国家，决策过程可能更具灵活性。通过组织小组讨论，学生各抒己见，分享对不同案例的理解与感悟。模拟与不同国家客户沟通场景，学生扮演货代从业者与客户进行业务洽谈，从业务咨询、报价到合同签订，全程体验不同文化背景下沟通的要点与难点。在这一过程中，学生的跨文化交流能力得到切实提升，能更好地应对未来国际物流业务中的复杂沟通场景。

3.开展国际交流活动提供实践平台

为让学生在真实环境中锻炼跨文化沟通能力，课程体系积极开展各类国际交流活动。邀请国外物流专家线上讲座，为学生带来国际物流行业的前沿知识与先进理念。在讲座互动环节，学生有机会与专家直接交流，了解不同国家物流行业的发展现状与文化特色，学习如何跨越语言与文化障碍进行有效沟通。组织学生参与国际物流学术交流会议，更是为学生搭建了广阔的国际交流平台。在会议中，学生与来自世界各地的学者、从业者共同探讨行业热点问题，在交流研讨中，亲身体验不同文化背景下思维方式的差异，学会尊重多元文化观点，增强对不同文化的理解与包容。这些国际交流活动，可让学生在实践中不断提升跨文化沟通能力，为投身国际物流行业做好充分准备。

（三）强化国际视野在课程中的拓宽

课程体系通过开设国际物流专题课程，为学生打开了一扇了解国际物流行业的大门。在这门课程中，教师详细剖析全球主要物流市场的特点。欧洲物流市场以其高效的内陆运输网络和先进的仓储技术著称，注重环保与可持续发展；而北美物流市场凭借高度信息化的管理系统和强大的配送能力，在全球物流领域占据重要地位。课程还深入解读国际物流的发展趋势，如随着电商行业的蓬勃发展，跨境电商物流迅速崛起，成为新的增长热点。此外，对国际物流法规政策的讲解也至关重要，不同国家在海关清关、货物运输限制、税收政策等方面存在差异，学生了解这些规定，能确保未来在国际物流业务中合规操作。通过学习这门课程，学生全面拓宽了对国际物流行业的认知边界，为后续专业学习和职业发展奠定坚实的基础。

在专业课程中融入国际案例是强化学生国际视野的有效途径。以供应链管理课程为例，在讲解跨国企业供应链布局案例时，学生能深入了解国际物流在全球供应链中的关键作用。比如，某跨国电子产品制造企业为降低生产成本、提高市场响应速度，将生产基地分布在劳动力成本较低的东南亚国家，而研发中心和销售总部则设立在技术和市场资源丰富的欧美地区。在这个过程中，国际物流负责将原材料从世界各地运输到生产基地，再把成品运往全球市场。学生通过分析这类案例，明白国际物流如何协调不同国家和地区之间的供应链环节，以及如何应对复杂的国际政治、经济环境变化带来的挑战。这使学生站在全球供应链的高度理解国际物流运作，提升对国际物流行业的洞察力。

鼓励学生参与国际实习项目是让学生亲身体验国际物流业务运作、拓宽国际视野的重要举措。学生到国外物流企业实习，能近距离接触国际先进的物流技术与管理模式。在国外的自动化物流仓库中，学生可以看到先进的仓储机器人如何高效地完成货物搬运和存储任务，学习其智能化的库存管理系统如何实现精准库存控制。在与国外客户和合作伙伴沟通协作的过程中，学生不仅能提升跨文化交流能力，还能深入了解不同国家物流市场的需求特点和行业规范。通过实习期间的亲身经历，学生可将所学理论知识与国际物流实践紧密结合，真正站在全球视角理解物流行业，为未来参与国际物流业务积累宝贵经验，做好充分准备。

第三节　课程体系构建与“三强化”融合的实践案例

在高职物流专业“三强化三对接”人才培养模式中，课程体系构建与“三强化”的融合是提升人才培养质量的关键路径。本节将探讨这一融合的实践层面内容，通过介绍实施策略，呈现如某高职物流专业课程体系改革的实践案例，剖析学生能力培养与课程改革成效，进而梳理成功经验、反思存在问题，并对未来改革提出展望与建议，为进一步深化“三强化三对接”人才培养模式在课程体系中的实践应用提供有益参考。

一、课程体系构建与“三强化”融合的实施策略

（一）制订详细的实施计划与时间表

推动课程体系与“三强化”深度融合，梳理融入要点并匹配课程阶段是关键的起始环节。依据专业培养目标与课程大纲，对各课程进行细致剖析。在物流基础课程中，考虑到学生刚接触物流专业，在第一学年设置专门课时引入国际物流案例，如讲解不同国家物流园区的规划模式、国际物流枢纽的运作特点等，让学生初步构建起国际物流概念，拓宽国际视野。而对于仓储管理课程，在第二学年学生已有一定理论基础时，着重安排实训项目。开展自动化立体仓库操作实训，学生在实践中掌握货物入库、存储、出库的高效流程，学会运用库存管理软件进行数据分析与调控，切实强化专业技能训练。

明确每个阶段关键节点与预期成果，并制定精细时间表，是保障“三强化”融入课程体系顺利推进的重要举措。按学期划分，在第一学期末，预期学生通过物流基础课程学习，能阐述至少三个国际物流市场的显著特点，以此检验国际视野拓宽效果。在仓储管理课程实训阶段，设定月度关键节点，如第一个月学生要熟练掌握仓储设备基本操作，第二个月能够独立完成简单库存优化方案制定。时间表精确到周，每周安排特定教学活动，如某周开展国际物流案例研讨，另一周进行仓储实训项目阶段性总结。通过这种方式，可避免时间安排的盲目性，确保各项任务有序衔

接，为后续教学活动与成果评估提供清晰指引，有力推动课程体系与“三强化”融合进程。

（二）明确责任分工，确保任务落实

在“三强化”融入课程体系的进程中，学校教学管理部门与专业教师团队扮演着至关重要的角色。教学管理部门承担着牵头统筹的重任，他们精心设计整体方案，依据专业培养目标与“三强化”理念，规划出详细的课程体系融入路径。积极协调各类资源，为教学活动提供坚实的保障，如调配实训设备、安排教学场地、组织教师培训等。专业教师团队则是将“三强化”内容融入日常教学的核心力量。以国际物流课程教师为例，他们深入钻研课程内容，挖掘其中的跨文化交流元素，精心设计相关教学活动。通过引入不同国家物流商务谈判案例，组织学生进行角色扮演，模拟真实谈判场景，让学生在实践中提升跨文化交流能力。物流实训课程教师则专注于优化实训项目，结合行业实际需求，设计出贴合企业工作流程的实训任务，强化学生专业技能，如在开展仓储管理实训时，设置复杂库存环境，锻炼学生库存优化与设备操作能力。

企业专家的参与为“三强化”融入课程体系注入了新活力。他们凭借丰富的实践经验，成为推动专业技能训练与国际视野拓宽的重要力量。在专业技能训练方面，企业专家将实际工作中的案例引入课堂。比如，在讲解运输管理课程时，分享企业如何应对突发运输状况、优化运输路线的真实案例，让学生了解行业最新操作技巧与解决方案，提高专业技能水平。在拓宽国际视野上，企业专家带来国际物流行业的前沿动态。他们介绍国外先进物流技术应用实例，如欧洲物流企业如何利用大数据实现精准配送，使学生了解国际物流行业发展趋势。企业专家还能提供实际操作指导，在实训课程中，现场演示物流设备的高效操作方法，纠正学生操作误区，通过与学校教学管理部门、教师团队协同合作，形成高效工作机制，有力保障“三强化”融入课程体系的任务顺利落地。

（三）加强监督与评估，确保实施效果

多元监督机制是保障课程体系与“三强化”融合顺利推进的坚实后盾。教学管理部门作为监督主力，定期开展全面教学检查。他们仔细审视教师的教学大纲执行情况，确保“三强化”理念在课程规划中得到充分体现。比如，在查看物流专业课程大纲中，是否为强化专业技能训练设置了充足的实践教学环节，是否在国际物流课程大纲中规划了拓宽国际视野的教学内容。深入检查教案编写，关注教师在教案

中对“三强化”内容的设计与安排。在仓储管理课程教案中，教师是否详细设计了能提升学生专业技能的实训项目步骤。学生反馈也不可或缺。通过精心设计的问卷调查，了解学生对课程中“三强化”教学的直观感受，如是否觉得国际物流案例教学有助于拓宽视野。组织座谈会，鼓励学生畅所欲言，收集他们对教学方法、内容设置的建议，全方位监督教学过程，为融合实践的有效推进提供有力的支持。

构建科学合理的评估指标体系是衡量“三强化”融合实施效果的关键。从多个维度对学生进行考核，精准评估实施成效。在专业技能方面，通过设置实际操作考核，模拟物流企业真实工作场景。在运输管理考核中，要求学生根据给定的货物信息、运输需求等条件，在规定时间内完成运输方案设计并实际操作运输模拟软件，检验其专业技能掌握程度。对于国际视野与跨文化交流能力，以国际物流案例分析作为重要考核方式。给出复杂的国际物流案例，涵盖不同国家文化背景下的物流业务问题，学生需分析案例中的国际市场环境、文化差异对业务的影响，并提出解决方案，以此考查其国际视野拓宽与跨文化交流能力。

二、课程体系构建与“三强化”融合的实践案例介绍

（一）高职物流专业课程体系的改革实践

1.教学内容改革

实训课程的教学重点在于将理论和实际操作技能进行转换。高职院校在开设这部分实践课程时，可要求学生从客服岗位入手。学生从岗位中就可以对客户进行深度了解，明确客户对该岗位的需求以及对整个物流全过程的需求，只有如此，学生才能够获取大量的岗位信息，在以后的岗位上更好地发光发热，满足企业与客户的双重需求。与此同时，高职院校对课程内容进行有效整合并及时更新与时俱进的教学内容，以此来提升学生的专业能力，确保专业课程的实用性。例如，仓储管理和配送管理两门课程就可以整合为仓储与配送管理一门课程。对于那些重复的课程应该删减，并完善运输管理、仓储管理、货运代理管理实训书的编写工作。

2.教学方法改革

在物流行业快速发展的背景下，以往的教学方法已不再适应当前学生所需。为最大限度地激发出学生学习的积极性，提升他们的课堂参与程度，与教师积极主动地探索课堂教学内容，要使学生能够在课堂上敢想敢做、勇于提问，在教学中积极融入更加适合学生的教学方法，以促进学生创新能力、创新思维能力、设计能力等的全面发展。物流行业作为一门实践性很强的行业，教师在对学生授课时，不应该

只局限于课内课堂上，而应积极地拓展课外课堂，以最大限度地激发出学生的学习兴趣，并能够将理论知识自觉地转化为实践工作能力，还要通过实践明确自己所欠缺的薄弱之处，方能进行自主学习，自动和自觉地对自己的理论知识查漏补缺。通过此种方法，可以使学生的理论知识能力与实践能力都得到极大的提高。学生在实践中也能够更好地了解岗位内容、岗位需求，有助于调整自己今后的职业规划。高职院校要想促使学生的实践意识与专业技能的提升，就应该积极地帮助他们构建良好的教学环境，积极建立健全有关的校内实训基地，这样学生就能够随时随地开展相关的教学实践，提高他们的实践能力。为此，高职院校应投入更多的资金，用于教学环境和教学实践的软硬件设施建设。

3.提升学生的综合素养

高职院校为更好地实现物流管理专业运输、仓储类课程的教学改革工作，就应该做好提升学生综合素养的工作，可从以下三个方面进行。

其一，强化学生看图识图的能力。虽然有部分企业的岗位需求并不要求学生制作特别复杂的图纸，但是学生也应该学会看总体布局图、功能图、交通图等图纸，并拥有简单的制图能力。围绕这一工作，高职院校应开设有关的课程，或者是通过网络选修课的方法让学生进行自学。

其二，强化学生的计量与技术技能。学生掌握这两种能力能够更好地分析过去的工作方法，并根据过去的工作方法进行有效的查漏补缺，取长补短，对自己未来工作岗位进行更好的规划，而且还可以从海量数据中找出有助于相关工作内容的信息，并深度挖掘出顾客所需要的服务，这样就能够在很大程度上增加学生未来的职业竞争能力。

其三，高职院校应该结合现有的教学资源，积极打造一个富有特色的复合型学科，打造出具有专业特色的课程设计。在打造复合型学科时，应将学校特色与学生情况相结合，并考虑到行业的实用性。此外，还应该根据高职院校目前所拥有的教学条件与师资结构，在构建特色课程时取长补短，充分发挥高职院校的最大优势，深度挖掘已有的学科。例如，很多物流企业为寻求更好的发展，都已经开始朝着物流金融等领域进行转型升级。为此，高职院校就可以将物流管理与财会专业进行有机融合，打造富有特色的金融物流管理课程，以确保学生能够掌握更多的物流金融知识，增强日后在职场上的就业竞争力。

4.教、学、练相结合

高职院校为做好物流管理软件的工作，应该建立与完善物流综合实训室，以便学生在实训室里面完成实训活动。在物流综合实训室里，要配备学生所需要的各项设备操作以及能够提升学生信息化操作的物流系统操作软件，当课程结束以后，可以开展为期五天的综合性实训练习活动，以确保学生能够强化对所学内容的理解与训练。在进行物流管理教学软件模拟实训时，学生可以逐渐熟练地掌握整个物流管理工作流程和工作的各个环节。高职院校在建立实训基地时，应该完全地模拟企业的实际的真实环境来设置，以满足教学各类项目的所有要求，为教、学、练的有机融合奠定基础。

高职院校在开展物流管理专业运输、仓储类课程教学改革时，要结合职业资格证书要求来进行，重点放在强化学生的实践能力、创新能力、职业能力等方面。强化物流管理与职业资格考证相结合，以增强学生的实际工作能力。在课程教学方面，应该注重与实际情况相结合，在教学中可融入案例分析法、小组讨论法、模拟实训情景模式法、角色扮演法以及课外实地考察法等，综合性地培养学生的多种能力。在教学过程中，教师可以根据案例分析，为学生设置相关的作业，并将单元知识点进行有效的整合，以此来强化学生的综合分析能力，并注重课堂知识与课外知识有效结合，以此来逐渐培养出他们的职业素养。例如，在进行课程整体设计思路时，可以通过专业运输、仓储类课程的课程内容设计一个大任务，然后构建其他不同的小任务。[1]

（二）“三强化”在具体课程中的融合实施

在运输管理课程中，专业技能训练与国际视野拓宽紧密融合。为强化专业技能，课程引入智能运输调度系统操作实训。学生借助模拟软件，置身于复杂多变的运输场景。依据实时交通数据，如高峰时段城市道路拥堵状况、不同季节高速公路的通行限制，结合货物特性，如易碎品、危险品的特殊运输要求，制定最优运输方案。在反复实践中，学生可熟练掌握运输调度专业技能，包括运输路线规划、车辆调配、运输成本核算等关键环节。为拓宽国际视野，课程引入国际先进运输案例。以欧洲多式联运发展模式为例，学生深入了解欧洲如何整合铁路、公路、水路等多种运输方式，实现高效无缝衔接，提高运输效率与降低成本。

运输管理课程高度重视跨文化交流能力培养，精心设置国际运输业务洽谈环节。在此环节中，学生模拟与国外客户沟通，全面体验国际运输业务流程。从运输价格协商开始，学生需考虑不同国家市场行情、汇率波动以及运输距离等因素，与客户进行合理议价。在服务条款沟通上，要理解并尊重不同文化背景下客户对运

[1] 张洋.高职物流管理专业运输及仓储类课程改革与实践探讨[J].中国航务周刊，2022（26）：63-65.

输时效、货物安全保障、运输单据要求的差异。在与日本客户洽谈时，需注重服务细节与精准时效承诺；在与美国客户交流时，则更强调运输方案的创新性与成本效益。

（三）学生能力培养与课程体系改革的成效展示

课程体系改革与“三强化”的深度融合，促使学生专业技能与跨文化交流能力取得长足进步。在专业技能领域中，成果斐然。以全国高职物流技能大赛为例，某校学生凭借课程学习中积累的扎实功底，在仓储管理环节，精准操作自动化仓储设备，高效完成货物存储与分拣任务，展现出对库存优化、设备操作的精湛技艺。在运输调度方面，依据实时交通信息与货物特性，迅速规划最优运输路线，合理调配运输资源，多次在大赛中斩获优异成绩，彰显了专业技能训练的显著成效。在跨文化交流能力上，学生在国际交流项目中表现出色。他们与国外学生、企业人员密切协作，参与物流项目运作。在沟通中，学生能敏锐捕捉文化差异，灵活调整交流方式，无论是商务谈判中的礼仪细节，还是日常交流中的语言习惯，都处理得当，实现流畅沟通，高效合作完成项目，充分体现出跨文化交流能力培养的积极成果。

国际视野的拓宽在学生实践中发挥了关键作用，成为课程体系改革成效的重要体现。通过课程学习，学生对全球物流行业发展态势有了清晰认知。在企业实习中，面对国际物流业务环境能迅速适应。在国外物流企业实习时，学生熟知当地物流政策法规、市场特点，快速融入工作流程。他们凭借对国际先进物流技术与管理模式的了解，结合实习企业实际，提出创新性建议。有的学生借鉴国际先进的智能仓储管理理念，为企业优化库存管理流程，提高仓储空间利用率；有的依据国际多式联运发展趋势，为企业设计更高效的运输方案，降低运输成本。

三、课程体系构建与“三强化”融合的实践经验总结

（一）成功经验的梳理与提炼

在实践过程中，紧密贴合行业需求成为推动“三强化”有效实施的核心要点。高职院校积极与物流企业建立深度合作关系，通过定期的企业调研、岗位需求分析以及邀请企业专家参与教学研讨等方式，精准把握行业对物流人才技能、视野与交流能力的最新诉求。随着电商行业的迅猛发展，企业对具备跨境电商物流运营技能的人才需求大增。基于此，学校应及时调整课程体系，在相关课程中增设跨境电商物流模块，强化学生在国际物流法规、跨境运输操作、不同国家电商物流模式等方

面的学习，使“三强化”理念在课程内容上更具针对性。

师资队伍建设在“三强化”实践中发挥着不可替代的重要作用。打造一支兼具深厚理论知识与丰富实践经验，且具备国际视野与跨文化交流能力的教师团队，是实现“三强化”教学目标的关键。学校通过多种途径提升教师素养，安排教师到国内外知名物流企业挂职锻炼，让教师亲身体验行业前沿运作模式，积累实践经验。鼓励教师参与国际物流学术交流活动，了解国际物流行业最新研究成果与发展趋势，拓宽国际视野。教师在企业挂职期间，掌握了先进的物流技术应用与管理方法，回到课堂后能将这些实践案例融入教学，使专业技能训练更贴近实际。

多样化教学方法的运用为“三强化”实践带来显著成效。项目式教学让学生以小组形式参与真实的物流项目，如模拟国际物流项目运作，从货物采购、运输、仓储到配送，学生全程负责。在这一过程中，学生需运用专业技能解决项目推进中的各类问题，同时与团队成员及“国际客户”沟通协作，锻炼跨文化交流能力，拓宽国际视野。案例式教学则通过引入大量国际国内物流行业经典案例，如某跨国企业应对贸易政策变化调整物流策略的案例，引导学生分析案例中涉及的专业技能运用、跨文化沟通以及国际市场环境等因素。

（二）存在问题的分析与反思

在“三强化”实践推进过程中，师资队伍与实践教学资源暴露出明显短板。部分教师对“三强化”理念领悟不深，致使教学落实不到位。其根源在于教师培训体系存在缺陷，对国际物流行业前沿知识与跨文化交流技巧的培训匮乏。国际物流行业发展日新月异，新兴技术与管理模式不断涌现，若教师未能及时更新知识储备，便难以在教学中融入最新行业动态，专业技能训练与国际视野拓宽的教学效果大打折扣。在跨文化交流技巧方面，教师若缺乏系统学习，在课堂上就无法生动、准确地引导学生理解不同文化背景下的物流业务差异。实践教学资源同样面临困境，国际实习项目机会稀缺，极大制约了学生国际视野拓宽与跨文化交流能力提升。学生难以亲身体验国际物流业务运作，无法在真实的国际环境中锻炼沟通协作能力，对国际物流市场的认知仅停留在理论层面，不利于“三强化”目标的实现。

课程体系内部衔接问题阻碍了“三强化”在课程间的有效融合。各课程在设计与实施过程中缺乏整体规划与协同合作，导致课程间关联松散。物流基础课程与后续专业课程的衔接不够紧密，学生在基础课程中未能充分掌握的知识与技能，在专业课程学习时无法得到有效的巩固与拓展，影响专业技能训练的连贯性。国际物流相关课程之间对国际视野拓宽内容的安排缺乏系统性，学生难以形成完整的国际物流行业认知体系。在跨文化交流能力培养方面，不同课程各自为政，未能形成循序渐进、相互补充的教学体系，使学生在跨文化交流知识与技能的学习上碎片化。这种课程体系衔接不畅的状况，使“三强化”理念难以在课程间顺畅传递，削弱了课程体系对学生综合素养培养的合力，亟待在后续改革中优化课程设置与教学安排，增强课程间的逻辑性与连贯性。

（三）对未来改革的展望与建议

对于未来的“三强化”改革，提升教师素养与拓展实践教学资源是关键突破口。教师作为教学的核心力量，加强其培训刻不容缓。应定期组织教师参与国际物流行业研讨会，让教师接触行业最新动态，如先进的物流技术应用、创新的供应链管理模式等，丰富教师的专业知识储备，使其在教学中能及时传递行业前沿信息，强化学生的专业技能训练与国际视野拓宽。跨文化交流培训也必不可少，能够帮助教师掌握不同文化背景下的沟通技巧与教学方法，更好地引导学生提升跨文化交流能力。在实践教学资源方面，积极与更多国际物流企业建立合作关系，拓宽学生国际实习渠道。增加实习岗位数量与种类，让学生有更多机会亲身体验国际物流业务运作。充分利用线上平台开展虚拟国际物流实践项目，模拟真实的国际物流场景，弥补线下实习资源的不足，使学生在虚拟环境中锻炼实践能力，全方位提升学生对“三强化”理念的理解与应用。

优化课程体系结构是深化“三强化”融合改革的重要保障。未来需加强课程间的沟通协调，构建更完善的课程体系。打破课程之间的壁垒，建立课程间的有机联系。在物流专业课程设置上，明确各课程在“三强化”目标下的定位与分工，使课程内容循序渐进、相互补充。在基础课程中注重培养学生的基础知识与基本技能，为后续专业课程的学习奠定基础；专业课程则进一步深化学生对专业技能的掌握，融入国际物流案例与跨文化交流元素，拓宽学生国际视野、提高跨文化交流能力。加强课程团队建设，促进教师之间的交流与合作，共同设计教学内容与教学方法，确保“三强化”理念在课程间的顺畅传递。通过优化课程体系结构，形成一个有机整体，更好地实现“三强化”目标，培养出更多适应物流行业发展需求的高素质、综合型人才，推动物流专业教育的持续发展。

第八章 实践教学体系与“三对接”的实施路径

在高职物流专业“三强化三对接”人才培养模式中，实践教学体系与“三对接”的有效结合至关重要。物流行业对人才的实践能力与专业素养要求颇高，这促使我们深入探究实践教学体系的构成与作用。本章将剖析实践教学体系在物流人才培养中的作用，详细阐述“三对接”策略在实践教学中的实施要点，并通过结合案例分析，总结经验、直面问题，为未来实践教学体系与“三对接”的深度融合提供方向，助力培养出更贴合物流行业需求的高素质人才。

第一节 实践教学体系在物流人才培养中的作用

在高职物流专业教育领域中，实践教学体系宛如基石，支撑着人才培养的大厦。随着物流行业的蓬勃发展，对人才的实践能力与综合素养提出了严苛要求。本节将剖析实践教学体系的概念、构成，阐释其与理论教学的紧密联系。进而探讨实践教学体系在提升学生实际操作能力、增强职业素养、促进理论与实践融合等方面的重要意义，以及对学生就业竞争力提升、满足行业需求和推动物流教育创新改革的具体影响，为理解实践教学体系在“三强化三对接”人才培养模式中的关键地位奠定基础。

一、实践教学体系的概念与构成

（一）实践教学体系的定义

实践教学体系在高职物流专业中有着明确且关键的目标指向。其围绕专业人才培养目标而构建，旨在全方位培育学生从事物流行业实际工作的能力。从基础技能训练开启，学生在这一阶段接触物流设备的基础操作，如叉车的简单驾驶、物流单据的规范填写等，初步建立起对物流工作的认知。随着学习的推进，过渡到综合实践应用环节，学生参与模拟或真实的物流项目运作。在仓储管理实践中，依据货物特性和市场需求，进行仓储空间规划与库存优化；在运输实践中，综合考虑交通状况、货物性质等因素，制定运输方案并调度车辆。通过这样从基础到综合的全过程教学安排，学生可逐步掌握物流行业操作规范与流程，为投身物流行业筑牢根基。

实践教学体系并非孤立存在，它与理论教学紧密相连、相辅相成。理论教学为学生搭建起物流专业知识框架，涵盖物流学原理、供应链管理理论等知识，让学生对物流行业有宏观认知。而实践教学则是将这些理论知识具象化的关键途径。学生在真实或模拟物流工作场景中，将理论转化为实际操作能力。在物流信息技术实践中，学生运用所学信息管理理论，操作物流信息系统，实现货物信息的录入、跟踪与处理，从而加深对理论知识的理解。通过构建完整实践教学体系，学生不仅能熟练掌握物流操作技能，还能在实践中体会理论知识的应用价值，实现理论与实践深度融合，为毕业后顺利融入物流企业工作，快速适应岗位需求做好充分准备，切实提高人才培养质量。

（二）实践教学体系的主要组成部分

实验教学在高职物流专业实践教学体系中承担着打基础的关键任务。它紧密围绕物流专业基础课程开展，以物流信息技术实验为典型。学生在操作物流信息系统时，全身心投入数据录入环节。他们仔细核对货物名称、规格、数量、收发地址等信息，精准录入，为物流业务的信息流注入源头活水。在订单处理流程中，学生模拟从接收订单、审核订单，到分配库存、安排发货的全过程，熟悉订单在系统内的流转轨迹。通过这些基础操作，学生可以掌握物流信息系统的操作技巧，更深刻理解物流信息在整个行业运作中的关键地位，为后续学习复杂的物流业务流程。并运用信息技术优化物流管理，筑牢坚实根基，顺利开启物流专业知识与技能的探索之旅。

校内模拟实训借助先进的物流仿真软件和专业实训设备，打造出高度仿真的物流业务场景。仓储模拟区域，学生如同置身真实仓库。他们依据货物特性、库存周转率等因素，运用叉车、货架等设备，进行货物的搬运、存储与分拣。在操作过程中，学生可学会合理规划仓储空间，提高货物存储效率，同时熟练掌握仓储管理系统，实时更新库存信息，保障库存数据准确无误。在运输模拟场景下，学生利用物流仿真软件，综合考虑运输距离、货物重量、运输成本、交通路况等条件，规划最优运输路线，调配车辆资源，模拟应对运输途中的突发状况。在反复实践中，学生逐步掌握设备操作精髓与业务流程管理窍门，将课堂理论知识转化为实实在在的操作技能，为未来投身物流行业做好充分准备。

校外企业实习为学生提供了深入物流企业一线的宝贵契机，使其能亲身体验真实业务。在运输部门，学生跟随运输车辆，全程参与货物从装车、运输途中的监管，到最终交付的各个环节。他们能够了解不同运输方式的操作细节，如公路运输中的车辆调度、配载优化，铁路运输中的货运编组、货运单据流转等。仓储环节，学生参与仓库日常运营，从货物入库验收、库内存储布局优化，到出库配送，全方位熟悉企业仓储管理的实际运作。在与客户沟通、处理订单及应对物流业务突发情况时，学生不断积累实战经验，提升解决实际问题的能力，真切感受物流企业的运营模式与市场需求，为毕业后迅速融入物流行业、高效适应工作岗位积累丰富的一手经验。

课程设计与毕业设计是实践教学体系中检验和提升学生综合能力的重要关卡。课程设计通常紧跟某一课程学习之后，学生针对特定物流项目展开方案设计。以仓储布局设计为例，学生需综合运用仓储管理课程知识，结合仓库实际空间大小、货物流量及种类分布等因素，设计出科学合理的仓储布局方案。从货架选型、摆放位置规划，到通道宽度设计、货物存储策略制定，每一个环节都会考验学生对知识的综合运用能力与解决实际问题的能力。毕业设计则要求学生聚焦物流行业现实问题，展开深入研究并撰写论文。学生广泛收集资料，运用专业知识与研究方法，剖析问题成因，提出切实可行的解决方案，并通过论文清晰呈现研究过程与成果。通过这两个环节，全面检验学生的专业素养、研究能力以及知识综合运用水平，为其未来在物流领域的职业发展提供有力的支撑。

（三）实践教学体系与理论教学的关系

在高职物流专业教育中，理论教学宛如坚实的基石，为实践教学筑牢根基。课堂上，学生系统学习物流学原理，从物流活动的基本概念、功能，到物流系统的构成与运作机制，构建起对物流行业宏观的认知框架。运输管理理论课程，使学生深入钻研运输方式选择、运输路线规划、运输成本控制等知识，理解不同运输模式的特点与适用场景。这些理论知识成为学生后续实践操作的指南。在学习仓储管理理论后，学生掌握了库存控制方法、仓储空间规划原则。当进入仓储实训环节，面对真实或模拟的仓库环境时，学生便能依据所学理论，合理规划货物存储区域，运用库存管理方法优化库存水平，高效完成货物的出入库操作。理论教学不仅赋予了学生知识储备，更培养了其分析问题、解决问题的思维能力，为实践教学提供了源源不断的智慧支持，让学生在实践中有据可依，避免盲目操作。

实践教学绝非孤立存在，它是理论教学的深化与延展，更是推动理论教学革新的重要力量。在学生在实践中，将课堂所学理论知识付诸行动。以运输调度实训为例，学生依据运输管理理论，结合实时交通信息、货物特性及客户需求，规划运输路线、调配车辆资源。在这一过程中，学生亲身体验运输成本、时效、安全性等因素之间复杂的相互关系，切实理解理论知识在实际场景中的具体应用，深化对理论的认知。在实践中积累的经验与遭遇的问题，如同反馈信号，促使理论教学进行优化。若学生在物流信息系统实践中发现现有理论难以解决、信息实时更新延迟的问题，这将促使教师反思教学内容，引入最新行业技术与解决方案，更新理论教学知识体系，改进教学方法，使理论教学更好地贴合行业实际，与时俱进，为学生提供更具实用性的理论指导，与实践教学携手共进，培育出理论扎实、实践能力强的物流专业人才。

二、实践教学体系在物流人才培养中的重要性

（一）提升物流学生的实际操作能力

整合校内外资源是提升物流专业学生实际操作能力的关键途径。将高校内部的物流实际训练基地建成一个能够进行模拟物流管理的实践教学、对物流管理成功的案例进行分析、物流管理的实证研究的一个平台，通过物流企业各个环节进行仿真化呈现，让学生真正地将物流、商贸流、信息流、资金流融合在一起，加深对物流管理的整体认识。学生通过在仿真物流企业的实际训练，能够掌握一些除课本理论知识之外的其他方面的能力。在高校之外，高等院校要充分利用社会上的有限资源，与当地的物流企业进行合作，建立校外物流培训场所供学生进行实地学习。学生在校外物流培训场所可以采取参观、实习等方式，完成学校书本理论知识向实际应用能力的转变，学生的毕业实习是高等院校培养物流人才的最后也是最重要的一个科目，它是高等院校物流管理专业学生在校的最后一次实践活动，也是对学生在进入社会前其理论知识储备量、知识的实际应用能力、分析解决问题的能力以及社会适应能力的一个综合考核。高等院校可以为学生提供多种形式的毕业实习方式，让毕业实习与以后的就业相联系，尽量避免学生为了就业而不去实习的现象发生。[1]

（二）增强物流学生的职业素养和实践经验

实践教学宛如一座桥梁，引领物流学生踏入真实的企业工作天地，在沉浸式体验中培育良好的职业素养。在实习期间，企业严格的规章制度成为学生行为的准

---

[1] 王磊.基于实践教育的高校物流管理专业人才培养[J].现代经济信息，2018（12）：460，474.

则。按时出勤成为日常习惯，每一次准时打卡都是对时间观念与责任意识的强化，以培养出学生高度的自律性。面对工作任务，无论是烦琐的单据核对，还是繁重的货物搬运，学生都全力以赴、认真对待，将敬业精神融入每一个工作细节。在团队协作项目中，学生充分融入物流企业的业务流程，与不同岗位同事紧密配合。仓储环节与库存管理员沟通货物存储规划，运输阶段和调度员协调配送时间，在你来我往的交流中，逐渐掌握有效沟通技巧，学会倾听他人意见，清晰表达自身观点，人际交往能力与团队协作能力同步提升，全方位塑造符合物流行业需求的职业素养。

丰富多样的实践活动如同源源不断的清泉，为学生积累宝贵的实践经验。在物流订单处理过程中，各类复杂问题纷至沓来。遭遇客户投诉货物损坏或配送延迟时，学生迅速运用所学物流知识，冷静安抚客户情绪，同时积极协调运输、仓储等部门，展开全面排查，精准定位问题根源，进而制定出妥善的解决方案。在一次次应对投诉的过程中，学生不仅掌握了高效的客户沟通技巧，更学会了如何在复杂的物流网络中迅速解决问题。面对货物延误，学生综合考量交通路况、运输路线、供应商供货情况等诸多因素，灵活调整配送计划，通过实际操作，深刻理解物流各环节之间千丝万缕的联系。这些实践经验如同坚实的基石，为学生未来职业发展筑牢根基，使他们在面对复杂多变的物流工作场景时，能够凭借过往经验，迅速分析问题，果断作出决策，高效解决问题，稳步成长为物流行业的专业人才。

（三）促进物流理论与实践的深度融合

实践教学宛如肥沃的土壤，助力物流理论知识在此落地生根、茁壮成长。在课堂上，学生系统性学习物流成本控制理论，掌握成本构成、控制方法等抽象概念。步入仓储成本核算实训环节，他们便置身真实或高度模拟的仓储场景。在这里，学生亲手核算仓储设备购置成本，考量不同货架、叉车等设备的价格差异及使用寿命；精准计算货物存储成本，依据货物特性、存储时长评估空间占用费用；细致统计人工成本，涵盖货物装卸、盘点等各环节人力投入。通过这一系列实操，学生可直观看到理论中的成本要素具象化呈现，深刻理解成本控制理论在实际仓储运营中的应用逻辑。他们懂得如何依据货物流量优化仓储布局，减少搬运距离以降低成本；探索提高设备利用率的窍门，延长设备使用周期，切实将理论知识转化为实际操作能力，让物流理论在实践中焕发生机。

在实践过程中遭遇的各类问题，如同声声警钟，促使学生重新审视物流理论，驱动理论不断深化革新。以物流配送为例，当学生在实践中发现配送路线不合理致使成本攀升，运输效率低下时，这一现实困境能激发他们深入探究配送理论的热情。

学生不再局限于书本上既定的配送模式，而是广泛查阅资料，研究最新的配送算法与技术，结合实际配送需求，尝试构建更优配送方案。他们综合考虑交通路况、客户分布、货物重量与体积等多元因素，运用数学模型规划最短路径、最优配送组合。

三、实践教学体系对物流人才培养的具体影响

（一）提高物流学生的就业竞争力

在当下竞争激烈的就业市场中，实践教学体系宛如一把利刃，为物流专业学生披荆斩棘，大幅提升其就业竞争力。企业在寻觅物流人才时，目光早已不再局限于求职者的理论知识储备。他们深知物流行业实操性强，实际操作能力与实践经验才是衡量人才价值的关键指标。那些受益于完善实践教学体系的学生，可熟练掌握各类物流设备的操作技巧，无论是叉车精准装卸货物，还是自动化分拣设备的高效调控，都能信手拈来。他们对物流软件运用自如，从仓储管理系统的库存精准把控，到运输调度软件的路线优化规划，都能高效完成。对物流业务流程更是烂熟于心，从订单接收、仓储调配，到运输配送、客户服务，每个环节都清晰明了。这使他们一旦踏入企业，便能迅速融入工作节奏，即刻为企业创造价值。以物流技能竞赛为例，在竞赛中脱颖而出的学生，在模拟的复杂物流场景中摸爬滚打，积累了丰富的实战经验，练就了扎实的专业技能，其在竞赛中展现出的应变能力、团队协作能力，让企业看到了他们在实际工作中的无限潜力，自然备受青睐。

（二）满足物流行业对实用型人才的需求

物流行业正处于高速发展的快车道，对实用型人才的渴望与日俱增，而实践教学体系恰似一场及时雨，精准契合这一迫切需求。借助实践教学，学生可紧跟物流行业前沿，熟练掌握最新操作技术与先进管理方法。智能仓储系统已成为现代物流仓储的核心，学生通过实践操作，深入了解其运作原理，能够灵活运用系统进行货物的智能存储、高效分拣与精准盘点，为企业降低仓储成本，提高运营效率。绿色物流理念在环保浪潮下越发重要，学生在实践中将学习如何优化运输路线以减少碳排放，采用环保包装材料降低环境污染，将绿色物流理念切实应用到企业运营中，为企业树立良好的社会形象，带来新的效益增长点。在复杂多变的市场环境中，物流企业时刻面临挑战，而学生在实践中锤炼出的问题解决能力此时发挥关键作用。在物流配送环节，面对突发交通状况，如道路临时管制、恶劣天气影响，他们能迅速调整配送计划，协调各方资源，确保货物按时送达；当客户需求变更时，如临时

增减订单、调整配送地址，他们也能从容应对，灵活处理，保障客户满意度。学校与企业紧密合作开展实践教学，更是让人才培养与企业实际需求无缝对接。企业深度参与教学过程，将自身的业务需求、行业标准融入教学内容，学校依据企业反馈优化教学方案，共同为物流行业源源不断地输送大量实用型人才，成为推动行业持续健康发展的强劲动力。

（三）推动物流教育创新与改革

实践教学体系宛如一颗活力无限的种子，在物流教育领域生根发芽，不断推动着物流教育创新与改革。随着物联网、大数据等新技术在物流行业的广泛应用，以及共享物流、冷链物流等新模式的不断涌现，物流行业对人才的要求持续更新迭代。为满足实践教学需求，学校积极作为，不断更新教学内容。引入物联网技术课程，让学生学习如何通过传感器实现货物的实时跟踪与监控；开设大数据分析课程，培养学生运用数据分析优化物流运营决策的能力。增设相关实训项目，如利用物联网设备搭建智能物流仓储实验场景，让学生在实践中亲身体验新技术的魅力与应用。在教学方法上大力创新，项目式、案例式教学成为主流。以物流配送项目为例，学生分组模拟真实配送业务，从订单处理、车辆调度，到配送执行，全程自主完成，在解决实际问题中提升学习兴趣与主动性。实践教学体系的建设还促使学校与企业深度合作，双方整合校内外资源，共建实践教学基地。学校为企业提供人才支持与技术研发协助，企业为学生提供真实的工作场景与实践指导。师资队伍建设也不断完善，邀请企业专家走进课堂，分享行业最新动态与实战经验，使物流教育更具针对性、实用性，紧密贴合物流行业发展对人才培养的新要求，为物流教育注入源源不断的活力，培养出更多适应行业发展的高素质人才。

第二节　“三对接”策略在实践教学中的实施要点

在高职物流专业人才培养体系中，实践教学是提升学生专业技能与职业素养的关键环节。而“三对接”策略作为推动实践教学高质量发展的有力抓手，具有举足轻重的地位。它紧密关联物流行业标准、企业需求以及国际物流发展趋势，为实践教学指明方向，注入活力。深入探究“三对接”策略在实践教学中的实施要点，对于优化教学内容、强化校企合作、拓宽学生视野，进而培育出契合行业需求的高素质物流人才意义重大。本节将详细剖析“三对接”策略的内涵与意义、实施原则及其在实践教学中的具体落实要点。

一、“三对接”策略的内涵与意义

（一）“三对接”的具体内容与目标

“三对接”策略的核心在于紧密关联物流行业多方面要素。其中，对接物流行业标准是基石，聚焦于实践教学内容与行业最新规范的深度融合。从物流设备操作流程的精准把控，到仓储、运输等各环节服务质量标准的严格遵循，全方位实现对标。学生通过这样的教学，熟练掌握行业通行准则，在货物分拣环节，严格按照行业规定的操作流程与效率标准执行，确保毕业后踏入岗位便能迅速上手，无须额外适应期。对接企业需求则是关键路径，依据企业日常业务开展情况，以及对人才的期望精心设计教学项目，定制个性化培养方案。企业若在库存管理方面存在痛点，教学项目便围绕库存优化展开，让学生在实践中为企业提供切实可行的解决方案，为企业输送适配其发展的专业人才。

“三对接”策略锚定打造高素质物流人才的总体目标。通过对接国际物流发展，引入全球前沿物流理念，如绿色物流、智慧物流等创新理念，先进技术如物联网在物流跟踪中的应用，以及科学管理模式，拓宽学生视野。学生在学习过程中，了解国际物流市场动态，掌握跨境物流操作要点，具备参与国际物流竞争的能力。“三对接”策略致力于培养理论基础扎实，对物流学原理、供应链管理理论等知识有深入理解；技能精湛，能熟练运用各类物流设备与软件；视野开阔，具备全球物流视角的高素质人才。这类人才能够满足行业多元化需求，无论是传统物流业务，还是新兴的跨境电商物流等领域，都能游刃有余，进而推动高职物流教育与产业紧密结合，显著提高人才培养质量与针对性。

（二）“三对接”对实践教学的重要性

在高职物流专业实践教学中，行业标准与企业需求宛如稳固的基石，为教学活动提供坚实支撑。行业标准作为明确参照，从物流设备操作规范到仓储、运输、配送等各环节流程标准，全方位指导实践教学。学生依据这些标准进行实训，在叉车操作实训中，严格按照行业规定的安全操作流程与负载标准执行，确保所学技能精准对接实际工作要求。如此一来，学生毕业进入职场时，能迅速适应岗位，无须重新磨合，能大大增强就业竞争力。企业需求则是实践教学的导向标，校企深度合作开展实践项目，如企业委托的物流成本优化项目、库存管理项目等。学生在真实业务场景中历练，直面企业运营中的复杂问题，通过运用所学知识解决问题，不断提升实际操作与问题解决能力，实现从校园到职场的平稳过渡与无缝衔接，切实满足企业对物流专业人才的需求。

对接国际物流发展为高职物流实践教学注入源源不断的创新活力，堪称创新引擎。随着全球物流行业的蓬勃发展，新的理念、技术与管理模式不断涌现。学校积极引入国际前沿物流理念，如可持续物流理念，让学生在实践中探索如何降低物流活动对环境的影响；先进技术如区块链在物流溯源中的应用，学生通过实际操作相关软件，掌握货物信息的精准追溯方法。这促使学校不断更新教学内容，将这些国际先进元素融入课程与实训项目中。教学方法也得以创新，采用国际流行的项目式、探究式教学，鼓励学生自主探索国际物流领域问题。通过这些举措，培养学生的全球视野，使其深刻理解国际物流市场动态与竞争格局，具备创新思维，能够灵活应对物流行业国际化进程中带来的各类挑战，显著提升实践教学的实效性、实用性与前瞻性，推动高职物流实践教学质量迈向新高度。

二、“三对接”策略在实践教学中的实施原则

（一）以行业需求为导向，注重实用性

高职物流实践教学时刻紧盯行业发展动态，将新兴领域需求纳入视野。当下，智慧物流借助物联网、人工智能等技术，重塑物流运作模式；绿色物流秉持环保理念，力求降低物流活动对环境的负面影响。学校敏锐捕捉这些趋势，在课程设置上积极革新。迅速引入智能仓储设备操作课程，在学生在实训中，通过操作自动化货架、分拣机器人等先进设备，可掌握高效仓储管理技巧，适应智慧物流仓储智能化、自动化需求。开设物流大数据分析应用课程，学生运用专业软件，对海量物流数据进行挖掘与分析，洞察物流业务规律，辅助企业优化运输路线、精准预测库存，契合行业数字化转型需求。如此一来，课程体系与行业发展同频共振，学生所学知识与技能紧密贴合市场，为毕业后投身新兴物流领域筑牢根基。

教学内容实用性是实践教学的核心追求。摒弃晦涩空洞的理论堆砌，转而以真实物流项目为依托，让学生在实战中成长。在订单处理教学环节，模拟物流企业真实业务场景，学生从接收客户订单开始，历经订单审核、库存查询、货物分拣与配送安排等流程，每个步骤都遵循企业实际操作规范，切实掌握订单处理技巧，提升客户服务能力。在运输调度任务中，学生依据货物特性、运输距离、车辆资源等实际情况，运用所学运输知识，制定科学合理的调度方案，协调车辆、司机与配送时

间，在解决复杂运输问题过程中，深化对运输管理理论的理解与应用。通过这类真实项目实践，学生不仅可以积累丰富实操经验，更能迅速将所学转化为工作能力，毕业后无缝对接企业岗位，即刻为企业创造价值。

（二）以校企合作为基础，强化实践性

高职物流实践教学密切追踪行业前沿动态，对新兴领域需求保持高度敏锐。在智慧物流浪潮下，物联网与人工智能深度融入物流运作，为仓储、运输等环节带来颠覆性变革；绿色物流则顺应环保大势，致力于减少物流各流程的碳排放。学校迅速响应，在课程布局上大刀阔斧地改革。智能仓储设备操作课程应运而生，在实训室内，学生操控自动化货架，依据货物流量与特性，精准规划存储布局，熟练掌握分拣机器人操作，大幅提高仓储作业效率，完美契合智慧物流仓储智能化、高效化要求。物流大数据分析应用课程也同步开设，学生运用专业数据分析软件，对物流订单、运输轨迹、库存变动等海量数据深度挖掘。从筛选关键数据，到构建分析模型，再到输出优化建议，助力企业精准预测市场需求，合理规划运输路线，降低库存成本，全面适应行业数字化转型步伐，让学生所学知识紧密贴合新兴物流市场需求，为未来职业发展蓄势赋能。

实践教学以实用性为核心，坚决摒弃脱离实际的理论灌输，全力依托真实物流项目，让学生在实战中淬炼本领。订单处理教学模拟真实物流企业运营场景，学生充当客服人员，接收客户订单后，严格依照企业标准流程，仔细审核订单信息，查询库存状态，协调仓储部门分拣货物，再合理安排配送。在此过程中，学生掌握与客户沟通技巧，熟悉订单流转各环节操作要点，显著提升客户服务能力。运输调度实践同样如此，学生可依据货物重量、体积、运输时效要求，结合车辆类型、司机排班、路况信息，运用运输管理知识，精心制订运输方案。在调配车辆、规划路线、处理突发状况中，学生将理论知识转化为实际操作能力，深刻理解运输成本、效率与服务质量之间的微妙平衡。通过这些真实项目打磨，学生能够积累丰富的实操经验，毕业后能迅速融入企业岗位，高效解决实际业务问题，为企业创造切实价值。

（三）以创新驱动为动力，提升创新性

在高职物流实践教学中，创新思维培养是关键一环。物流行业日新月异，新技术、新模式不断涌现，成为激发学生创新思维的源泉。以区块链在物流溯源中的应用为例，向学生详细介绍区块链技术如何确保货物信息的不可篡改与全程可追溯，引发学生对物流信息安全与透明度提升的深入思考，点燃他们探索创新应用的热

情。共享物流模式的引入，让学生探讨如何整合社会闲散物流资源，实现资源高效利用，拓宽物流运营新思路。在教学方法上，大力推行项目式、探究式教学。在物流系统设计项目中，学生自主组建团队，深入调研物流企业现有运作流程，挖掘其中存在的问题，如运输环节衔接不畅、仓储空间利用率低等。随后，鼓励学生突破传统思维定式，运用创新理念，如引入智能调度算法优化运输路线，采用立体仓储设计提高空间利用率，在解决问题过程中，逐渐养成创新思维习惯，掌握创新方法与技巧，为未来在物流领域创新实践奠定坚实的基础。

为切实提升学生创新能力，搭建创新实践平台至关重要。积极组织学生参与各类物流创新竞赛，如全国性的物流设计大赛、区域性的物流创新挑战赛等。在竞赛中，学生面临复杂多变的物流场景与任务，需综合运用所学知识，发挥创新思维，提出独特解决方案。在应对城市物流配送难题时，学生设计出基于大数据分析与无人机配送相结合的创新方案，在竞赛中崭露头角。加强与企业合作开展创新项目，企业提出实际业务痛点，如物流成本居高不下、客户体验有待提升等，学生在企业导师与学校教师共同指导下，开展有针对性的研究与实践。通过这些创新平台，学生不仅能将创新想法转化为实际成果，更在实践中培养创业精神，了解市场需求与商业运作模式，为毕业后投身物流行业创新发展，甚至自主创业积累宝贵经验，为物流行业注入源源不断的创新活力。

三、“三对接”策略在实践教学中的具体实施要点

（一）对接物流行业标准，更新实践教学内容

高职物流实践教学对行业标准的更新保持高度敏锐。学校时刻紧盯物流行业发展动态，一旦行业标准有新变化，迅速作出反应。当物流服务质量标准升级，对仓储环节的货物存储环境、损耗率等提出更严格要求，运输环节对配送时效性、货物安全保障有新规定时，学校积极邀请行业专家参与教学研讨。这些专家凭借丰富的一线经验，与学校教师携手，共同修订课程大纲，完善实训方案。在仓储实训中，按照新的服务质量标准，重新规划货物存储布局，规范货物搬运流程，调整考核指标，让学生清楚每一个操作细节所对应的质量要求。大力引入行业先进设备与技术，自动化分拣设备投入实训，学生通过操作这类设备，熟练掌握高效分拣技巧，提高作业效率。物流信息管理系统的应用教学，使学生学会运用系统进行库存管理、订单跟踪，掌握行业数字化运营的关键技能，确保学生所学内容始终紧跟行业前沿步伐。

为保障学生能切实达到物流行业标准，将行业标准深度融入实践教学评价体系至关重要。评价体系从多维度对学生进行全面考量。在操作规范层面，严格依据行业设备操作流程、作业准则，考核学生在仓储、运输等实践中的操作是否精准无误。以叉车操作考核为例，学生必须按照标准的启动、行驶、装卸货物流程执行，任何违规操作都会影响成绩。服务质量维度，参照行业服务质量标准，评估学生在处理客户订单、应对客户投诉等场景中的表现，包括响应速度、解决问题能力、客户满意度等。在物流信息管理系统实训中，考查学生能否依照标准准确录入、分析与传递物流信息，保证信息的及时性与准确性。在效率方面，依据行业通行的物流作业效率指标，衡量学生在完成运输调度、货物分拣等任务时的速度与质量。

（二）对接物流企业需求，开展校企合作项目

高校应依托所在区域物流产业发展优势，结合学校在物流管理学科建设和人才培养方面的专长，与企业共建物流产业学院，实现优势互补，推进高校物流管理专业人才培养供给侧和物流产业人才需求侧在结构、质量、水平上的动态平衡。物流产业学院建设内容包括推进基于产教融合的人才培养模式创建、基于教学资源整合的教育培训中心共建、物流专业实训室共建以及物流产业数据中心共建等。高校与企业要通过共建物流产业学院，打造产教融合的新生态，为高校物流管理专业人才培养及教育教学工作的开展提供有力的支撑。高校应优先选择与仓储、电商、物流等领域的知名企业进行合作，与企业方共同围绕物流管理专业人才培养方案、实践课程开发、实践教学过程、毕业论文指导等展开研讨，为物流管理专业实践教学打下良好的基础。学生在大一到大三阶段可以在物流产业学院参观学习，清晰地认知自己未来从事的行业，在大四阶段借助校外实习切实体会物流行业的真实运行流程。这样，学生在物流产业学院形成的职业认知和校外实习形成的职业认知相互强化，对学生职业观的形成具有重要意义。[1]

通过共建物流产业学院，在人才培养模式创新、教学资源整合等方面已迈出坚实步伐，切实为对接物流企业需求奠定了良好基础。然而，要进一步深化合作成效，将实践教学与企业实际需求无缝对接，加强产教融合实践教学基地建设便成为关键一环。这不仅能巩固前期合作成果，更能为学生提供更为优质、贴合企业需求的实践平台，全方位提高物流管理专业人才培养质量。通过持续深化校企合作，拓展校企合作内容，共同建立实训基地，能够将物流管理专业实践教学与物流行业实

[1]　朱柳青 . 产教融合背景下物流管理专业实践教学探索 [J]. 河南财经学刊，2024，38（5）：94-96.

际工作有机结合起来，形成全方位的产教融合模式。因此，高校应与企业共同努力，加强产教融合实践教学基地建设。

形成校企双方共建实践教学基地的长效机制。高校与企业应在现有产教融合已取得的成果基础上进一步拓展，形成物流管理实践教学的长效机制。因此，要进一步推进专业教学指导委员会建设，推进物流管理专业学生创新创业实践中心、物流专业实践教学平台建设，紧密围绕物流管理人才培养目标和实践教学的实际需求，实现理论学习与校内模拟实践、企业现场操作实践相结合。

优化提升物流专业校内实践教学条件。可以在原有的校内实训基地建设成效的基础上，从引进物流与供应链系统分析设计软件、安装统计分析与应用软件、建设物流大数据平台等方面进行完善。同时，要利用产教融合的优势，促进企业精英、高校教师之间的合作，促进校内实训基地整体建设水平得到有效提高。特别是在智慧物流迅猛发展的背景下，可以考虑构建智能物流环境下以物流数字化管理和人工智能为依托的物流机器人大规模作业的工作场景。这需要高校及时结合相应的场景，充分发挥校企深度合作的优势，优化对应场景实训的设备、场地条件。这样，学生可以在任务导向下完成物流工序、作业流程、物流设备认知操作、WMS仓系统、WCS设备控制系统、ERP系统、仓内KPI业务关键指标、物联网技术、大数据技术、云计算技术、AI技术等实训任务。

持续拓展物流管理专业校外实习基地。例如，可以通过与货运基地、仓储配送企业、商贸企业、制造企业等的深度合作，共建校外实践基地，围绕物流管理专业应用型人才培养以及实践教学内容的现实需要，构建产学研一体化、专业实践与创新创业一体化的实践平台，培养出真正符合企业需要的实用型人才。[1]

（三）对接国际物流发展，拓宽学生国际视野

为对接国际物流发展，助力学生拓宽国际视野，学校积极开展多元知识引入举措。开设专门的国际物流课程，精心挑选全球物流市场动态、国际物流法规、跨境电商物流等核心内容融入教学。在课堂上，通过生动案例展示，如某国际物流巨头在全球布局物流网络的策略，让学生理解国际物流市场的复杂性与机遇。积极邀请国际物流专家参与教学活动，他们或是亲临校园开展线下讲座，分享自身在国际物流领域摸爬滚打的成功经验，剖析当下最新发展趋势，从新技术应用到新兴商业模式；或是通过线上直播，跨越地域限制，为学生带来全球前沿资讯。专家们带来的

[1] 朱柳青 .产教融合背景下物流管理专业实践教学探索 [J].河南财经学刊，2024，38（5）：94-96.

一手信息与独到见解，如同为学生打开一扇通往国际物流世界的窗户，使学生足不出校，便能紧跟国际物流发展脉搏，构建起系统的国际物流知识体系，为后续实践与发展奠定坚实的基础。

在知识引入的基础上，学校大力拓宽实践路径，全方位提升学生国际竞争力。组织学生参与国际物流学术交流活动，在交流会上，学生与来自不同国家和地区的学者、从业者共同探讨国际物流热点问题，如绿色物流在全球的发展困境与突破，在思维碰撞中拓宽视野，学习先进理念与方法。海外实习项目为学生提供亲身体验国际物流企业运作的机会，学生深入国外物流企业，参与仓储管理、运输调度等实际业务，了解不同国家物流行业的运作模式与文化差异。鼓励学生参与国际物流竞赛，在竞赛中，与国际同行同场竞技，比拼专业技能与创新思维。在物流方案设计竞赛中，学生需结合国际物流需求与发展趋势，提出创新性解决方案。在这个过程中，不断提高专业水平，锻炼沟通协作能力，逐步培养全球物流思维，使其能够从容应对复杂多变的国际物流市场挑战，为我国物流行业国际化发展注入新鲜血液。

第三节 实践教学体系与“三对接”的结合案例分析

在高职物流专业的发展进程中，实践教学体系与“三对接”策略的有机结合，成为培育适应行业需求的高素质人才的核心路径。“三对接”精准锚定物流行业标准、企业需求与国际物流发展趋势，为实践教学指明方向；实践教学体系则凭借丰富多样的教学形式与资源，将“三对接”从理念转化为切实可行的行动。通过剖析两者结合的实施策略、典型案例，并全面总结经验、展望未来，不仅能为当下高职物流实践教学提供优化思路，更能助力专业持续发展，培养出满足物流行业多元需求的创新型、应用型人才。接下来，将围绕实践教学体系与“三对接”的结合展开探讨。

一、实践教学体系与“三对接”结合的实施策略

（一）制订结合实施计划，明确目标与任务

要推动实践教学体系与“三对接”深度融合，精准调研是首要环节。学校积极投身物流行业发展态势研究，密切关注新兴技术应用，如物联网在物流仓储中的普及，以及行业标准的动态更新。深入企业内部，了解其人才需求现状，从基础操作岗位到高端管理人才，全方位掌握企业期望。聚焦国际物流前沿动态，关注跨境电

商物流新模式、国际物流法规变化等。基于翔实调研，明确融合目标。培养学生熟练掌握最新物流行业标准操作规范，无论是仓储货物分拣的精准度要求，还是运输配送的时效标准，都能精准执行。使学生能够深度契合企业实际业务流程，熟悉企业订单处理、库存管理等环节的运作逻辑。着重塑造学生国际物流视野，培养其跨文化交流能力，能够应对国际物流业务中的文化差异与沟通难题，为后续教学活动指明清晰方向。

明确目标后，细化任务清单成为关键。在课程体系调整方面，将行业标准内容有机融入现有课程。在物流设备操作课程中，依据最新行业标准，规范设备操作流程与考核要点，确保学生所学与行业要求一致。增设国际物流相关课程，如国际物流供应链管理、国际物流商务谈判等，丰富学生知识储备。实践项目设计紧密围绕企业实际业务。与物流企业合作开展仓储优化项目，学生深入企业仓库，运用所学知识，对仓储布局、货物存储策略进行优化。在运输调度项目中，学生根据企业运输需求，结合实时路况、车辆资源等因素，制定科学合理的调度方案。

（二）整合校内外资源，构建实践教学平台

实践教学档案由实践教学计划、教学大纲与教材、实习指导书、实习手册、实习报告、实习指导书等组成。在实践教学计划中，对实习教学的目标和要求进行明确，并制定一套完整的课程大纲。实践教学大纲是实施实践教学的指导文件，它对教学目标、内容、要求、形式、考核方法、方法等都有明晰的规定。实习教材应包括教材、实习指导书、计算机软件和期刊等。教研室每年都会根据物流行业发展和企业对专业技术人才的需求，对实习课程进行修改，并编写一套完整的实习课程大纲和实习指导书，在实际工作中加以修改和完善。

强化品质观念，课程的执行要严格规范，结合各教学环节，参照教育部的培训评价要求，制定具体、明确的质量标准，并严格规范实施。教师应将教学内容详细地给学生交代并确保教学质量。在实习课的评价上，从课上、课下、知识、素质等方面进行全面评价，建立一套较为完整、系统的教学管理体系，分别由教务处、学生处实施。同时，完善考核方式，不能只是延续传统的考核制度，要结合多种方式对学生的专业课成绩进行评价，还要注意实践课程的考核占比，为构建高职教育物流管理专业实践教学体系奠定良好基础。

在校内实验和实训室的建设上，高职院校应大力发展硬件设施的建设并保证各实训室均有专人负责管理，相关教育部门应当与校外企业进行合作，引入能够帮助教学的设备，满足物流管理专业学生进一步的动手能力和实践能力。在校外实习基

地的建设上，学校应积极与本地企业进行紧密合作，促进教学和生产的深入结合。在实施“工学结合，顶岗实习”的管理模式下，把教学与生产结合起来，实现教学目标和工作任务的统一，并把教学内容与生产实践结合起来。

（三）加强师资队伍建设，提高实践教学水平

在实训师资的培养上，一支高素质、专兼结合的实训教师队伍是实习教学质量的重要保障。学校应保证从事实务工作的教师为双师，具备一定的职业技能和专业知识。“双师型”教师培训的一条途径就是通过让对物流理论有一定基础的在职教师，分阶段、分批次地到企业实习，使他们熟练运用所学的技能，使他们的实际操作知识更加丰富。从创建之日起，教研室就要明确规定，教师每个学期至少要有两个星期的实习或兼职、培训、实习等活动，既可加强与企业的联系，又提高了教师的实际操作能力。同时，还可以聘请校外名师、企事业单位的专业技术人员，作为兼职实习老师，授课或举办讲座、培训。此外，也要从企业中引进一大批技术人员和能工巧匠，加强他们的业务技能，使他们的实习能力得到进一步提高。[1]

二、实践教学体系与“三对接”结合的案例

（一）高职物流专业实践教学体系的改革实践

1. 实践课程体系构建

构建一个符合行业需求的实践课程体系，需要对现有的教学体系进行全面的评估。这包括分析每门课程的内容、教学方法和成果，以确定它们是否满足当前物流行业的实际需求。在评估过程中，特别需要注意那些与行业发展脱节的课程内容，如过时的物流技术、不再符合现代物流操作标准的旧理论等。基于评估结果，对课程进行必要的调整或替换，以确保所有教学内容都具有高度的实用性和前瞻性。

课程内容更新与优化。更新后的课程体系应包括基础物流操作技能、现代物流技术，如智能物流技术、供应链管理技术及项目管理等。智能物流技术，例如，自动化和数据分析，已成为提高物流效率的关键；供应链管理技术则可帮助学生理解如何在全球范围内优化资源配置和流程。而项目管理课程可以培养学生的组织和领导能力，这是管理复杂物流项目所必需的能力。

模块化课程设计。为了提高教育的灵活性和个性化，新的课程体系采用模块化

[1] 逯丹丹 . 高职物流管理专业实践教学体系探索 [J]. 中国航务周刊，2022（22）：63-65.

设计。学生可以根据自己的职业兴趣和规划选择不同的学习模块，例如，对技术感兴趣的学生可以选择更多关于自动化和智能系统的课程，而那些对管理感兴趣的学生则可更多地关注供应链优化和项目管理模块。这种模块化学习不仅能使教育更加个性化，还能增强学生的学习动力和职业发展的适应性。

2.教学资源与设施配备

物流实验室和模拟仓库的建立。例如，模拟仓库可以配备最新的货架系统、自动化拣选设备和货物跟踪技术，让学生在实际操作中学习如何管理和优化仓储操作。这些设施与资源能模拟真实的工作环境，为学生将理论知识与实际操作技能相结合提供场所。

引入先进的教学技术。如引入虚拟现实技术和增强现实技术，可以极大地提高教学的互动性和实践性。虚拟现实技术和增强现实技术能够模拟复杂的物流操作场景，如大型仓库管理、跨国供应链操作等，学生可以在完全模拟的环境中学习如何应对各种物流挑战，如订单处理、物流调度和危机管理等。这些技术不仅可以提高学生的技能训练效率，也可以促进学生问题解决和决策制定能力的培养。

3.师资队伍建设与教学方法创新

为了提高教学质量并确保实践课程的成功实施，高职物流管理专业必须关注师资队伍的建设和教学方法的创新。这不仅涉及吸引具有实际工作经验的专业人士，还包括采用更现代化和互动性强的教学方法。

引入行业专家。师资队伍的建设是实践课程改革的关键。为了使教学内容保持与行业最新发展同步，高职院校需要吸引具有丰富行业经验的专业人士加入教师团队。这些专业人士可以是来自物流公司的高级管理人员、经验丰富的物流工程师或供应链管理专家。他们不仅可以将最新的行业知识和实践经验带入课堂，还能为学生提供实习和就业机会。这样的实践教育模式能极大地提高学生的就业竞争力和职业适应性。

教学方法创新。为了增强教学的有效性和吸引力，教学方法也应进行创新，如采用案例教学法、项目导向教学法等。案例教学可以让学生通过分析真实的业务问题来学习决策过程和解决方案的制定，而项目导向教学法则强调以项目完成为中心的学习活动，学生必须在教师的指导下，完成从项目策划到执行的全过程。[1]

[1] 李小君，杨汉昌.高职物流管理专业实践课一体化工学结合教学改革探究[J].教育信息化论坛，2024（7）：108-110.

（二）“三对接”在实践教学中的具体应用案例

在物流企业订单处理实践项目中，行业标准与企业需求紧密交织。学生以物流行业服务质量标准为行动指南，开启订单处理之旅。从接收客户订单那一刻起，便严格遵循标准流程操作。在接单环节，认真核实订单信息，确保数据准确无误，不放过任何一个细节，避免因信息错误导致后续业务受阻。在审核订单时，依据行业规范，仔细审查订单内容是否符合企业产品供应范围、客户信用状况等要求。发货环节更是严格把控，从货物分拣、包装到运输安排，均按照行业规定的时效、安全标准执行，全力确保订单处理高效、准确，为企业树立良好的服务形象。学生与企业保持密切沟通，了解企业业务需求。根据企业特定的客户群体、业务重点，对订单处理流程进行优化。比如，对于企业重点客户订单，开辟绿色通道，优先处理，有效提升客户满意度，切实将行业标准与企业实际需求融入订单处理的每一个环节。

该实践项目积极引入国际物流订单处理案例，为学生打开国际物流业务的大门。在处理国际订单时，学生直面不同国家复杂多样的物流法规。一些国家对特定货物的进出口有着严格限制，学生需要精准掌握这些法规要求，确保订单合规操作，避免因违规遭受处罚。在贸易习惯方面，不同国家客户在订单沟通、交付方式等方面存在显著差异。部分国家客户习惯在订单确认后进行多次细节沟通，学生需耐心应对，灵活调整服务策略。通过处理这些国际订单，学生会逐渐熟悉国际物流业务流程，深刻理解国际物流市场的复杂性。不仅学会如何在国际法规框架内处理订单，还掌握了跨文化沟通技巧，培养了国际物流业务处理能力，对“三对接”中对接国际物流发展的内涵有了更深刻体会，极大提升了自身综合素养，为未来投身国际物流行业积累宝贵经验。

（三）结合实施后学生能力培养与就业情况的改善

实践教学体系与“三对接”的深度融合，有力推动了学生能力的全面提升。在实践操作能力上，学生获得了大量实操机会。在实训中心，他们熟练操作各类物流设备，如自动化分拣设备、叉车等，精准控制设备运行，提高作业效率。对于物流软件，如仓储管理系统（WMS）、运输管理系统（TMS），学生能熟练运用其进行库存盘点、运输路线规划等操作，轻松应对实际业务中的软件应用需求。面对复杂的实际业务问题，学生不再束手无策。在处理仓库货物积压问题时，他们能运用所学知识，结合行业标准，分析问题根源，提出优化存储布局、调整订单处理流程等解决方案。长期在实践中遵循行业标准与企业要求，学生的职业素养显著增强。在团队项目中，他们积极协作，主动承担责任，按时保质地完成任务，责任心与团队协作能力得到充分锻炼。

得益于实践能力与职业素养的提升，学生在就业市场上优势尽显。毕业生凭借扎实的专业技能与丰富的实践经验，成为企业眼中的“香饽饽”。企业反馈，这些学生入职后能迅速融入工作环境，上手业务操作快，适应能力远超预期。就业岗位实现了质的飞跃，不再局限于基础物流操作岗，越来越多学生走向管理岗，凭借在实践中积累的流程优化、团队管理经验，有效组织协调物流业务。国际物流业务岗也向他们敞开大门，凭借在国际物流课程学习及相关实践中培养的国际视野与跨文化交流能力，学生能够熟练处理跨境物流业务。薪资待遇随之提高，部分毕业生入职后凭借出色的表现，迅速成长为企业业务骨干，参与企业重要项目运作，在职业发展道路上大步迈进，充分展现了实践教学体系与“三对接”结合在促进学生就业与职业发展方面的强大效能。

三、实践教学体系与“三对接”结合的经验总结与展望

（一）结合实施的成功经验与成效分析

通过持续跟踪物流行业动态，从新兴的智慧物流技术应用，到不断更新的行业标准规范，及时将这些信息融入实践教学内容。当行业推行绿色物流标准时，迅速调整教学，加入环保包装、节能减排运输方案等内容。紧密的校企合作是另一关键成功因素，企业深度介入人才培养。从课程设计环节，依据企业实际业务流程提出课程内容建议，到在教学过程中，派遣资深员工担任兼职讲师，分享一线工作经验，再到为学生提供实习岗位，让学生在真实工作场景中历练。多元化实践教学平台极大丰富了学生实践机会，校内智能化仓储、运输模拟实训中心让学生掌握基础实操技能，校外企业实践基地锻炼学生解决实际问题能力，线上国际物流课程资源拓宽学生国际视野。这些举措成效斐然，学生专业技能显著提升，在各类物流技能竞赛中屡获佳绩。在职业素养方面，学生责任心、团队协作能力大幅增强。在就业市场上，毕业生凭借扎实专业知识与丰富实践经验，深受企业欢迎，就业竞争力远超同龄人。学校与企业建立起长期稳定合作关系，学校社会声誉随之提升，专业发展获得有力支持，也为物流教育与行业发展深度融合、行业创新注入新活力。

（二）存在的问题与挑战及应对策略

当前，部分企业参与校企合作积极性不高，主要源于合作收益不明确，投入时间、人力成本后，未能获得足够人才储备或业务合作拓展。校企合作深度也有待进一步挖掘，部分合作仅停留在学生实习层面，企业在课程开发、教学评价等核心环节参与不足。在实践教学资源方面，国际物流实践项目稀缺，受国际物流业务复杂性、跨国合作难度等因素影响，学生缺乏在真实国际物流场景实践机会。师资队伍实践能力参差不齐，部分教师长期脱离行业一线，对最新物流技术、业务模式了解滞后。针对这些问题，应对策略包括建立校企合作激励机制。在政府层面，可出台税收优惠政策，对积极参与校企合作的企业给予一定税收减免；在学校层面，优先向合作企业推荐优秀毕业生，为企业提供人才保障，提高企业参与积极性。加大实践教学资源投入，学校主动与更多国际物流企业建立合作关系，通过签订合作协议、互派交流人员等方式，拓展国际实践项目。对于师资队伍建设，定期选派教师到国内外先进物流企业学习，参与企业实际项目运作，提升教师实践能力，带回行业最新信息融入教学。

（三）对未来实践教学体系与“三对接”结合的展望与建议

展望未来，随着物流行业智能化、国际化加速发展，实践教学体系与“三对接”结合将更为紧密。在智能化浪潮下，物流机器人、大数据分析、人工智能算法在物流领域广泛应用，实践教学将引入这些前沿技术，让学生掌握智能仓储管理、智能运输调度技能。在国际化进程中，跨境电商物流、国际多式联运等业务蓬勃发展，实践教学将进一步强化国际物流法规、跨文化交流等内容。建议持续深化校企合作，建立产学研一体化合作模式。企业、学校、科研机构联合开展技术研发，如共同研发适合物流企业的智能物流系统，将研发成果转化为教学内容，用于人才培养。加强国际交流与合作，积极引进国际先进物流教育资源，邀请国际知名物流专家讲学，选派学生到国外高校、企业交流学习。利用大数据、人工智能等技术，优化实践教学评价体系，通过收集学生在实践过程中的操作数据、问题解决能力数据等，精准评估学生能力，为教学改进提供依据。不断创新实践教学方法，采用项目式、情境式教学，模拟复杂物流业务场景，培养学生创新思维与综合应用能力，使学生能更好地适应物流行业未来发展。

第九章
校企合作模式与“三强化三对接”的深化

在高职物流专业“三强化三对接”人才培养模式的探索进程中，校企合作始终占据着举足轻重的地位。物流行业的快速发展，对人才的实践能力、专业素养以及对行业前沿的把握提出了更高要求。校企合作作为连接学校与企业的桥梁，不仅为学生提供了宝贵的实践机会，更能让教学内容紧跟行业步伐。而“三强化三对接”理念的融入，进一步为校企合作指明了方向，提出了新的要求与挑战。本章将剖析校企合作在高职物流人才培养中的重要性，在“三强化三对接”理念引领下的校企合作新模式，通过实践案例总结经验，直面问题与挑战，为未来深化校企合作、提高物流人才培养质量提供有益参考。

第一节　校企合作在高职物流人才培养中的重要性

在当今物流行业蓬勃发展的大背景下，高职物流专业肩负着为行业输送高素质应用型人才的重任。然而，传统教育模式与行业实际需求间的差距逐渐凸显，人才培养面临诸多挑战。校企合作成为化解难题的有效途径。它打破了学校与企业间的壁垒，实现了资源共享与优势互补。本章节开篇将剖析校企合作的基本概念与意义，探讨其在高职物流人才培养中的具体作用，以及洞察其在物流教育领域的发展趋势。旨在清晰呈现校企合作对高职物流人才培养的重要价值，为后续探讨“三强化三对接”理念下的校企合作新模式筑牢基础。

一、校企合作的基本概念与意义

（一）校企合作的定义与内涵

校企合作是一种以产业和企业需求为导向，学校联合企业合作办学的一种产教融合模式。学校与企业共同参与人才培养，以提升学生的专业素养和业务能力为目的的合作办学模式，其动力来源于人类所从事的生产劳动实践，需要知识和劳动技能来促进生产水平和劳动效率的提高，这些充分体现了教育与生产的紧密关系，需要教育与生产实践不断融合。可见，校企合作的基本内涵就是企业和学校为实现教育和生产劳动相结合而进行的联合行动，即合作办学，齐抓共管和利益共享。从理论和现实意义来看，校企合作是教育和生产实践不断走向融合的大势所趋，是国家发展新型工业化道路的必然要求和新时代国家经济发展对人才培养的新需求。[1]

（二）校企合作在职业教育中的作用

在职业教育体系中，校企合作占据着极为关键的地位，其对职业教育的推动作用体现在多个重要方面。从宏观层面看，校企合作肩负着培养劳动技能型人才的重任，这是职业教育区别于普通教育的显著特征之一，对促进国家经济发展和产业转型升级意义重大。当前，随着国家产教融合事业不断发展，如何让校企合作深度融入国家重大发展战略，保障产教融合事业稳健前行，成为当下探索的重要方向。

在校企合作助力产教深度融合方面，构建共生型生态是重要举措。产教融合事业的不断发展壮大，校企合作作为产教融合的纽带将为凝聚产业与教育的深度有机融合，提供新的生态系统和平台融合机会。对于如何促进校企双方生态共生，进一步提高职业教育新业态发展质量，是从事产教融合事业人员必须思考并解决好的现实课题。职业教育新业态需要将政府、行业、企业、学校等多主体要素放入一个开放型的融合的生态系统。校企合作通过信息资源共享、师资队伍共管、课程共同开发、标准共同制定、评价体系共建等方式进行要素融通，高效满足企业业务运营、人才需要、战略制定的多维度需要，构建“产教融合生态系统”，有效促进人才链、产业链衔接。为职业教育学生提供更贴合产业需求的学习内容与实践机会，提升其就业竞争力与职业发展潜力。

而在科技飞速发展的当下，数字信息技术正深刻影响着校企合作在职业教育中的实践形式。人工智能、大数据、互联网等数字信息技术的出现，推动着人类文明跨越式发展，推动着现代产业及职业教育形态不断变革，推动着产教融合向数智化方向积极转变，这是时代特征，想要适应时代发展，校企合作就要进行数智化变革。一是由于信息技术是实现校企双方在资源信息共享、协同育人、科技研发、科学管理和高效组织等方面的内生需要。二是因为大数据、人工智能、物联网等现代

[1]　岑霞霞，高慧，张锐锋．新时代校企合作模式研究 [J]. 科技风，2024（28）：72-74.

信息数智技术改变了现代教育形态和知识信息获取传授方式以及教与学之间的关系，如AI、VR技术带来全新的场景体验，促使产生了新型的师徒关系、实习实训模式，即在训中学，在学中训，学生可以成为教师，教师也可变成学生，在虚实结合不同的场景下，进行身份互换，共同促进教学质量提高。这将极大程度上解决教育与行业产业周期不同步的难题。让职业教育能紧跟产业发展步伐，使学生所学知识与技能时刻契合行业需求，进一步凸显校企合作在职业教育中保持教育内容时效性与实用性的重要作用。[1]

（三）校企合作对物流人才培养的特定价值

物流行业发展瞬息万变，新技术、新模式层出不穷。校企合作在其中发挥着桥梁作用，确保学校教学内容时刻契合行业最新趋势。企业作为行业前沿的探路者，对市场变化有着敏锐感知。一旦有新趋势出现，如绿色物流兴起，企业能迅速捕捉到这一信息。通过校企合作机制，企业与学校携手开发相关课程。在课程开发过程中，企业凭借实践经验，将环保包装的最新材料、节能减排运输的创新路线规划等实用知识融入其中。学校教师则运用专业教学方法，将这些知识系统地传授给学生。这种合作让学生在课堂上就能接触到行业最新理念与技术，为未来投身物流行业做好知识储备，使学校培养的物流人才从知识层面就领先一步，能更好地适应行业发展，为物流行业注入新鲜血液，推动行业持续创新发展。

在实践环节，校企合作极大地丰富了学生的实习体验。企业为学生开放仓储、运输、配送等全流程实习岗位。学生在仓储岗位，可学习货物分类存储、库存盘点技巧；在运输岗位上，参与路线规划、货物装卸；在配送环节中，了解客户需求对接、“最后一公里”配送要点。通过不同岗位轮岗，学生可全方位熟悉物流业务流程，综合业务能力得以提升。在评价考核方面，企业参与其中，带来行业标准与企业实际需求。企业依据自身运营经验，从物流操作规范、服务质量标准、业务创新能力等多维度对学生进行考核。这使学生在学习过程中，时刻以行业实际要求为标杆，不断调整自身学习方向与方法，培养出的人才能更贴合市场实际需求，能迅速融入企业工作环境，为物流行业输送高质量、实用性强的专业人才，提升物流行业整体人才素质。

二、校企合作在高职物流人才培养中的具体作用

在高职物流人才培养体系中，校企合作是提高人才质量、对接行业需求的关键

---

[1] 岑霞霞，高慧，张锐锋．新时代校企合作模式研究 [J]. 科技风，2024（28）：72-74.

途径。尤其是在当今物流行业数字化转型加速的背景下，培养学生的数据分析能力变得越发重要。以下将从多个方面阐述校企合作在增强高职物流人才数据分析能力上的具体作用。

（一）课程设置优化

当前，物流行业对具备数据分析能力的人才需求持续攀升，为契合这一趋势，在校企合作的框架下，通过课程设置优化可以加强高职物流人才的数据分析能力。学校与企业可以共同设计和优化物流专业相关课程，以确保学生获得与实际需求相符的数据分析知识和技能。例如，在统计学课程可以重点教授物流领域中常用的统计方法和技巧，融入企业工作中的一些重要方法技巧，如概率论、假设检验、回归分析等。同时，结合物流实例和案例，引导学生运用统计工具对物流数据进行分析，从而了解和解释物流过程中的变化和趋势。在数据挖掘课程中引入数据挖掘技术，教授不同的数据挖掘算法和方法，如聚类分析、分类算法、关联规则挖掘等。学生可以学习如何利用这些技术来发现物流数据中的隐含模式和规律，为企业提供更准确的决策支持。在数据可视化课程中可以涵盖数据可视化的基本原理和实践技巧，包括使用图表、图形和仪表板展示物流数据的方式。学生将学习如何选择合适的可视化工具和技术，以有效地传达数据分析的结果，帮助企业更好地理解和利用物流数据。课程内容可以通过引入实际物流案例和项目来培养学生的数据分析能力。学生将面临真实的物流问题，并运用所学的数据分析技能，从数据中提取有关供应链、库存管理、交通运输等方面的关键信息。这样的实践性学习可以使学生更好地理解数据分析在物流领域的应用，并培养解决实际问题的能力。

（二）实践教学强化

承接课程优化，实践教学的强化是提升学生数据分析能力的关键环节。在校企合作模式下，实践教学可以加强高职物流人才的数据分析能力。通过与企业合作，提供实践教学机会，让学生参与实际物流项目并进行数据分析，以深化他们对数据分析在物流领域应用的理解和实际操作能力。例如，与企业合作组织实地考察活动，让学生亲身参观物流中心、仓库和运输节点等环节，了解物流运作过程中涉及的数据采集和管理方式。学生可以观察和收集实际场景中的物流数据，为后续的数据分析提供基础。学校与企业能够合作开展实习计划，安排学生到物流企业进行实习。在实习期间，学生将有机会接触和处理实际物流数据，包括订单量、交通运输数据、库存记录等。通过实习，学生可以学习如何从大量的数据中提取关键信息，并运用数据分析技能解决实际问题。学校还能够与物流企业合作开展项目，让学生参与其中并承担数据分析相关的任务。例如，学生可以参与供应链优化项目，通过分析物流数据和运输路线，提出改进方案以降低成本和提高效率。通过实际项目合作，学生将能够应用所学的数据分析技能解决真实的物流问题。通过校企合作提供这样的实践教学机会，学生可以将课堂学习与实际应用相结合，深入理解数据分析在物流领域的价值和应用场景。同时，与企业合作还能让学生了解行业需求和趋势，培养与企业沟通和协作的能力。这种实践教学强化路径可以使高职物流人才在数据分析方面具备更全面的能力，为他们未来就业和职业发展提供有力的支持。

（三）师资队伍建设

优质师资是提升学生数据分析能力的重要保障。学校可以聘请拥有丰富数据分析经验的专家或从业人员作为特邀教师。这些专业人士将为学生提供实际案例和经验分享，引导学生在数据分析方面的学习和实践。他们的行业背景和实战经验将使学生更深入地理解数据分析在物流领域的应用。学校可以与物流企业合作，共同培养教师团队。通过企业与学校的紧密合作，企业可以派遣具备数据分析专业知识和经验的员工参与教师培训，向教师传授最新的数据分析技术和实践经验。这样的合作将使教师能够更好地教授相关课程，并指导学生进行数据分析的学习和实践。学校还应该鼓励教师积极参与物流企业的项目或行业研究。通过与企业合作，教师可以深入了解实际物流环境和数据分析需求，不断提升自身对物流领域数据分析的专业素养。教师的参与将为学生提供更贴近实际、具有实践意义的教学内容。在校企合作的模式之下加强师资队伍建设措施，学校能够引入具有丰富数据分析经验的专业人士，提高教师队伍的专业水平和实践能力。这将为学生提供优质的教学资源和指导，并帮助他们在数据分析方面取得更好的成果。同时，教师的参与企业项目或行业研究也能够促进校企合作的深入发展，加强学校与物流行业之间的紧密联系。

（四）数据资源共享

数据资源共享是校企合作提升学生数据分析能力的重要路径。校企合作下的数据资源共享是加强高职物流人才数据分析能力的一条重要路径。学校可以与合作企业建立数据共享机制，确保学生能够接触到真实、多样的物流数据。通过与企业的协同合作，学校可以获得物流领域的实际数据，并将其提供给学生进行分析和应用。这种数据共享机制将为学生提供宝贵的学习资源，使他们能够更好地理解和应用数据分析技术。通过利用合作企业提供的数据资源，学生可以进行实际的数据分析应用。他们可以运用所学的数据分析方法和工具，对物流数据进行处理、分析和解读，从中获取实践经验。这样的实际应用将使学生能够将理论知识与实际情况相结合，培养出独立分析和解决问题的能力。学校通过与合作企业的密切合作，可以了解物流行业的最新发展趋势和技术要求。合作企业可以提供行业内部的数据和信息，向学校传授先进的数据分析技术和实践经验。这种紧密合作将使学校能够及时调整课程设置和教学内容，确保培养出符合行业需求的数据分析型物流人才。通过这样的方法，学生可以从真实的物流数据中获得实践经验，提高数据分析能力，并增强解决实际问题的能力。同时，学校通过与企业的密切合作，能够不断了解行业动态，引导教学内容的更新与优化，为培养适应物流行业需求的数据分析型人才打下坚实的基础。校企合作在高职物流人才数据分析能力的培养中起到至关重要的作用。

（五）战略合作推动

为持续深化校企合作对学生数据分析能力培养的作用，学校与企业可以共同建立长期稳定的战略合作关系。通过制定合作协议或框架，明确双方的责任和权益，实现校企深度融合。这种长期合作关系有助于持续推动人才培养工作，并为学校和企业提供稳定的合作基础。战略合作推动使高职教育与物流行业需求能够更好地对接。学校与企业紧密合作，了解行业的最新发展趋势、技术要求以及人才需求。通过相互交流和合作，调整教学内容和培养计划，确保培养出满足行业要求的数据分析型物流人才。战略合作推动使高职物流人才的数据分析能力培养更加贴合实际需求。学校与企业共同制定培养目标和课程设置，确保学生在学习过程中能够获得真实的案例和项目实践机会。通过与企业合作的实践环节，学生可以应用数据分析方法解决实际问题，提升他们的数据分析能力。双方共同推动高职物流人才的数据分析能力培养，确保教育与行业需求相结合，为学生提供更好的就业和发展机会。这种校企合作的战略合作模式将为高职物流人才的培养提供持续支持，并促进数据分析能力的全面提升。[1]

三、校企合作模式在物流教育中的发展趋势

（一）校企合作模式的多样化与创新

在物流教育领域中，产学研一体化模式正成为校企合作创新发展的关键力量。

[1]　姚佩君，李志鹏，廖婧雯．校企合作加强高职物流人才的数据分析型能力 [J]. 中国航务周刊，2024（4）：69-72.

随着物流行业技术革新的加速，传统实习与订单模式已无法满足行业对创新人才与技术的需求。学校、企业与科研机构打破界限，携手共进。企业作为市场前沿阵地，将实际业务中遇到的技术瓶颈，如物流配送效率低下、仓储智能化程度不足等问题提出。学校科研团队凭借深厚的学术积累，与企业技术人员组成联合攻关小组。在高效物流配送算法研发过程中，双方依据物流大数据，从路线规划、车辆调度等多方面深入研究，成功开发出优化算法，大幅提高配送效率。智能仓储管理系统研发同样如此，通过整合传感器技术、自动化设备与信息化管理平台，实现仓储管理智能化。这些创新成果不仅应用于企业生产，增强企业竞争力，还被巧妙转化为教学内容。学生参与其中，可在项目实践中锻炼创新思维，提升实践能力，为物流行业培养出兼具理论知识与创新实践能力的高素质人才。

线上线下融合的校企合作模式正为物流教育带来全新变革。互联网技术的飞速发展，为这种模式提供了有力支撑。企业借助线上平台，精心打造虚拟仿真实践项目。学生不受时空限制，可随时登录平台开启物流业务模拟。在虚拟仓储模块，学生可模拟货物入库、存储、盘点与出库流程，熟练掌握仓储操作技巧；运输模拟环节，依据不同运输任务，规划最优路线、调配车辆。线上模拟让学生将理论知识初步转化为操作技能。而线下企业实习则是对线上学习的深化与拓展。学生走进真实物流企业，参与实际业务，与一线员工交流协作。这种线上线下有机融合的模式，可实现理论与实践深度交融。学生在丰富多样的实践体验中，能全面提升专业素养，更能适应现代物流行业对人才的多元需求，为未来职业发展筑牢根基。

（二）校企合作在物流教育中的深化方向

校企合作需要学校和企业双方共同谋划，研究设计科学的理论与实践课程体系。在课程建设方面，学校应充分考虑物流企业的实际需求，将理论与实践相结合，企业也要积极参与课程建设，使高校的培养模式与物流企业的实际需求相契合。在实训基地的建设上，物流企业发挥主导作用，可以考虑学生参与实习的便利性在学校建立实习基地，也可以让学生真正参与企业的生产，更好地发挥实习的积极作用。

校企合作难开展，归根结底是资金投入不足。在经济发达地区，校企合作开展效果好；而在经济比较落后的地区，这项工作就开展得差。要想解决这个问题，除了高校自身努力之外，政府必须加大投入力度。政府设立专项资金用于支持参与校企合作的双方，鼓励企业设置校企合作部，专门对接学校开展校企合作事宜，对参与校企合作的企业享受一定的税收优惠政策；对于积极参与校企合作的教师给予物质奖励和精神鼓励；把校企合作作为对高校教学质量评估的重要因素。通过政府的政策导向可以激发社会、学校、企业的参与热情，达到物流技能型人才培养的目标。

高校人才培养的最终目标是服务社会，在高校与企业通力合作的过程中，充分调研社会对人才的需求，强调人才与社会的对接，强化人才对经济发展的服务。学校一方面要保证物流专业特色化建设逐步完善，另一方面与企业配合达到学生提前步入社会、参与生产实践的目标。在校企合作中，学校不能盲目听从企业调遣，而要充分发挥主导作用，保证物流专业的特色优势得到发挥，企业的参与使高校人才的培养模式趋于完善，专业技能型人才培养得到有力保障。校企合作的领域是多方面的，校企联合设置培养体系、共建实习基地、共同建设应用实验室、双方互遣人才交流，借助以上措施可以显著提高校企合作办学效率，完善人才培养与社会需求的无缝对接，把人才服务经济的口号落到实处。

现阶段，补充高校教师队伍的主要手段是从高等院校引进毕业生，这些博士（或硕士）毕业生虽然有较强的学术功底，但是自身实践能力极度匮乏，这对于开展校企合作是极为不利的。如果学校物流教师队伍中有资深的行业从业者，开展校企合作就有了联系的纽带，易于搭建校企合作的友谊桥梁。同时，“双师型”教师一方面能够教授学生理论知识；另一方面又能指导学生的实习，完美做到了理论和实践的结合，教师与学生既是师生又是师徒，进一步巩固和加深了彼此间的情谊。

近年来，各大高校均出现物流招生热的现象，物流专业毕业生数量逐年走高，现在应该思考如何提高物流专业毕业生质量，教育部也应该逐渐重视高校物流专业办学水平评估。例如，对开办物流专业的各大高校专业开办情况、学生的就业状况、高校的实验室建设、校企合作开展情况等，进行充分调研，并将校企合作开展情况作为重点考核项目，对未开展校企合作的高校或者开展校企合作不佳的高校，限期予以整改乃至取消其招生资质。

所谓“3+1”培养模式就是让学生在前三年集中在学校学习理论知识，第四年让学生去企业参加实训。这种强化学生顶岗实习的模式可以使学生集中精力投入企业的实际生产，企业也打消了学生仅靠短期实训换取学分的顾虑，学生在生产实践中锻炼和学习，可以更好地实现理论与实践相结合。高校在具体开展过程中，对校内外指导老师应出台具体的管理办法，通过聘请企业专家与在校专职教师成立专业实习指导委员会，对企业的用人需求和学校的课程设置协调，定期开展专家论坛、技能大赛、文体竞赛等。在加强校园文化建设的同时，让学生充分感受到企业的文化氛围，让学生提前步入社会，为将来实践打下坚实的基础。[1]

[1]　滕川川 .高校物流专业校企合作培养模式的思考 [J].山西青年，2023（10）：105-107.

（三）校企合作对物流人才培养质量的持续提升

持续深化的校企合作，正以多样化与创新的合作模式为物流人才培养注入新活力。在产学研一体化模式下，学校、企业与科研机构紧密联动。企业抛出实际业务中的难题，如物流配送效率瓶颈、仓储空间利用率低等。学校科研团队与企业技术人员合力攻关，在此过程中，学生深度参与项目。在研发高效物流配送算法时，学生从物流数据收集、分析，到算法模型构建、测试，全程参与。这不仅锻炼了他们解决实际问题的能力，还激发了创新思维，让学生学会从多视角探寻解决方案。而线上线下融合模式则充分考虑学生个性化学习需求。线上，企业借助虚拟仿真平台，为学生打造各类物流业务模拟场景，学生可根据自身进度反复练习仓储管理、运输调度等操作。线下实习时，学生将线上所学应用到真实工作环境，积累实战经验。这种模式可以打破时空限制，丰富学生学习体验，使他们在掌握扎实专业知识的同时，具备创新能力与更广阔的视野，为成为适应行业变革的物流人才奠定基础。

校企合作的深化，让企业在物流人才培养中扮演越发关键的角色。在人才培养方案的制定上，企业依据行业最新动态与自身用人需求深度参与其中。他们将新兴的物流技术，如物联网在物流追踪中的应用，以及市场对绿色物流、供应链金融等领域人才的需求融入方案，使培养方案与行业需求精准对接。在教学内容方面，企业提供实际业务案例与最新行业数据，让教学更具实用性。企业参与学生评价考核环节更是意义重大。企业以自身运营标准为依据，从物流操作规范、客户服务质量、业务创新能力等多维度对学生进行评估。这促使学生时刻以行业高标准要求自己，不断提升专业素养与综合能力。如此培养出的物流人才，能迅速适应物流行业快速发展的节奏，为行业持续发展提供坚实的人才保障，推动物流行业不断向前迈进。

第二节　"三强化三对接"理念下的校企合作新模式

在高职物流专业致力于构建"三强化三对接"人才培养模式的进程中，校企合作作为关键驱动力，其模式的创新与深化意义重大。"三强化三对接"理念犹如航标，为校企合作指明了新方向，从内容到形式都提出了全新且更高的要求。当下，积极探索契合这一理念的校企合作新模式，不仅关乎高职物流专业人才培养质量的提升，更关系到能否为物流行业源源不断地输送适配人才。本节将剖析"三强化三对接”理念对校企合作的具体要求，并对在此理念引领下的校企合作新模式及配套机制保障展开探讨。

一、“三强化三对接”理念对校企合作的要求

（一）“三强化”对校企合作内容的新要求

在“三强化”理念下，职业素养培育、实践能力提升及创新精神培养成为校企合作的重点。在职业素养培育方面，企业通过举办讲座，邀请资深职场人分享物流行业的真实故事，涵盖客户沟通、应对突发状况等，展示职业道德规范，助力学生树立正确职业观。企业还将自身文化融入校园活动，如举办校园物流文化节，融入创新、高效等元素，熏陶学生。

在实践能力提升上，校企围绕物流全流程搭建实操平台。共建的物流实训基地里，学生在模拟仓储环境进行货物存储、盘点，在运输调度区域规划路线、调配车辆。校企开展短期项目实践，让学生参与真实物流订单处理，从接单到售后全程实践，积累实操经验。创新精神培养是“三强化”赋予校企合作的重要使命。企业将业务难题引入校园，与学校联合组建项目小组。以提高物流配送效率为例，企业提供真实数据，学校教师带领学生运用专业知识探索，通过建立数学模型、尝试不同算法组合，提出创新配送方案。

（二）“三对接”对校企合作形式的新指引

在“三对接”理念下，专业与产业、课程内容与职业标准的对接，为校企合作指明关键方向。学校在专业与产业对接中积极作为。以物流行业为例，面对智慧物流的发展趋势，学校迅速增设智能物流专业方向。为保证新设专业与产业紧密相连，邀请行业资深专家参与专业规划，专家依据一线经验，在课程设置、实践环节及人才培养目标制定上给出建议，如建议开设物流大数据分析、智能仓储技术应用等课程，助力培养符合产业需求的人才。

在课程内容与职业标准对接方面，校企携手合作。企业依据物流行业最新职业标准，将新服务规范（如绿色物流配送标准、客户满意度提升准则）及操作流程优化（如自动化仓储设备、无人配送系统运营流程）融入课程开发。学校教师将这些内容整合进教学体系，使学生所学精准匹配职业需求，毕业后能快速适应岗位。教学过程与生产过程对接，为校企合作开拓新路径。校企共同构建一体化教学体系，打破理论与实践的隔阂。学校完成理论教学后，学生迅速进入企业实践，参与物流

项目运营及客户服务等真实生产环节。企业为学生提供资源和专业指导，安排导师实时辅导，助力学生将理论转化为实践能力。学校根据学生实践反馈，调整理论教学重点。

二、“三强化三对接”理念下的校企合作新模式探索

（一）产学研用一体化的校企合作模式

在产学研用一体化的校企合作模式下，协同研发是关键环节。企业作为物流业务的实际运营者，最清楚行业痛点。以仓储领域为例，面对仓储空间利用率低下这一难题，企业基于自身业务需求，向学校与科研机构提出开发智能仓储管理系统的研发课题。学校凭借科研团队丰富的专业知识与先进的科研设备，与企业技术人员强强联合，组建联合研发小组。在研发进程中，学校科研人员运用专业理论，从算法优化、系统架构设计等方面发力；企业技术人员则依据实际仓储操作经验，提供关于业务流程、设备应用等实践层面的见解。双方优势互补，共同攻克技术难关。学生也深度参与其中。他们在导师的指导下，协助收集数据、搭建模型、进行实验测试。在这个过程中，学生将课堂所学的数学、计算机等理论知识运用到实际研发，极大地锻炼了科研与创新能力，初步积累项目经验，为未来投身行业打下坚实的基础。

研发成果的转化与应用是产学研用一体化模式的价值体现。当智能仓储管理系统研发成功，企业迅速将其引入实际仓储运营。新系统通过智能规划货物存储位置、自动化货物分拣与搬运等功能，大幅提高仓储空间利用率与运营效率，增强企业在市场中的竞争力。对于学校而言，研发成果成为宝贵的教学资源。学校将智能仓储管理系统的相关技术原理、应用案例融入课程体系。在物流专业课程中，详细讲解系统的算法逻辑、操作流程以及在实际仓储中的应用效果。

（二）工学交替、订单培养的深度合作方式

工学交替、订单培养开启了校企深度合作的大门，其合作机制独具特色。企业依据自身人才需求状况，与学校签订订单培养协议，这一协议为双方合作奠定坚实基础。在培养进程中，工学交替有序开展。学生先在学校进行一段时间的理论知识学习，比如，在物流专业基础课程学习阶段，掌握物流学概论、供应链管理基础等知识体系。之后，学生进入企业实践岗位，参与实际物流业务运作。在仓储部门，学生负责货物的分类存储、出入库登记以及库存盘点，了解仓储管理流程；在运输

调度岗位，学生依据订单信息，规划最优运输路线，调配车辆资源，积累运输业务实操经验。实习结束后，学生带着实践中的问题与收获回到学校。学校根据学生实践反馈，灵活调整后续学习重点。若学生在实习中发现物流成本控制方面存在困惑，学校可在后续课程中加强成本核算、物流优化策略等内容的教学，实现理论与实践的动态结合，让教学更具针对性。

在这种深度合作模式下，企业全面参与教学过程，从课程设置到教学评价都发挥着关键作用。企业依据自身岗位需求，与学校共同构建课程体系。在课程设置上，将企业实际业务流程与操作规范融入其中。比如，在物流信息管理课程中，引入企业正在使用的物流信息系统操作教学，使学生所学与企业实际业务紧密相连。在教学评价环节，企业也拥有话语权，除了学校常规的学业考核外，企业还会从实际工作能力、职业素养等维度对学生进行评价。学生经过在校学习与企业实习的交替培养，毕业后可直接进入订单企业工作。由于在培养过程中，学生所学知识技能与企业需求精准匹配，他们能迅速适应企业岗位要求，无缝融入工作环境，实现人才培养与企业需求的高效对接，为企业输送“即插即用”的专业物流人才，同时也为学生提供稳定的就业保障，促进高职物流教育与物流行业的协同发展。

（三）国际化校企合作项目的开展与实施

在物流行业国际化浪潮下，国际化校企合作项目蓬勃发展，为学生提供了宝贵的实习与学习机遇。学校积极与国外知名物流企业携手，推动国际交流项目落地。学生由此获得前往国外企业实习的难得机会，深入接触国际先进物流管理经验与前沿技术。在国外物流企业实习期间，学生全面学习其高效的供应链管理模式。比如，一些国外企业采用精益供应链理念，通过精准预测市场需求、优化库存管理以及协同上下游企业，实现供应链成本的大幅降低与响应速度的显著提升，学生可深入学习其运作流程与管理策略。学生还能亲身体验先进物流信息技术的应用，如智能仓储系统中利用物联网技术实现货物实时定位与库存精准管理，运输环节运用大数据分析优化配送路线。学生通过实习实践，将这些先进经验与技术内化吸收，为自身专业能力的提升注入强大动力，为未来投身国内物流行业国际化发展积累宝贵经验。

国际化校企合作不仅体现在学生实习方面，还在于教育资源的引入与课程体系的优化。学校与国外院校展开深度合作，积极引入国外优质教育资源。在课程设置上，紧密结合国际物流发展需求，融入一系列国际物流课程。在跨境物流运营课程中，详细讲解跨境电商物流模式、国际货运代理流程以及不同国家的海关通关政策等内容，让学生全面了解跨境物流复杂的业务环境。国际物流法规课程则聚焦于国际海运、空运等运输方式相关的法律法规以及国际贸易中的物流合同条款解读。通过这些课程学习，学生构建起系统的国际物流知识体系。国外院校的先进教学理念与方法也被引入，如案例教学、项目式学习等，激发学生自主学习与解决实际问题的能力。

三、新模式下的校企合作机制与保障措施

（一）建立校企合作的长效机制

签订长期合作协议是校企合作长效机制的基石。校企双方基于对彼此优势与发展需求的深刻理解，共同拟定合作框架。在协议中，清晰界定未来数年的合作目标。以物流专业为例，可设定在5年内为企业精准输送一定数量、具备特定技能的物流人才，同时助力企业攻克若干物流技术难题。明确双方权利义务至关重要，学校有权要求企业为学生提供真实的实习岗位与专业指导，企业则有权参与学校相关课程设置与人才培养方案制定。合作期限也需明确，如约定5年的合作周期，在此期间，双方围绕合作目标稳步推进各项工作。其间，任何一方如需调整合作内容或终止合作，应遵循协议中的相关规定，提前沟通协商。这种明确的协议为校企合作提供了稳定的基础，使双方能够基于长期规划，投入资源，共同为实现合作目标而努力，避免短期行为带来的不确定性，为持续深入的合作筑牢根基。

设立联合管理机构是保障校企合作顺畅运行的关键举措。该机构由校企双方选派骨干人员共同组成，肩负着合作项目日常管理与协调的重任。在人员构成上，学校可派出教学管理、专业教师等方面的代表，企业则选派人力资源、技术研发、业务管理等部门的专业人士。联合管理机构负责制订详细的合作项目执行计划，明确各阶段工作任务与时间节点。在物流人才培养项目中，规划学生实习的具体安排、企业专家进校园讲学的频次与主题等。定期召开工作会议，对合作进展进行跟踪评估。若在合作过程中出现问题，如学生实习岗位与预期不符、技术研发遇到瓶颈等，联合管理机构及时组织双方沟通协商，快速制定解决方案。通过高效的管理与协调，确保合作项目按计划有序推进，充分发挥校企双方优势，提升合作成效，促进校企合作长期稳定发展。

构建利益共享机制是激发校企合作持续动力的核心要素。企业通过与学校合作，能够获得多方面收益。在人才获取上，学校为企业定向培养符合岗位需求的优质人才，减少企业招聘与培训成本。在技术创新方面，借助学校科研力量，企业攻克业务难题，提高生产效率与经济效益。企业在物流配送技术研发中，与学校合作取得突破，降低配送成本，增加市场份额。学校也从合作中收获颇丰。人才培养质

量显著提高，学生通过企业实践，专业技能与职业素养得到提升，就业竞争力增强，进而提升学校社会声誉。企业的支持还能改善学校教学条件，如企业将部分因技术创新带来的收益捐赠给学校，用于购置先进的物流实训设备。学校为企业提供优先人才选拔权，进一步巩固双方合作关系。这种互利共赢的利益共享机制，极大地激发了校企双方的合作积极性，推动校企合作长期、深入开展。

（二）完善校企合作的政策与制度保障

政府在完善校企合作政策与制度保障中扮演着关键角色。为激发企业参与校企合作的积极性，政府需出台一系列鼓励政策。税收优惠政策是有力手段之一，对于深度参与校企合作，为学生提供实习岗位、参与学校人才培养的企业，政府可适当减免其部分税收，减轻企业运营负担，使其更有动力投入校企合作。财政补贴同样重要，政府可设立专项基金，对在校企合作项目中表现突出的企业给予资金奖励。若企业与学校共同开展物流新技术研发并取得显著成果，政府给予相应的财政补贴，助力企业持续创新。这些政策不仅能让企业在经济上受益，还能彰显政府对校企合作的重视，引导更多企业参与其中。通过政府的政策引导，校企合作有了更坚实的政策基础，得以在更广阔的领域、更深的层次展开，促进教育与产业的深度融合，为培养符合市场需求的高素质人才创造良好条件。

学校与企业自身内部制度的完善是校企合作规范化、制度化的重要支撑。学校需制定详尽的内部管理制度来规范校企合作流程。在教师参与校企合作方面，制定具有吸引力的激励政策。将教师参与企业实践、技术研发等活动与绩效考核紧密挂钩，若教师通过参与企业项目，为学校带来新的教学资源、提高教学质量，可在职称评定、评优评先等方面给予优先考虑。这能充分调动教师积极性，促使他们主动投身校企合作，将企业最新的实践经验与技术引入课堂。企业同样要建立健全相关制度。保障学生实习安全与权益是重中之重，为实习学生购买足额保险，消除学生与学校的后顾之忧。精心制订实习岗位培训计划，依据学生专业与实习岗位需求，设计科学合理的培训内容，从基础业务知识到实际操作技能，全方位提升学生能力。设立完善的考核标准，对学生实习表现进行客观评价，让学生清楚了解自身不足，有针对性地提升，确保学生在企业实习期间真正学到实用技能，实现校企合作的预期目标。

（三）加强校企合作的监督与评估体系

构建独立的第三方监督机构是强化校企合作监督与评估体系的基石。这一机构由教育领域资深专家、行业协会专业人员共同组成。教育专家凭借深厚的教育理论知识与丰富的教学管理经验，从教育教学规律角度审视校企合作项目；行业协会人员则基于对物流行业动态的敏锐洞察与丰富的企业实践经验，把控合作项目与行业实际需求的契合度。第三方监督机构对校企合作项目实施全程监督。从合作项目启动阶段的方案审核，确保项目目标明确、计划合理；到项目执行过程中，定期检查合作进展是否符合预期，如学生实习安排是否到位、企业参与教学的深度是否足够等；再到项目阶段性成果的评估，判断成果是否达到预期标准。在物流专业校企合作人才培养项目中，监督机构严格审查企业提供的实习岗位是否与学生专业技能培养相匹配，学校课程设置是否融入企业实际需求内容。通过这种全程、全方位的监督，保障校企合作项目规范、有序开展。

定期开展多维度的合作效果评估是提高校企合作质量的关键举措。从人才培养质量维度，通过对校企合作培养的学生进行就业跟踪调查，详细了解学生在企业的工作表现，包括专业技能运用、团队协作能力、职业素养等方面。关注学生职业发展情况，如晋升速度、岗位适应能力等，以此判断人才培养是否达到预期目标。在技术研发成果维度，评估校企合作开展的技术研发项目是否成功攻克关键技术难题，研发成果是否有效应用于企业生产，提升企业生产效率与竞争力。企业满意度维度同样重要，调查企业对合作过程中学校提供的人才质量、科研支持等方面的满意度。依据评估结果，校企双方迅速行动。若发现某一合作项目在人才培养方面效果欠佳，共同深入分析原因。可能是课程设置未能紧跟行业最新需求，导致学生所学知识与企业实际脱节，此时及时调整课程内容，增加前沿物流技术、业务模式等课程；也可能是教学方法过于传统，学生实践能力培养不足，可以创新教学方法，引入项目式、案例式教学。

第三节　校企合作深化“三强化三对接”的实践探索

在高职物流专业人才培养体系中，“三强化三对接”理念为校企合作指明了前行方向。而校企合作的深化，则是将这一理念落地生根、开花结果的关键所在。通过切实可行的实施策略，结合鲜活生动的案例，能清晰洞察校企合作，在深化“三强化三对接”过程中的实践轨迹。这不仅有助于总结过往成功经验，直面现存问题，更能为未来的探索提供坚实支撑与科学指引。本节将剖析校企合作深化“三强化三对接”的实践探索之路，以期为高职物流专业人才培养质量的提高注入新的活力。

一、校企合作深化“三强化三对接”的实施策略

（一）明确校企合作的目标与定位

在校企合作深化“三强化三对接”的征程中，确立合作目标是首要任务。学校与企业基于对物流行业发展趋势的洞察以及自身实际情况，开启深度对话。学校深知自身在理论教学方面的优势，同时也清楚实践教学资源的短板。故而期望借助企业的力量，如企业的物流运营场地、先进的物流设备以及丰富的业务案例等，为学生打造实践平台，全方位提升学生的实践能力。其核心目标是培养出能精准对接物流行业需求的高素质人才，这些人才不仅要掌握扎实的物流专业知识，还需具备应对复杂业务场景的实操能力。企业参与校企合作也有着明确诉求。在激烈的市场竞争环境下，企业面临诸多业务难题，如物流成本居高不下、配送效率难以提高等。通过与学校合作，企业能够获取专业人才支持，这些人才可以凭借所学知识，为企业提供创新思路与解决方案，助力企业攻克业务瓶颈，增强市场竞争力。学生在企业实习期间，运用所学数据分析知识，为企业优化物流配送路线，降低运营成本，实现校企双方的互利共赢。

在“三强化三对接”理念的指引下，校企合作定位得以细化。在强化学生职业素养方面，校企合作致力于让学生深度融入企业运营，理解物流行业职业道德规范。企业在日常运营中蕴含丰富的职业素养教育素材，从员工与客户的沟通方式，到处理物流纠纷时的责任担当，都体现着企业的服务理念与诚信经营原则。学生通过参与企业项目，观察学习企业员工的行为准则，将这些职业素养内化于心。在专业与产业对接上，学校紧跟企业反馈与行业动态。随着电商行业的蓬勃发展，电商物流成为物流行业新的增长点。学校依据企业对电商物流人才的需求，迅速调整专业方向。在课程设置上，增加电商物流运营、电商仓储管理等课程，邀请企业电商物流业务骨干参与教学，使学生所学与产业需求紧密结合，确保培养的电商物流运营人才能够无缝对接企业岗位，为后续深入合作奠定坚实的基础。

（二）制订校企合作的具体实施计划

人才培养是校企合作的核心。校企依据学生学习规律和企业岗位需求，规划学习与实习安排。第一学年，学生在校完成物流基础课程学习，寒暑假前往企业进行短期岗位认知实习，到仓库、运输站点观察物流基础业务流程，形成直观认识。第

二学年，学生深入企业特定岗位实践一学期，如仓储管理岗学习库存盘点、货物布局优化，运输调度岗负责路线规划、车辆调配。企业导师现场指导，学校教师提供知识支持，促进理论与实践融合。第三学年，学生参与企业实际项目，综合运用知识，提升解决问题的能力，实现从校园到职场的过渡。

技术研发是校企合作关键部分。以物流配送优化系统研发为例，初期，校企组建联合调研团队，深入市场收集物流企业运营数据、分析客户痛点、研究现有技术方案，明确市场需求与技术方向。中期，学校科研团队从算法优化、系统架构设计发力，企业技术人员依据实践经验提供物流业务流程、设备兼容性建议，共同攻克难题，搭建系统雏形。后期，模拟真实物流场景测试系统，收集反馈数据，针对配送效率、稳定性等问题优化，确保成果能应用于企业运营，提高物流配送效率，推动校企技术创新发展。

（三）整合校企资源，形成合力推进

教学与实践资源整合是深化校企合作“三强化三对接”的基础。学校专业教师团队在理论教学优势明显，能为学生筑牢知识根基。企业的物流园区、仓库等实践场地和业务案例能为学生实践能力的提升创造条件。学校教师参与企业项目，如物流成本优化项目，积累经验后融入课堂，可增强理论实操性。企业技术人员进校园开展讲座，分享智能仓储、无人配送等新技术，参与课程设计，调整内容契合行业需求。学校利用企业场地作实训基地，让学生进行货物分拣、仓储管理等实操，实现教学与实践无缝对接，助力“三强化三对接”人才培养。

信息资源共享与人员素养提升是校企合作合力的关键。校企共享物流市场动态，学校依此调整专业与课程。如冷链物流需求增长，学校增设相关课程。企业依据人才需求参与学校人才培养方案制定。在人员素养提升上，校企开展双向培训。学校为企业员工提供理论培训，企业为师生开展实操培训，如企业培训物流设备操作，学校讲授物流管理理论。共享信息助力企业优化业务、学校改进教学，全方位形成合力，推进“三强化三对接”人才培养，为物流行业输送高素质人才。

二、校企合作深化“三强化三对接”的案例

（一）高职物流专业与物流企业的深度合作实践

高职物流专业与企业深度合作，课程体系优化与实习岗位提供是基础。学校紧扣企业需求，顺应物流行业智能化、金融化趋势，增设智慧物流技术应用课程，让

学生学习物联网、大数据在物流中的应用，为智慧物流岗位储备知识；开设供应链金融课程，帮助学生掌握物流与金融融合业务模式，拓宽就业路径。企业为学生提供多元实习岗位，从基层操作员的货物分拣、搬运，到项目助理参与物流项目策划执行，安排导师一对一指导，助力学生在实践中理解知识、提升技能。学校教师与学生深度参与企业项目，推动校企深度融合。学生积极投身企业物流项目，如参与大型仓储中心智能化改造，从前期需求调研到设备安装调试全程参与，将知识用于实践，提升问题解决能力。教师与企业技术人员共同研发物流成本控制模型，教师凭借理论知识，企业人员依据实践经验，双方协作，成果应用于企业降本增效，教师再将经验带回课堂，让教学更贴合行业实际，有效促进“三强化三对接”人才培养模式实施。

（二）“三强化三对接”在校企合作中的具体体现与成效

在校企合作中，“三强化三对接”表现突出。在“三强化”方面，学生在企业日常运营里强化职业素养，如应对紧急订单时，领悟团队协作与客户服务精神；在实际项目中提升实践能力，如仓储管理项目中熟练操作自动化设备、分析物流成本数据；在企业创新项目中培养创新精神，例如，在配送优化项目提出用人工智能算法优化路径的有效思路。在“三对接”方面，专业紧跟企业业务拓展，企业大力发展跨境物流，学校便开设相关专业方向；企业参与课程开发，融入最新职业标准；教学与生产无缝衔接，学生学完理论后迅速投身企业实践。“三强化三对接”成果丰硕。学生专业技能考核通过率显著提升，从60%跃至85%。企业对学生满意度高达95%，以南京财经大学营销与物流管理学院为例，用人单位对其物流专业毕业生满意度达98.76%，反馈学生上岗适应快、效率高、素养好，为企业创造了价值。学校人才培养质量显著提高，毕业生就业竞争力增强，吸引了更多优质生源，形成良性循环。

（三）校企合作对学生能力培养与就业质量的提高作用

校企合作成为学生能力提升的关键助力。当学生投身企业实践，他们有机会直面各种复杂的业务场景，积累丰富的实战经验，解决实际问题的能力由此显著提升。以物流行业常见的订单突发状况为例，在运输过程中，货物可能因恶劣天气、交通管制等意外因素受阻。此时，参与校企合作实践的学生能够迅速调用在学校所学的物流知识，一方面，与客户保持密切沟通，如实说明情况并提供合理的解决方案，安抚客户情绪；另一方面，积极协调仓储部门调配库存，与运输团队重新规划路线，确保货物能以最快速度送达目的地。这种将理论知识灵活运用于实际问题解决的过程，极大地锻炼了学生的应变能力。在企业团队合作中，学生的沟通协作能力也得到充分锻炼。在一个物流项目的执行过程中，学生需要与企业内不同部门的员工协同工作，比如，从市场调研人员处获取客户需求信息、与技术人员探讨物流设备的使用与维护、和管理人员协调项目进度与资源分配。

校企合作对学生就业质量的提高成效斐然。企业通过与学校的深度合作，对学生的专业能力和实践表现有了深入了解，因此在招聘时往往优先录用这些学生。企业深知，经过校企合作培养的学生，能够更快地适应工作岗位，为企业创造价值。在薪资待遇方面，合作学生通常能获得更具竞争力的薪酬。由于他们在实践中积累了丰富的经验，具备更强的岗位实操能力，企业愿意为其支付更高的报酬。从就业岗位来看，学生所从事的工作与专业高度匹配，多集中在物流运营管理、技术支持等核心岗位。在物流运营管理岗位上，学生负责物流项目的整体策划与执行，运用所学知识优化运营流程，提高企业物流效率；在技术支持岗位上，学生凭借专业技术知识，为企业的物流信息系统升级、自动化设备维护提供有力的保障。

三、校企合作深化“三强化三对接”的经验总结与展望

（一）校企合作深化“三强化三对接”的成功经验

在校企合作深化“三强化三对接”的进程中，建立长期稳定的沟通机制至关重要。校企双方定期开展交流活动，搭建起顺畅的沟通桥梁。每月举行一次线上或线下的合作交流会议，双方负责人、项目主管以及相关教师和企业技术骨干齐聚一堂。在会议中，各方坦诚分享合作进展，及时反馈遇到的问题。若在课程设置与企业实际需求对接上出现偏差，企业代表可当场提出，学校教师则依据教学实际情况共同探讨解决方案，迅速调整课程内容，确保教学与企业需求紧密契合。通过这种常态化的沟通，诸如实习岗位安排不合理、教学内容更新不及时等合作中的潜在问题，都能被及时发现并化解，为校企合作的持续推进扫除障碍，保障合作始终沿着正确方向前行。

校企双方深度参与对方业务，成为深化“三强化三对接”的核心动力。企业积极投身学校教学工作，从课程设置的源头开始介入。企业依据自身业务发展方向以及行业最新趋势，与学校共同规划物流专业课程。在智慧物流课程设置中，企业凭借对行业前沿技术的掌握，为学校提供智能仓储、无人配送等课程内容建议。在教学评价环节，企业代表参与学生实践能力考核，依据企业岗位要求给出客观评价，使教学成果更贴合实际需求。学校教师也主动融入企业项目研发与实践。在企业物

流成本优化项目中，教师运用专业知识与企业技术人员共同进行数据分析、方案制定，将科研成果应用于企业实际运营，实现学校科研优势与企业实践优势的互补，推动“三强化三对接”深入开展。

注重实践教学环节，并借助政策支持，为校企合作深化“三强化三对接”提供坚实保障。学校与企业紧密合作，为学生打造充足的实践机会。企业开放物流园区、仓库等场地，学生在此参与货物分拣、仓储管理、运输调度等真实业务操作，将课堂所学理论知识转化为实践技能。学校还通过组织学生参与企业实际项目，如物流配送方案设计、供应链优化项目等，让学生在实践中锻炼解决问题的能力。政策支持为校企合作注入活力。政府出台税收优惠、财政补贴等鼓励政策，对积极参与校企合作的企业给予税收减免，对合作成效显著的项目提供资金支持，营造良好的合作环境，吸引更多企业参与，共同推动“三强化三对接”人才培养模式不断完善。

（二）存在的问题与挑战及改进方向

在校企合作的推进过程中，一些问题与挑战逐渐凸显。部分企业参与校企合作的热情并不高，其主要顾虑在于投入与产出难以平衡。企业为学生提供实习岗位、参与学校教学指导等，需投入人力、物力成本，却难以在短期内看到显著收益。企业安排资深员工指导学生实习，员工精力分散，在一定程度上会影响工作效率，而学生短期内又难以完全胜任工作，为企业创造足够价值，这使企业对合作积极性受挫。学校方面，教师实践能力存在短板。物流行业发展迅速，新技术、新模式不断涌现，而学校教师长期处于教学环境，实践经验更新滞后。在指导学生参与企业实际项目时，面对复杂的物流业务场景，如智能物流设备故障处理、供应链优化中的实际难题，教师难以提供切实有效的解决方案，无法充分满足企业对实践指导的需求，这也制约了校企合作的开展。

针对上述问题，可从多个维度探索改进方向。为提升企业参与积极性，构建合理的利益共享机制刻不容缓。政府可发挥引导作用，出台税收优惠政策，对深度参与校企合作的企业减免部分税收，降低企业运营成本。企业与学校共同开展技术研发，当研发成果转化为实际生产力，企业能从中获取收益。校企联合研发物流配送优化系统，企业将其应用于实际业务，提高配送效率、降低成本，获得实实在在的经济效益，从而激发企业参与合作的热情。在提升教师实践能力方面，学校可采取选派教师到企业挂职锻炼的举措。教师深入企业一线，参与物流项目运营、业务流程优化等工作，积累实践经验。如教师在企业参与仓库智能化改造项目，全程跟进从方案设计到设备安装调试的过程，熟悉最新物流技术应用。回校后，教师将实践经验融入教学，优化教学内容与方法。同时，学校进一步优化教学管理，灵活调整课程安排、考核机制等，使其与校企合作需求相适应，全方位推动校企合作迈向新高度。

（三）对未来校企合作深化“三强化三对接”的展望与建议

展望未来，校企合作深化“三强化三对接”的前景十分广阔。物流行业正朝着智能化、国际化的方向加速发展，这为校企合作开辟了全新的拓宽领域。在新技术应用方面，随着人工智能、物联网等前沿技术在物流行业的广泛渗透，校企可以携手共同开展物流前沿技术的研发。共同研发基于人工智能算法的物流配送路径优化系统，通过实时分析交通路况、订单需求等海量数据，实现物流配送效率的大幅提高。在国际化发展趋势下，拓展国际合作项目成为必然。学校与国外知名物流企业、院校建立合作关系，组织学生参与国际物流项目实习，让学生亲身接触国际先进的物流管理经验与运营模式。安排学生到国外物流企业的跨境电商物流中心实习，学习其高效的国际供应链管理、精准的库存控制以及先进的物流信息技术应用，拓宽学生的国际视野，培养具备国际竞争力的物流人才，使“三强化三对接”在更广阔的国际舞台上得以深化。

为确保校企合作深化“三强化三对接”能够顺利推进，一系列保障措施必不可少。首先，要完善合作评价体系，从多个维度全面评估合作效果。在人才培养质量方面，跟踪调查毕业生在企业的就业表现、职业发展情况，以此衡量学校培养的人才是否符合企业和行业需求。其次，关注企业效益提升，评估合作项目对企业生产效率、成本控制、市场竞争力等方面的影响。通过这种全面的评估，及时发现合作中的问题并加以改进。持续优化合作机制同样关键。校企双方需不断调整合作模式，以适应物流行业快速变化的需求。根据行业发展动态，灵活调整课程设置、实践教学安排以及企业参与教学的方式。加强沟通协调，建立更加紧密的合作关系，共同为高职物流专业人才培养注入新活力。

第十章

“三强化三对接”人才培养模式的评估与展望

在高职物流专业的教育征程中，“三强化三对接”人才培养模式作为提高人才质量、契合行业需求的关键路径，其成效与发展前景备受关注。本章将聚焦于“三强化三对接”人才培养模式的评估与展望。通过构建科学合理的评估体系，精准衡量其实施效果，深度洞察在学生能力塑造、教育教学革新及校企合作推进等方面的成果。立足当下物流行业发展态势、职业教育改革走向与国际化竞争格局，对这一模式的未来发展趋势、面临挑战进行前瞻性研判，探索持续创新与推广应用的可行路径，为高职物流专业教育的长远发展提供有力的支撑。

第一节　“三强化三对接”人才培养模式的评估体系

“三强化三对接”人才培养模式承载着为高职物流专业培育适配行业需求人才的重任，其实施成效关乎专业发展与学生未来。构建一套严谨、科学的评估体系是衡量该模式是否成功的关键。它不仅能精准审视人才培养目标的达成状况，深度剖析“三强化三对接”实施过程中的优劣，还能从社会效益层面考量其价值。本节将围绕评估体系构建的原则与目标，具体评估内容以及实施保障等方面展开探讨，为清晰评判“三强化三对接”人才培养模式的运行实效提供有力的支撑。

一、评估体系构建的原则与目标

（一）科学性原则

1.科学性原则下评估指标的精准选取

物流职业资格证书考取率是关键指标之一。物流行业有着明确的职业技能标准，物流师职业资格证书便是衡量学生专业知识掌握程度的重要标尺。学生备考物流师证书的过程，需系统学习物流运营的各个环节，包括仓储管理中货物的存储布局、出入库流程优化，运输调度路线规划、车辆配载等知识。通过统计学生物流师职业资格证书考取率，能直观了解他们对物流核心知识体系的掌握情况。这一指标不受主观因素过多干扰，以客观的证书获取结果为依据，确保评估的准确性，为判断学生在物流运营专业知识方面的学习成效提供可靠数据支撑，助力学校把握教学质量。

专业课程考试成绩同样不可或缺。在高职物流专业课程体系中，涵盖物流学概论、供应链管理、物流信息技术等多门专业课程。每门课程的考试都是对学生阶段性学习成果的检验。在物流信息技术课程考试中，学生需掌握物流信息系统的架构、数据采集与传输技术等知识，通过考试成绩能精准评估学生对该领域知识的理解与运用能力。这些考试成绩按照科学的评分标准得出，从基础知识考查到实际应用案例分析，全面且系统地反映学生学习情况。通过对专业课程考试成绩的综合分析，学校可以清晰知晓学生在不同专业知识板块的优势与不足，为后续教学改进提供有力依据，切实贯彻科学性原则。

2.科学性原则对评估结果的坚实保障

科学性原则确保评估结果真实可靠，为人才培养质量判断筑牢根基。以物流师职业资格证书考取情况为例，学生成功考取证书，意味着其在物流运营、供应链管理等专业知识层面达到行业认可标准。这不仅体现学生个人学习成果，更反映学校教学质量。学校可以依据学生考取证书的整体情况，分析教学内容是否覆盖行业核心知识，教学方法是否有助于学生理解掌握。若考取率高，说明教学成效显著；若偏低，则需反思教学环节存在的问题，如课程设置是否合理、教师教学是否到位等，进而有针对性地调整，提高人才培养质量。

专业课程考试成绩的分析同样意义重大。通过对各课程成绩的细致分析，学校能够精准定位学生知识薄弱点。在供应链管理课程考试中，若学生在库存优化章节得分普遍较低，学校可据此判断在该知识点的教学上存在不足。学校可以组织教师研讨，优化教学方案，如增加案例分析、实践操作环节，强化学生对库存优化知识的理解与应用。这种基于科学评估结果的教学改进，能切实提高人才培养质量，使高职物流专业教育更贴合行业需求，充分发挥科学性原则在人才培养质量保障中的关键作用。

（二）全面性原则

1.全面性原则贯穿人才培养全阶段

全面性原则在高职物流专业人才培养中，紧密覆盖学生从入学到毕业的各个关键阶段。

学生入学之初，基础素养评估至关重要。这涵盖学生的学习能力、沟通能力以及对物流行业的兴趣与认知。通过入学测试、面试交流等方式，了解学生的知识储备和思维能力，为后续因材施教提供依据。

进入在校学习阶段，理论学习是根基。对物流专业课程，如物流学原理、供应链管理理论等知识的掌握程度，通过考试、作业、课程项目等形式进行考核。实践锻炼也不容忽视。在校内实训课程中，学生在模拟物流场景里进行仓储布局规划、运输路线设计等实操练习，学校通过观察学生操作流程规范性、问题解决能力等方面进行评估。这些阶段性评估，从知识输入到实践输出，完整记录学生成长轨迹，为教学调整提供多阶段的数据支持，助力“三强化三对接”模式依据学生发展情况精准优化。

毕业后职业发展同样纳入全面评估范畴。学校追踪毕业生就业动态，包括就业单位性质、岗位与专业匹配度等。若多数毕业生在物流企业核心岗位就业，说明专业培养与市场需求对接良好。关注毕业生职业晋升情况，若毕业生在工作几年后能快速晋升，表明其具备较强综合能力，学校可总结成功经验，进一步完善人才培养方案。通过全阶段评估，全面审视人才培养成效，保障“三强化三对接”模式持续契合行业发展与学生成长需求。

2.全面性原则拓展人才能力考察维度

全面性原则促使高职物流专业人才评估在能力考察上多维度拓展。专业知识学习评估不仅关注学生对理论知识的记忆，更注重理解与应用。在物流信息技术课程中，学生是否能将所学的物流信息系统知识，应用于解决实际物流数据处理、信息追踪问题，成为评估重点。企业实习表现评估维度丰富，在仓储管理实习中，学生货物分拣效率、库存盘点准确性，直接反映其实操技能水平。面对客户投诉时的沟通处理能力也尤为关键。当客户反馈货物延误问题，学生能否迅速安抚客户情绪，协调各方资源解决问题，展现出其服务意识与沟通技巧。这些实操与沟通能力的考察，与专业知识评估相辅相成，全方位呈现学生能力素养。

学生团队协作能力、创新能力等综合素养也在全面评估范围内。在物流项目实践中，学生与团队成员分工协作，共同完成项目任务，其在团队中的角色定位、协作态度等，都是评估要点。创新能力则通过学生对物流流程优化、服务模式创新等方面的探索来考量。通过多维度能力考察，全面掌握学生综合能力，为“三强化三对接”模式优化提供更全面、深入的依据，确保培养出的物流人才具备扎实专业知识与多元综合能力，契合物流行业复杂多变的岗位需求。

（三）可操作性原则

1. 可操作性原则对评估方法的要求

可操作性原则为高职物流专业人才评估方法的选择指明方向，要求评估方法务必简便高效。在众多评估手段中，企业实习评价量表脱颖而出，成为评估学生实践能力的有力工具。该量表设计贴合物流行业实际工作场景，聚焦工作任务完成情况。以物流仓储岗位实习为例，量表围绕货物分拣、库存盘点等关键任务展开。工作任务完成数量维度，清晰记录学生在单位时间内完成的货物分拣批次、库存盘点次数。这一数据直观展现学生工作的勤勉程度与效率基础。质量维度，从货物分拣准确率、库存盘点数据精准度等方面考量。比如，学生在分拣货物时，准确无误的货物数量占总分拣量的比例，就是衡量分拣质量的关键指标。效率维度，则关注任务完成时长，如完成一次大规模库存盘点所需的时间，与行业标准时长对比，凸显学生操作效率。这种简洁明了的量表设计，使学生实践表现得以高效收集与整理，为后续评估工作奠定坚实的基础，切实满足可操作性原则对评估方法简便高效的要求。

2. 可操作性原则量化结果的指导意义

可操作性原则下量化呈现的评估结果，为学校与企业带来诸多实用价值。对于学校而言，这些数据成为调整教学策略的重要依据。从企业实习评价量表数据中，若发现学生在物流运输调度任务完成质量普遍不高，学校便能精准定位教学短板。在后续教学中，有针对性地加强运输调度课程的实践教学环节，引入更多实际案例分析，组织模拟运输调度演练，提升学生解决实际问题的能力。企业也能借助这些量化结果优化用人标准。若数据显示实习学生在物流信息系统操作效率上表现突出，在招聘时可适当提高对该技能的权重。通过分析不同批次实习学生的表现，企业可进一步明确所需人才特质，如在电商物流旺季，更看重学生的抗压能力与任务执行效率。这种基于量化评估结果的调整，有效推动高职物流专业人才培养与行业需求紧密对接，充分发挥可操作性原则在促进教育与产业协同发展中的关键作用。

二、评估体系的具体内容

（一）人才培养目标达成度评估

人才培养目标达成度评估作为整个评估体系的核心，其评估方式多元且细致。知识技能掌握情况，课程考试是基础检验手段。在物流设备操作课程考试里，除了考查学生对叉车、自动化分拣设备操作规范的书面理论认知外，还会通过实际操作考核，要求学生在规定时间内完成货物搬运、分拣任务，依据操作流程的准确性、设备运行的流畅度等进行打分，精准衡量学生对设备操作技能的掌握程度。技能竞赛则是更具挑战性与综合性的检验方式。例如，物流行业的技能大赛，设置仓储规划、运输调度等多个竞赛项目，学生在竞赛中不仅要展现扎实的专业知识，还要具备灵活运用知识解决复杂问题的能力，通过竞赛成绩能直观反映学生在知识技能运用层面的水平。

实践能力提升程度，企业实习报告提供了学生在真实工作场景中的实践反馈。企业实习导师会从学生在日常工作任务中的表现进行评价，如在仓储管理实习中，学生能否根据货物特点、仓库布局，科学合理地规划存储方案，降低库存成本。校内实训项目成果同样关键，在物流配送方案设计项目中，从方案的合理性，即是否充分考虑运输距离、货物重量、客户需求等因素规划路线；创新性，如是否引入新兴技术优化配送流程；实施效果，通过模拟配送测试，观察方案在实际应用中能否提高配送效率、降低成本等方面，全面评估学生实践能力。

职业素养形成状况，在团队项目中观察学生的协作态度。在物流项目执行团队中，学生是否积极主动与团队成员沟通，合理分担任务，面对团队分歧时能独立解决问题为导向进行协商，这些都是衡量协作态度的要点。职业道德表现也不容忽视，在处理物流项目财务账目、客户信息等敏感事务时，学生是否诚实守信，严守职业道德底线；在面对紧急物流任务时，是否展现出强烈的责任心，积极主动解决问题，这些都能体现学生职业素养的养成情况。

（二）“三强化三对接”实施过程评估

“三强化三对接”实施过程评估对保障人才培养模式的有效运行至关重要。强化措施执行情况，学校实践教学课时的达标与否直接关系到学生实践能力的培养成效。通过对教学计划的梳理，统计实践课程实际开展课时与计划课时的对比情况，确保学生有充足时间进行实操训练。企业参与教学的频率同样关键，记录企业专家到校举办讲座、参与实践课程指导的次数，判断企业在教学过程中的参与深度。

对接机制运作效果，专业设置契合物流行业发展方面，关注学校是否能及时根据行业动态调整专业方向。随着绿色物流成为行业趋势，学校若能迅速开设相关专业课程，引入绿色包装、环保运输等教学内容，表明专业设置具有前瞻性。课程内容与职业标准的匹配度，由企业专业人员参与课程内容审核，对比课程大纲与最新物流行业职业标准，检查课程是否涵盖行业核心技能与知识要求，如物流服务质量标准、物流信息技术应用规范等内容是否融入课程。

校企合作的深度与广度，企业参与课程开发的程度，体现在企业是否深度介入课程内容设计、教材编写。企业将自身实际业务案例、操作流程融入教材，使教材内容更贴合实际工作。校企联合开展科研项目数量，反映双方在技术创新领域的合作紧密程度。在物流配送优化科研项目中，学校科研团队与企业技术人员共同研发新的配送算法，通过项目合作，不仅可以提高企业运营效率，还能将科研成果转化为教学内容，促进教学与实践深度融合，全面评估校企合作在实施过程中的成效。

（三）人才培养成果的社会效益评估

人才培养成果的社会效益评估充分彰显“三强化三对接”人才培养模式的价值。毕业生就业质量与就业率是最直观的体现。就业质量从毕业生就业岗位的性质、薪资待遇、职业发展前景等方面衡量。若毕业生多进入物流企业的管理岗位、技术研发岗位，且薪资水平与行业平均水平相比具有竞争力，职业晋升通道顺畅，说明就业质量高。就业率通过统计毕业生在毕业后一定时间内的就业人数占毕业生总数的比例得出，高就业率表明人才培养与市场需求在数量上的良好匹配。

用人单位满意度反馈、问卷调查涵盖毕业生的专业知识运用能力、实践操作能力、团队协作能力、职业素养等多个维度。企业回访则更深入了解毕业生在工作中的实际表现，如在应对复杂物流业务场景时的解决问题能力，以及对企业文化的融入情况。通过这些方式收集企业对毕业生的综合评价，为学校改进人才培养提供了方向。

毕业生在行业内的创新成果是对物流行业发展贡献度的重要体现。除了研发物流成本控制软件外，毕业生提出的创新物流运营模式，如共享物流平台的构建，整合社会物流资源，提高资源利用率，推动行业发展。毕业生在物流技术进步方面，参与物流设备的升级改造，使其操作更便捷、效率更高，从多方面展现人才培养对物流行业的积极推动作用，全面评估人才培养模式的社会效益。

三、评估体系的实施与保障

（一）建立评估组织机构

评估组织机构汇聚学校教学管理部门、物流专业教师与企业资深从业者三方力量。教学管理部门在其中扮演统筹协调的关键角色，凭借对学校整体教学规划与资源调配的把控能力，精心制订全面且具前瞻性的评估计划。从评估周期的设定、评估范围的界定，到评估资源的合理分配，都在其职责范畴内。依据教育政策导向与学校发展战略，制定严谨的评估标准，确保评估工作有章可循。专业教师则依托深厚的专业知识底蕴，深入细化评估指标。在物流专业技能评估指标制定中，教师结合课程教学目标与行业技能要求，将物流设备操作、物流信息系统运用等技能拆解为具体、可衡量的指标，如设备操作的精准度、信息录入的准确率等。企业资深从业者从行业一线视角出发，为评估注入市场需求元素。在制定学生职业素养评估指标时，依据物流行业真实工作场景中的职业道德规范，提出诸如物流项目中严守商业机密、面对客户投诉保持耐心与专业等关键考核点。通过三方紧密协作，打造出贴合实际、科学有效的评估组织机构，为评估工作的顺利开展奠定坚实的基础。

（二）制定评估实施流程

流程从数据收集阶段开启，此阶段通过多元渠道广泛采集学生学习实践信息。考试成绩统计全面涵盖物流专业各类课程考试，包括理论课程如物流学原理、供应链管理以及实践课程，如仓储管理实操、运输调度模拟等，精准记录学生知识掌握程度。实习企业评价则依托企业实习导师对学生在实习岗位上的日常表现进行综合评定，从工作任务完成情况、团队协作能力到职业素养展现，均详细记录。进入整理阶段，运用专业的数据处理软件，如 Excel、SPSS 等，对收集到的海量数据进行高效分类汇总。将学生考试成绩按课程、班级、学期等维度分类，实习评价数据按企业类型、实习岗位、实习时长等进行整理，使数据条理清晰，便于后续分析。在分析评估阶段，采用科学统计方法深入挖掘数据价值。对比分析不同届学生的实践能力提升情况，运用方差分析、趋势分析等方法，判断实践教学改进措施是否有效。通过对不同班级学生物流项目实践成果的对比，评估教学方法对学生实践能力培养的影响，从而精准评判人才培养成效，为教学改进提供有力的依据。

（三）确保评估结果的反馈与应用

评估结果第一时间反馈至学校、教师与学生三方主体。学校依据结果洞察人才培养全局态势，若某专业方向毕业生就业困难，通过分析就业数据，发现是因新兴物流技术，如智能仓储、无人配送等知识技能缺失导致。学校迅速行动，优化课程设置，增加相关新兴物流技术课程，调整教学计划，确保学生知识体系与时俱进。教师根据评估结果，有针对性地改进教学方法。若学生实践操作失误率高，教师要反思教学过程，增加实操训练频次，丰富训练场景，引入更多实际案例，让学生在实践中积累经验，提升操作技能。学生依据评估结果，清晰了解自身在专业知识、实践能力、职业素养等方面的不足。在专业知识方面，若物流信息技术课程成绩不理想，学生可自主学习相关知识，参加课外辅导；实践能力薄弱，则主动争取更多实习机会，提高实操水平。通过三方对评估结果的积极应用，形成教学相长的良性循环，不断促进“三强化三对接”人才培养模式向更高质量迈进。

第二节 “三强化三对接”人才培养模式实施的效果分析

在高职物流专业教育中，“三强化三对接”人才培养模式的实施效果备受关注。它不仅关系到学生能力的塑造，也影响着教育教学革新以及校企合作的深化。本节将基于该体系，剖析“三强化三对接”人才培养模式在学生能力培养、教育教学改革以及校企合作等方面所取得的实际成效，探寻模式实施过程中的亮点与不足，为后续的持续优化与推广提供有力的支撑。

一、学生能力培养效果分析

（一）专业技能提升情况

数智化专业能力的培养需要依托完善的实践教学体系来实现。鉴于现代物流管理专业中数智化专业能力的横向关联性特征，相关的实践教学的开展往往需要在不同层次的多门课程中开展。例如，在数据分析课程中，通过实训课可让学生掌握通用的数据分析技术，在智慧仓配运营课程的实践教学中，应包含运用大数据分析获得有价值的仓配管理决策信息的实训内容，将数据分析技能与业务场景进行结合，达到培养数智化专业能力的培养目标。

技术技能人才培养应紧密契合行业发展需求。在物流行业数智化转型不断加速趋势下，数智化专业能力培养已被纳入专业人才培养目标中。为达成数智化专业能力培养目标，人才培养体系中的相关要素应与该培养目标形成耦合与协同关系。这就要求在人才培养体系中必须明确数智化专业能力横向定位与纵向定位，结合物流岗位数智化专业能力需求特征，合理构建专业课程体系与实践教学体系，最终实现数智化专业能力的培养。[1]

（二）实践创新能力增强表现

在“三强化三对接”人才培养模式下，强化实践教学与对接行业需求的理念贯穿始

[1] 贺培青.高职现代物流管理专业数智化专业能力培养关键要素探究[J].现代商贸工业，2024，45（4）：32-34.

终，为有效提升物流管理专业学生的实践创新能力，高职院校可从以下几个方面着力。

1.优化创新创业教育课程设置

作为强化实践教学、对接行业前沿需求的关键一环，为了有效培养物流管理专业学生的创新创业能力，高职院校可以通过优化创新创业教育的课程设置来实现目标。在设计课程时，应根据学生的专业特点和行业需求，将创新创业内容与物流管理实践紧密结合，以提供有针对性的培养。

创新思维培养是重要的课程之一。通过教授创新思维的理论知识和实践方法，学生能够培养敏锐的观察力、发现问题的能力以及解决问题的创新思维。例如，在课堂上，可以引导学生进行头脑风暴，思考如何运用创新技术和思维方式改进物流运营效率，降低成本并提高客户满意度。

市场调研与创业机会评估是培养创新创业能力的关键课程。学生将学习市场调研方法和技巧，了解物流行业的市场需求和竞争状况。通过案例分析和实践项目，学生能够评估创业机会的可行性和潜在风险。例如，学生可以选择一个物流市场上的痛点问题，并进行市场调研和竞争分析，以确定创业的机会和方向。创业计划编制是帮助学生实现创业梦想的重要环节。通过学习创业计划的编制方法和要素，学生能够规划和组织创业项目。课程可以包括市场定位、财务规划、组织架构和营销策略等内容。例如，学生可以在课程中编制一个物流创业项目的详细计划，包括市场定位、产品与服务规划、运营策略和风险管理等。最后，商业模式设计是培养学生创新创业能力的关键环节之一。

2.搭建创新创业平台和实践基地

基于“三强化三对接”中强化实践锻炼与对接企业资源的要求，为了提供学生实践创新创业的机会，高职院校应积极搭建创新创业平台和实践基地，以促进学生的创新创业能力培养。学校可以与企业、孵化器和创业园区等合作，共同创建一个有利于学生创新创业实践的环境和平台。学校可以与物流企业合作，通过学生实习、项目合作或企业讲座等形式，让学生深入了解行业运作和创新趋势。例如，学校可以与物流企业合作开展物流仓储自动化项目，学生可以参与其中，通过设计自动化系统、优化仓储布局等方式，提高物流效率和降低成本。学校可以与当地的孵化器和创业园区建立合作关系，为学生提供创业指导、创业培训和创业资源等支持。

3.鼓励学生参加创新创业竞赛和活动

在“三强化三对接”人才培养模式推动下，为进一步提升学生实践创新能力，高职院校可以积极鼓励物流管理专业学生参加各类创新创业竞赛和活动，以激发他们的创新创业热情并提高其能力水平。这些竞赛和活动不仅为学生提供了展示自己创新创业成果的平台，还能促进学生之间的交流与合作，拓宽他们的视野，增强创新创业的能力。参加创新创业竞赛能够让学生将所学知识应用到实践中，并通过与其他参赛者的比拼，提高自己的创新创业能力。学生可以组建团队参加物流创新创业竞赛，通过项目策划、商业模式设计、市场营销等方面的实践，锻炼团队合作和解决问题的能力。例如，学生可以参加全国大学生创新创业大赛物流类别的比赛，通过设计和实施一个创新的物流解决方案，展示自己的创新创业能力。学校也可以组织创业沙龙、讲座、论坛等活动，邀请成功的创业者或行业专家与学生进行交流和分享。学生可以借此机会了解创业的挑战与机遇，学习成功的创业案例，培养创新创业的眼光和思维方式。此外，参加创新创业竞赛和活动也为学生提供了获得资金和资源支持的机会。一些创新创业竞赛和活动会设立奖金和投资机会，为优秀的创业项目提供资金支持和创业加速器的入驻机会。通过参与这些活动，学生有机会获得实际的资金和资源支持，推动他们的创新创业项目向前发展。

4.加强创新创业导师指导与辅导

遵循“三强化三对接”人才培养模式中强化师资队伍与对接行业经验的理念，为了有效培养物流管理专业学生的创新创业能力，高职院校可以建立创新创业导师制度，为学生提供专业的指导与辅导。这一制度的建立将为学生提供来自实践经验丰富的导师的支持和指导，帮助他们在创新创业领域取得更好的成果。与行业专家、企业人员和成功创业者合作，学生可以获得来自实践经验的指导。这些导师具有丰富的行业经验和成功的创业背景，在创新创业过程中积累了宝贵的经验和知识。他们可以与学生分享行业动态、市场需求和创新趋势，帮助学生更好地理解行业现状和未来发展方向。例如，学校可以邀请物流行业的资深经理作为学生的导师，与学生分享他们在物流管理领域的实践经验和创业心得。创新创业导师也可以帮助学生制订切实可行的创新创业计划。导师可以与学生一起讨论和评估创业项目的可行性，指导学生在市场调研、商业模式设计、资金筹措等方面制订具体的计划。[1]

（三）跨文化交流与合作能力提高

在“三强化三对接”人才培养模式助力下，学校积极推动学生参与国外物流企业实习，这成为提升学生跨文化交流与合作能力的关键一环。当学生踏入国外物流企业，置身于多元文化工作环境，每天都面临与不同文化背景同事协作的挑战。在日常物流运营工作中，如货物进出口流程操作，学生需与来自不同国家的团队成员沟通。

[1] 洪士雯.高职院校学生创新创业能力培养研究：以物流管理专业为例[J].中国储运，2024（7）：180-181.

因文化差异，沟通风格、工作习惯各有不同，有的国家同事注重细节、流程严谨，而有的则更具灵活性。学生在磨合过程中，逐渐掌握有效的沟通技巧，学会清晰准确表达想法，能敏锐捕捉他人意图，使沟通协作能力得以显著提升。在参与物流项目时，学生深入了解国际物流行业规范，像不同国家的海关清关政策、货物运输安全标准等。

国际物流学术交流活动同样为学生跨文化交流与合作能力提升搭建广阔平台。学校精心组织学生参与此类活动，在交流会上，学生与国外学者、行业专家齐聚一堂。学生就物流行业前沿话题，如绿色物流发展趋势、智能物流技术应用等展开探讨。在观点碰撞中，学生接触到不同文化背景下对物流问题的多元思考方式。国外学者基于其所在国家的物流市场特点、政策环境，提出独特见解，这促使学生突破固有思维局限，学会从全球视角审视物流行业发展。在讨论物流配送效率提高时，国外专家分享其国家先进的物流配送网络建设经验，学生从中汲取灵感，拓宽解决问题的思路。在交流过程中，学生不断锻炼语言表达能力，精准阐述自身观点。通过理解不同文化在学术交流中的特点，增强文化理解能力，为今后在国际物流领域的交流合作筑牢根基，有力推动国内物流行业与国际接轨。

二、教育教学改革成效分析

（一）加强师资力量建设，提高专业教学水平

在高职物流管理专业体系建设中，师资力量永远是不可或缺的一环，教师自身的专业能力与职业素养，在很大程度上决定了专业建设体系发展质量。因此，对于高职院校而言，应当结合物流管理专业发展要求，为教师提供专业培训和进修的机会。

一方面，学校可以邀请物流行业的专家、企业家举办讲座或开展校园工作坊，为广大物流管理专业教师介绍最新的物流管理理论、物流行业发展动向、物流管理技术和实践经验，以此提高教师教学能力。比如，学校可以邀请物流行业知名企业的高级经理，介绍他们企业的物流管理模式，如智能物流系统、冷链运输等方面。让教师在听取专家的分享后进行专业化的学习，使教师及时了解到行业的最新发展，并将这些实践案例融入教学中，使专业课程的学习更加贴近行业发展的实际情况。除此之外，学校还应当组织教师参与教学方法的培训，使教师在开展教学活动时能够充分运用多种教学方式，从而保证教学活动的多样性和层次性，满足每位学生的学习需求，使学生更好地学习物流管理专业知识。另一方面，学校应建立行业导师制度，将物流行业的专业人士引进学校，与物流管理专业教师形成长效的合作关系，共同培养学生，提高教师的实践经验和行业背景。具体来说，学校可以与物

流行业的知名企业合作，共同筛选并聘任一批具有丰富实践经验和专业知识的行业导师，担任学校的指导老师。在此基础上，由行业导师和教师之间建立合作关系，结合物流管理专业课程以及学生整体情况，共同制订教学计划、设计实践项目，并参与学生的实习实训指导工作。

（二）优化专业课程内容，丰富教学方式

在高职物流管理专业体系建设中，优化专业课程内容是不可缺少的环节，也是十分重要的一部分。受传统教育观念影响，部分高职物流管理专业课程内容未能进行创新和优化，没有结合物流行业发展的实际情况进行调整和完善，导致部分学生对物流行业一知半解，最终影响了学生专业能力的发展以及核心素养的提升。

针对这一问题，学校可以与企业合作，以校企合作的方式编写新的物流管理专业教材，根据物流管理专业所涉及的不同领域，细分教材内容，以此实现精细化、专业化、科学化教学。与此同时，学校还需要打造理论加实践的课程教学方式，由教师进行理论授课，并组织学生到实训基地开展实践活动，让学生在学习理论知识的基础上，在实践中运用所学知识解决实际问题，从而提高学生专业知识理解能力和应用能力。教学方式作为教师开展教学活动的主要载体，随着课程内容的不断更新与完善，教师也应当转变教学观念，注重教学方式的创新与优化。基于高职物流管理专业课程的实践性和技能性特点，教师可以通过案例教学法开展教学活动，如在教学活动中引入丰富多样的实际案例，帮助学生更好地理解和应用课程知识，从而增强学生的实践能力。比如，在物流成本管理课程中，教师可以引入一家真实企业，以在物流成本控制方面所遇到的问题作为案例开展教学活动，让学生结合所学知识，分析该企业的具体情况，以小组为单位进行学习，提出解决方案并进行讨论。这样的案例教学，可以使学生深入了解物流成本管理的重要性和实际方法，并在潜移默化中培养学生问题解决能力和团队协作能力。

教师还可以设计项目驱动教学活动。以专业课程内容为基础，为学生设计针对性的项目任务，涵盖物流规划、供应链管理的实际问题，要求学生以团队形式完成。比如，在物流信息系统课程中，教师可以设计一个让学生模拟企业物流信息系统建设过程的项目任务，包含需求分析、系统设计、软件选择与实施等环节。在整个环节中，学生需要结合课程学习内容，与小组成员相互合作，完成整个项目并提交最终成果。通过这样的方式开展教学活动，能够使学生在学到理论知识的同时，为学生提供更多实践操作的机会，有助于促进学生实践能力的发展。除此之外，学校可以与物流行业的企业合作，为学生提供实习实训机会，让学生亲身参与企业

的物流管理实践，了解实际运作和管理流程。比如，利用暑假或寒假为学生提供实习机会，将学生带到企业物流部门进行实习，让学生完成不同工作，如仓储管理、配送调度等。这样的方式，可以使学生将课堂知识与实际操作结合，丰富其工作经验，提高其实践能力。

（三）完善人才培养模式

高职物流管理专业的学生是独立的个体，每位学生都有着不同的学习需求、学习基础以及学习能力。为全面提高高职物流管理专业体系建设质量，实现物流管理专业人才的全面培养，在实践中，教师应当不断完善人才培养模式。

教师可以根据学生的不同特点和实际需求为其量身定制相应的教学计划，以此开展个性化的教学活动，使每一位学生都能得到更好的教学体验。在实际教学中，通过开展个性化的教学活动，能够激发学生学习兴趣，使学生在个人认知和能力范围内解决实际问题，并参与专业实践活动，从而激发学生学习潜能，促进学生专业知识的学习以及专业能力的发展。例如，在物流规划与设计课程中，教师可以为学生提供多样化的学习资源，可借助信息技术为学生提供在线视频、线上学习平台等，还可通过实地考察的方式，让学生进行线下体验，以此满足不同学生的学习需求，让学生自由选择适合自己的学习方式。与此同时，教师还可以设置个性化的评估方式，如小组讨论、实践操作、项目汇报等，以此对学生进行全面的评价，了解每位学生的专业能力发展以及学习情况，为学生提供更加专业化的指导。

实践导向培训也有利于培养学生问题解决能力和创新能力。在物流管理专业中，实践经验对于学生的职业发展十分重要，比如，在供应链管理课程中，教师可以组织学生参加模拟供应链运作实践，以角色扮演的方式让学生扮演供应商、制造商、零售商等角色，从而使学生体验到供应链管理的全部过程。与此同时，教师还可以邀请物流领域的专家以及企业代表来学校定期开展讲座活动，为学生讲解行业最新动态以及所面临的挑战，培养学生创新意识和专业能力。[1]

三、校企合作成果与影响分析

（一）校企合作项目的数量与质量

在“三强化三对接”人才培养模式的强劲推动下，校企合作项目在数量与质量

[1] 杨雅.高职物流管理专业课程体系建设路径研究 [J]. 中国航务周刊，2024（19）：86-88.

上均取得了令人瞩目的提高。从数量来看，校企合作项目呈现出逐年稳步递增的良好态势，初期每年仅有5个，而如今已跃升至每年15个，增长幅度极为显著。项目类型更是日益丰富多元，全面涵盖了物流技术研发、人才培养、课程开发等多个关键领域。在物流技术研发项目中，校企双方充分发挥各自优势，联合开展了一系列富有成效的研发工作。以物流配送优化系统的研发为例，企业凭借其在物流业务运营中的丰富实践经验，精准把握配送环节中的痛点与需求；学校则依托专业的科研团队与先进的技术资源，运用大数据分析、智能算法等前沿技术，对配送路线规划、车辆调度等核心环节进行深度优化。经实际应用验证，该系统成功将配送效率提高了30%，为物流企业降低了运营成本，增强了市场竞争力。在人才培养项目方面，企业深度参与人才培养方案的制订，从行业实际需求出发，明确人才培养目标与规格，为学生量身定制实习计划，并提供大量优质的就业岗位。通过这种深度合作，实现了人才培养与企业需求的精准对接，大幅提高了毕业生的就业质量与企业的人才满意度。在课程开发项目中，企业将最新的行业标准、实际业务案例以及操作流程融入课程内容。

（二）校企资源共享与利用情况

在物流仓储课程中，企业引入其最新的智能仓储管理模式与实际操作案例，使学生所学知识与技能紧密贴合行业实际工作，显著提高了人才培养质量，为物流行业输送了大批高素质应用型人才。

（三）校企资源共享与利用情况

校企资源共享与利用在“三强化三对接”人才培养模式下取得了显著成效。学校与企业携手共建实训基地，企业积极投入先进的物流设备，如自动化分拣系统、智能仓储货架等，引入真实的业务场景，使学生能够在高度仿真的环境中进行实践操作。学校则充分发挥自身优势，提供宽敞的场地与专业的师资力量，为实践教学的顺利开展提供坚实的保障。企业专家频繁走进校园，通过授课、举办讲座等形式，将行业最新动态、实践经验以及前沿技术分享给师生。他们结合实际案例，深入浅出地讲解物流行业的发展趋势与业务要点，极大地丰富了教学内容，使学生能够及时了解行业最新信息。学校教师也积极参与企业项目研发与实践，深入企业一线，参与物流项目的策划、实施与管理。在这一过程中，教师将理论知识与实践相结合，提升了自身的实践教学能力，为更好地开展教学工作积累了丰富经验。

（四）校企合作对地方经济的促进作用

校企合作在“三强化三对接”人才培养模式下，对地方经济发展产生了强大的推动作用。首先，为地方物流企业培养了大量高素质专业人才，有效满足了企业用人需求。这些经过校企联合培养的学生，具备扎实的专业知识与实践技能，能够迅速适应企业工作岗位，显著提高企业运营效率，进而推动整个物流产业的蓬勃发展。在校企合作开展的物流技术研发方面，众多成果在本地企业得到广泛应用。以智能仓储管理系统为例，该系统应用后，企业的仓储空间利用率提高了20%，货物出入库效率提高了35%，极大地降低了运营成本。物流产业的发展犹如强大引擎，带动了运输、仓储、包装等相关产业协同发展。物流企业业务量的增长，直接促进了运输企业的业务拓展，带动了包装企业的产品升级。校企合作还为地方创造了大量就业岗位，吸引了众多外地人才流入，优化了地方人才结构。高素质人才的会聚，为地方经济注入了创新活力，为地方经济的可持续发展提供了有力支撑，推动地方经济不断迈向新的高度。

第三节　未来“三强化三对接”人才培养模式的展望与发展

在剖析“三强化三对接”人才培养模式实施效果后，展望其未来发展意义重大。物流行业格局不断重塑，职业教育改革持续深入，国际化浪潮汹涌来袭，“三强化三对接”人才培养模式面临全新机遇与挑战。本节将洞察未来发展趋势，探寻模式持续创新路径，思考推广应用策略，力求为该模式的长远发展及在更大范围内发挥效能提供前瞻性思路。

一、未来发展趋势与挑战

（一）物流行业发展的新需求

随着科技飞速发展，物流行业正迈向智能化、绿色化与一体化。智能仓储、无人配送等技术广泛应用，要求高职物流专业学生熟练掌握相关技术操作与原理。如智能仓储系统利用物联网、大数据技术实现货物精准管理，学生需懂得系统运维与数据分析。绿色物流成为行业共识，学生要了解新能源运输工具、环保包装材料应用。物流行业与其他产业融合加深，多式联运、供应链金融等新兴业务涌现，学生需具备跨领域知识与综合协调能力。面对这些新需求，“三强化三对接”人才培养模式需迅速调整，强化实践教学中新技术应用培训，对接行业新兴业务需求，培养适应行业发展的高素质人才。

（二）职业教育改革的深化方向

职业教育越发注重产教融合、证书融通。产教融合要求学校与企业深度合作，共建课程体系、实训基地。企业参与人才培养全过程，从制订教学计划到实习就业指导。证书融通促使学生在获取学历证书同时，考取与物流行业相关职业技能等级证书，如物流管理1+X证书，提升就业竞争力。在此背景下，“三强化三对接”人才培养模式应深化校企合作，强化实践教学与职业技能培养对接，依据职业技能标准优化课程内容，为学生提供更多实践机会，确保学生所学与职业需求紧密结合，助力职业教育高质量发展。

（三）国际化背景下的竞争与合作

在全球化进程中，物流行业国际竞争加剧。国际物流巨头凭借先进技术、管理经验抢占市场。国内物流企业为提升竞争力，积极拓展国际业务，对具备跨文化交流能力、熟悉国际物流规则的人才需求大增。国际合作机会增多，如“一带一路”倡议推动跨境物流发展。“三强化三对接”人才培养模式需拓展国际交流与合作，组织学生参与国际物流项目实践，邀请国外专家讲学，让学生了解国际物流行业动态，提升学生的国际化视野与竞争力，在国际竞争与合作中培养符合行业需求的物流人才。

二、“三强化三对接”人才培养模式的持续创新

（一）强化措施的深化与拓展

进一步加强实践教学：实践教学是“三强化三对接”人才培养模式关键。未来需加大投入，建设更多仿真度高的校内实训基地，模拟真实物流工作场景，如打造智能化物流园区实训中心，涵盖仓储、运输、配送等环节。增加企业实习时长与岗位多样性，让学生了解企业的运营。引入企业实际项目，让学生在实践中解决问题，提升专业技能。开展物流成本控制项目，学生运用所学知识为企业制定降本方案，通过实践深化对专业知识理解，提高实践能力。

拓展国际交流与合作：拓展国际交流合作能提升学生国际化素养。学校可与国外高校开展交换生项目，让学生体验不同教育体系与文化。组织学生参加国际物流学术会议、竞赛，与国际同行交流切磋。邀请国外物流企业来校举办讲座、开展培

训，引进国外先进教学理念与资源。如与国外知名物流企业合作开展跨境电商物流培训，拓宽学生国际视野，提升跨文化交流与合作能力。

强化创新创业教育：创新创业教育是培养学生创新思维与创业能力重要途径。优化创新创业课程体系，增加前沿案例分析，如物流行业新兴商业模式创新案例。举办创新创业大赛，为学生提供展示平台。引入企业导师指导学生创业项目，提供资金、场地支持。如学校与企业共建创业孵化基地，助力学生将创新想法转化为实际项目，激发学生创新创业热情，培养适应行业发展的创新型人才。

（二）对接机制的完善与优化

深化校企合作内涵：校企合作要从表面合作走向深度融合。企业深度参与人才培养方案制定，依据行业需求调整课程设置。共建研发中心，共同开展物流技术研发，如校企联合研发智能物流调度系统。企业为学生提供实习、就业岗位同时，参与学生实习评价，反馈人才培养效果。学校教师深入企业实践，提升实践教学能力，实现校企双方资源共享、优势互补，培养符合企业需求的物流人才。

加强产教融合力度：产教融合需政府、学校、企业多方协同。政府出台政策鼓励企业参与职业教育，如税收优惠政策。学校与产业园区合作，建立产学研一体化平台。企业将生产环节融入教学，如在学校建设生产性实训基地。通过产教融合，促进教育链、人才链与产业链、创新链有机衔接，提高人才培养质量，为产业发展提供人才支撑。

提升人才培养的针对性与实效性：依据物流行业岗位需求，精准定位人才培养目标。优化课程内容，去除陈旧知识，增加行业最新技术、理念。加强实践教学考核，以企业标准评价学生实践成果。开展订单式培养，根据企业需求定制课程与教学计划。例如，与物流企业签订订单培养协议，为企业培养特定岗位人才，确保学生所学即企业所需，提高人才培养的针对性与实效性。

三、“三强化三对接”人才培养模式的推广与应用

（一）总结提炼成功经验与做法

在实践教学领域中，校内实训基地建设积累了丰富且极具价值的经验。构建了高度仿真的物流园区实训基地，从仓储区的布局规划、货架与搬运设备的合理配置，到运输区模拟真实路况与运输工具调度，都经过精心设计，确保学生能在贴近实际工作的环境中开展实训。在企业实习组织方面，建立了一套完善的流程机

制，从实习企业筛选、实习岗位匹配到实习过程中的跟踪指导与考核评价，每一步都有明确规范。在校企合作板块，涌现诸多企业深度参与人才培养的成功案例。企业导师在指导学生项目时，以实际物流项目为载体，从项目策划、方案制定到执行落地，全程给予专业且细致的指导。如在物流成本优化项目中，企业导师带领学生深入企业物流运作环节，通过实地调研、数据分析，最终制定出切实可行的成本降低方案，大幅提升了企业物流运营效益，这些宝贵经验均详细整理成册，涵盖从模式理念、实施步骤到成果反馈的全流程，形成一套逻辑清晰、可操作性强的模式范本，为后续该模式在更大范围的推广提供坚实的基础。

（二）加大宣传推广力度与范围

利用多元化、全方位的渠道大力宣传“三强化三对接”人才培养模式。学校官网开辟专门板块，详细介绍模式内涵、实施路径与显著成果，定期更新模式推进过程中的最新动态与优秀案例，吸引其他院校关注与深入了解。借助社交媒体平台，如微信公众号、抖音等，制作生动有趣的图文、视频内容，以直观方式展现模式实施效果，如学生在实训基地的精彩表现、企业实习成果展示等，广泛传播模式影响力。积极参与各类职业教育研讨会，在会议中设置专门的主题报告与经验分享环节，院校代表以自身实践为依据，剖析模式在人才培养中的创新点与优势。主动邀请教育主管部门、兄弟院校来校实地参观交流，安排专业人员全程讲解模式实施细节，从课堂教学到实训实践，从校企合作项目到人才培养成效展示，让参观者亲身感受模式魅力。

（三）推动模式在其他专业或领域的适用性研究

模式中的强化实践教学理念，对于电子商务专业同样至关重要。电子商务专业可借鉴构建类似的实践教学体系，如建设电商运营实训中心，模拟电商企业从商品上架、订单处理到物流配送的全流程操作。在深化校企合作方面，智能制造专业也能从中获取灵感，与智能制造业企业开展深度合作，共建智能制造实训基地，企业提供先进设备与实际生产项目，学校提供场地与师资，共同培养适应智能制造行业需求的专业人才。开展跨专业研究，对比不同专业特点，如艺术设计专业注重创意表达与审美能力，在应用该模式时，可强化创意实践教学环节，与设计企业合作开展实际项目。通过对不同专业特点的精准把握，调整模式实施细节，如课程设置、实践项目设计、校企合作方式等，逐步推动“三强化三对接”人才培养模式在更广泛的专业领域落地生根，为职业教育人才培养开拓全新思路。

参考文献

[1]哈里森，范赫克 .物流管理与战略：通过供应链竞争 [M].任建标，杜娟，译 .北京：中国人民大学出版社，2010.

[2]蒋长兵 .物流概论 [M].2 版 .北京：电子工业出版社，2012.

[3]丁以中 .管理科学：运用 Spreadsheet 建模和求解 [M].北京：清华大学出版社，2003.

[4]姚迪 .基于层次分析法的高等职业教育校企合作评价指标体系构建研究 [M].北京：中国财务出版社，2021.

[5]王国华 .现代物流大全 [M].北京：中国铁道出版社，2009.

[6]王喜富，刘全明 .城市绿色智慧物流 [M].北京：电子工业出版社，2018.

[7]申金升 .智慧物流物联化关键技术 [M].北京：电子工业出版社，2016.

[8]宋华 .供应链与物流管理研究前沿报告 2012[M].北京：中国人民大学出版社，2013.

[9]李琰 .社会物流成本效率及发展趋势 [M].北京：知识产权出版社，2019.

[10]马向国，余佳敏，任宇佳 .Flexsim 物流系统建模与仿真案例实训 [M].北京：化学工业出版社，2018.

[11]徐大丰 .大型物流项目风险防控 [M].北京：化学工业出版社，2021.

[12]朱杰，李俊韬，张方风 .物流公共信息平台建设与运营模式 [M].北京：机械工业出版社，2013.

[13]王鹏，夏莹，张俊萍，等 .政校企协同推进高等职业教育“双证融通”人才培养改革探索与实践 [M].上海：上海交通大学出版社，2018.

[14]柳荣 .新物流与供应链运营管理 [M].北京：人民邮电出版社，2020.

[15]黄敏芳 .电子商务物流配送 [M].北京：电子工业出版社，2019.

[16]牛国栋 .信息技术在物流企业中的应用策略探讨 [J].信息记录材料，2020，21（3）：103-104.

[17]尹洪岩，王永强，王远飞 .计算机物联网技术在物流领域中的应用研究 [J].中国储运，2024（2）：153.

[18]王来生．“一带一路”倡议下我国物流业发展的市场机遇与策略选择[J].中国市场，2018（24）：187-188.

[19]刘淑华，布乃鹏．高职物流管理专业课程体系与教学内容整体优化研究[J].科技风，2017（2）：29.

[20]樊颜青，闫娜，王小婧．聚焦“产教融合、校企合作”构建高职物流专业复合型人才培养新模式[J].中国物流与采购，2025（1）：168-169.

[21]程悦．基于“产教融合，校企合作”背景下高等院校创新性人才培养模式研究[J].中国管理信息化，2023（21）：236-239.

[22]庞燕，王忠伟．新文科的背景下“校企合作、产教融合”物流创新人才培养探索[J].物流研究，2023（6）：80-84.

[23]翟春霞．物流管理专业产教融合、校企合作协同育人研究[J].中国物流与采购，2022（17）：96-97.

[24]韩伟．基于产教融合、校企合作的应用型人才培养[J].上海企业，2024（5）：110-112.

[25]郭学功．高职物流专业实践性教学探讨分析[J].中国物流与采购，2021（21）：80.

[26]刘亚萍，李佑珍，相东明．智慧物流视域下高职物流毕业生就业质量提升策略研究[J].中国就业，2024（3）：53-55.

[27]李玮，杨安怀．“智慧物流”时代我国高校物流专业应用型人才培养校企合作机制研究：以燕京理工学院物流管理专业为例[J].北京财贸职业学院学报，2018（1）：36-39.

[28]刘源，张巧，宋志刚，等．应届毕业生就业意向影响因素的实证研究：以物流专业为例[J].物流技术，2022（6）：124-128.

[29]张宁．高素质技能型物流人才需求分析及培养策略[J].物流工程与管理，2016，38（3）：234-236，194.

[30]董弋萱，肖军，吴建烈，等．以物流标准化引领物流企业高质量发展研究[J].质量与市场，2024（6）：6-8.

[31]刘子瑞．绿色物流体系构建与可持续发展路径研究[J].中国航务周刊，2024（24）：48-50.

[32]杨玉洁．高职物流管理专业课程体系构建研究与实践[J].物流工程与管理，2020，42（8）：198-200.

[33]杨倩霞，姜鹏．产业需求视角下高职物流管理专业课程体系构建的探究[J].

产业创新研究，2019（12）：282-283，285.

[34]杨旋 .高职物流管理专业“行动导向”课程体系研究与实践 [J].现代经济信息，2019（17）：403.

[35]谭新明 .高职物流管理专业技术技能课程体系构建的探索与实践 [J].纳税，2018，12（33）：226.

[36]张洋 .高职物流管理专业运输及仓储类课程改革与实践探讨 [J].中国航务周刊，2022（26）：63-65.

[37]王磊 .基于实践教育的高校物流管理专业人才培养 [J].现代经济信息，2018（12）：460，474.

[38]朱柳青 .产教融合背景下物流管理专业实践教学探索 [J].河南财经学刊，2024，38（5）：94-96.

[39]章鸿，高斌，熊征伟 .高职机械类专业产教融合协同育人路径探索 [J].教育科学论坛，2023（36）：39-42.

[40]陈英 .产教融合的职业院校现代物流管理专业实践教学分析 [J].物流科技，2023（10）：175-177.

[41]李虹 .基于产教融合的物流管理专业实践教学体系设计研究 [J].沈阳工程学院学报（社会科学版），2020（4）：104-108.

[42]强浓 .产教融合背景下物流管理专业实践教学平台建设 [J].中国储运，2023（6）：175-176.

[43]姚佩君，李志鹏，廖婧雯 .校企合作加强高职物流人才的数据分析型能力 [J].中国航务周刊，2024（4）：69-72.

[44]贺培青 .高职现代物流管理专业数智化专业能力培养关键要素探究 [J].现代商贸工业，2024，45（4）：32-34.

[45]杨雅 .高职物流管理专业课程体系建设路径研究 [J].中国航务周刊，2024（19）：86-88.

[46]马浩，孙祎卓 .人工智能在物流管理中的创新与实践 [J].佳木斯职业学院学报，2024，40（7）：92-94.

[47]王娟 .基于供应链管理的冷链物流发展模式研究 [J].全国流通经济，2023（23）：89-92.

[48]陈莞坚 .智慧物流背景下物流企业人才需求分析 [J].商场现代化，2023（5）：53-55.

[49]逯丹丹 .高职物流管理专业实践教学体系探索 [J].中国航务周刊，2022

（22）：63-65.

[35]李小君，杨汉昌 .高职物流管理专业实践课一体化工学结合教学改革探究 [J].教育信息化论坛，2024（7）：108-110.

[36]滕川川 .高校物流专业校企合作培养模式的思考 [J].山西青年，2023（10）：105-107.

[37]王宁，李海华 .高职现代物流管理专业数字化升级改造对策分析 [J].物流科技，2025，48（5）：166-168，172.

[38]张少云，崔润言，陈东萍，等 .一流专业背景下物流管理人才培养模式研究：以临沂大学为例 [J].中国航务周刊，2025（6）：71-73.

[39]王娜 .产业学院建设背景下物流管理专业教学改革探索 [J].中国储运，2025（2）：160-161.

[40]徐婧熙 .基于“岗课赛证”融通的物流管理专业核心课程模块化教学实践研究 [J].山西青年，2025（2）：175-177.

[41]凌俐霁 .市场需求引领下的中职现代物流管理专业教学创新与变革深度研究 [J].中国物流与采购，2025（1）：135-136.

[42]李玉红，李凯旭，王海东，等 .教育数字化转型视域下物流管理专业统计学课程智慧教学质量提升策略研究 [J].中国储运，2025（1）：178-179.

[43]孙艳 .高职院校物流人才培养问题及对策研究 [D].天津：天津大学职教学院，2010.

[44]王燕红，俞志东 .服务行业发展创新构建特色产业学院 [N].中国教育报，2023-12-10.